라이프사인

LIFESIGNS

라이프사인

LIFESIGNS

Tapping the Power of Synchronicity, Serendipity, and Miracles

알렉스 마쿠 지음 | 이경아 옮김

황금거북

◆ **일러두기**

1. 굵은 글자는 원문에서 이탤릭체로 강조한 부분이다.

2. 인용된 책 제목은 임의로 번역하되, 한국어판이 출간되었을 경우 번역 제목을 따랐다.

『라이프사인』의 한국어판 서문을 써달라는 요청을 받고 나는 전율을 느꼈다. 내가 쓴 책이 아름다운 한국어로 옮겨진다니 내게는 명예로운 일이 아닐 수 없다. 우주가 당신과 함께 춤을 추고 여행을 하는 내내 길잡이가 되리라는 사실을 꼭 깨닫기 바란다. 인생이라는 여행에는 늘 의미 있는 우연의 일치나 동시성을 띤 사건이 일어난다. '라이프사인'이야말로 동시성의 힘을 이용하는 법이므로 당신은 완벽한 여행을 하게 될 것이다.

중학교를 다니던 1970년대에 나는 처음으로 통역사가 되고 싶다는 생각을 했다. 열세 살이던 그해, 우리 반에 여학생이 전학을 왔다. 그 아이는 미국에 막 이민을 온 터라 영어를 한 마디도 못 했다. 그 아이가 바로 한국인이었다. 우연히도 우리는 옆자리에 앉게 되었다. 그 아이는 영어를, 나는 한국어를 몰라서 의사소통을 전혀 할 수 없었는데도 우리 사이에는 금세 유대감이 형성되었다. 어색한 몸짓이나 미소를 주고받고, 그림을 그리고, 눈빛을 교환하면서 우리는 이야기 나누는 방법을 만들어 나갔다. 이윽고 우리는 만난 첫해에 '절친'이 되었다. 그 한국인 친구와는 행복한 추억이 많다.

그러므로 내 책이 처음으로 번역된 언어가 한국어라는 사실은 너무나 당연한 일이다. 이것은 우연의 일치가 아니라 명예로운 일이다.

빛과 사랑 속에서
알렉스 마쿠

내 어머니 로레인 마쿠에게 이 책을 바칩니다.

엄마, 보고 싶어요.

차례

제1부 라이프사인을 발견한 나의 여정

제2부 인생의 신호들

제3부 모두에게 있는 도구들

제4부 라이프사인 과정

들어가는 말

어떤 **진화**evolution든 **혁명**revolution에서 비롯된다. 우리가 사는 이 세상은 지금 영적인 혁명을 겪고 있다. 그 결과 의식의 전환기를 맞이했다. 인류의 영성은 진화하고 있다. 우리는 인류 역사상 아마도 가장 놀라운 시기일 지금 이곳에 있기로 선택했다. 우리 각자는 맡은 역할이 있으며 이 시기에 이곳에 오게 된 것은 결코 우연이 아니다. 당신이 이 책을 읽는 것 또한 우연이 아니다.

당신은 인류의 영성이 진화하는 데 없어서는 안 될 놀랍고도 귀한 존재이다. 이제 영적인 생활을 통해 내면으로 시선을 돌려 왜 당신이 여기에 있는지 고민할 때이다. **라이프사인**은 마음을 열어 미래를 안내해줄 기적적인 힘의 근원으로 나아가 영Spirit이 당신에게 알려주고 싶은 것을 깨닫게 해주는 유일한 길이다.

서문

소설가인 내게 사람들은 늘 이런 질문을 한다. "책의 소재는 어디에서 얻으십니까?"

그러면 나는 이렇게 대답한다. "우주가 내게 이야기를 들려줘요. 저는 단지 그 이야기를 전하는 매개자일 뿐이죠."

이렇게 대답하면 사람들은 대부분 내가 자신들을 놀린다고 생각한다.

모선母船

언젠가 작가 콘퍼런스에 가려고 고속도로로 차를 몰고 달릴 때였다.

그때 내가 무슨 생각을 하던 중이었더라? 다음 책을 어떻게 쓸까, 방향을 어떻게 잡을까, 아마도 이런 생각에 골몰했던 것 같다. 그런데 문득 전방 차량의 번호판이 눈에 들어왔다. 거기에는 이렇게 쓰여 있었다. "MY PLNET."(내 행성이라는 뜻-옮긴이) 게다가 범퍼에 붙은 번호판 아래에 적힌 자동차 메이커는 "SATUNR"(새턴은 GM의 계열사이자 상표이다. Saturn이라는 단어는 토성이라는 뜻이다.-옮긴이)이 아닌가. 그걸 보자 자연스럽게 이런 생각이 들었다. '어머, 내 행성이 토성이라니! 너무 귀엽잖아.'

나는 그 차를 추월했다. 잠시 후 내 앞에는 SUV 차량이 달리고 있었다. 그런데 번호판에 이렇게 적혀 있는 것이 아닌가. "MTHRSHP"

'모선mothership?' 그 단어가 유난히 신경이 쓰였다.

그날 나는 저녁 만찬에 지각했다. 나와 함께 앉기로 했던 사람들이 둘러앉은 테이블을 보니 빈자리가 없었다. 하는 수 없이 근처 테이블의 빈자리에 앉았다. 내 옆자리에 앉은 분은 그날 처음 만난 신사였다. 저녁을 먹으며 그분과 두런두런 이야기를 나누게 되었는데, 그분은 전생회귀Past life regression(최면 중에 전생을 여행한다는 주장. 최면 요법사 중에는 과거에 대한 기억이 치료에 도움이 된다고 주장하는 사람들도 있다.-옮긴이)에 대해 이야기를 시작했다. 저녁을 먹으며 흔히 하는 대화라고는 할 수 없을 것이다. 하지만 당시 내가 쓰고 있던 두 번째 소설 『세일럼으로Back to Salem』에서 주인공이 전생회귀를 하기 때문에 귀가 솔깃했다. 나는 소설의 자료를 모으면서 브라이언 와이스의 『나는 환생을 믿지 않았다Many Lives Many Masters』를 읽었는데, 최면회귀를 통해 전생을 탐험하는 내용의 책이었다.

"혹시 『나는 환생을 믿지 않았다』 읽어보셨어요?" 내가 물었다.

그러자 그 신사는 빙그레 웃으며 자신은 심리분석가로, 그 책을 잘 알 뿐만 아니라 브라이언 와이스와 함께 일하며 그 책에서 와이스가 사용한 회귀 규칙을 만드는 데 도움을 주기까지 했다는 것이 아닌가.

바로 그 순간 나는 이런 생각이 들었다. 『세일럼으로』에서 쓴 회귀 기법을 만드는 데 일조한 사람과 만나다니 무슨 이런 우연이 다 있을까? 물론 그것이 우연이 아니라는 사실을 나는 잘 알고 있었다. 그 순간 그 신사를 만난 일이야말로 내 인생의 세렌디피티였다. 함께 앉기로 한 사람들이 내 자리를 맡아두었다면 나는 결코 그를 만나지 못했을 테니 말이다.

나는 그에게 미소 지으며 이렇게 물었다. "심리분석가라고 하셨죠? 어떤 걸 전공하셨어요?"

그는 진지한 표정으로 이렇게 대답했다. "ET 유괴 상담요."

나는 목덜미의 털이 곤두서는 느낌이었다. 나는 미소를 지었다. 내가 그와 이야기를 나눈 진짜 이유를 깨달았기 때문이다. 모든 게 딱 맞아떨어졌다. 나는 다음 책의 방향을 어떻게 잡을지 우주에게 묻고 또 물었다. 그랬더니…… 내 행성, 토성, 모선…… ET 유괴……. 해답을 구했다.

라이프사인의 세계로 오신 걸 환영합니다.

❖ ❖ ❖

이 우주에는 당신보다 더 큰, 선을 향한 힘이 존재한다.

당신은 그 힘을 쓰기만 하면 된다.

― '종교과학운동'의 창시자 어니스트 홈스

소설을 처음 쓸 때만 해도 나는 내 이야기의 소재가 어디에서 오는지 전혀 몰랐다. 이런저런 아이디어들이 난데없이 강렬하게 떠올랐다. 나는 한때 과학에 몸담았던 적이 있다. 덕분에 사물을 논리적으로 바라보는 훈련을 받았다. 그랬던 내가 어느새 예술가에 더 가깝게 생각하게 되었다. 그래도 과학자의 습성을 버리지 못하고 이 소재들이 어디에서 왔으며 왜 내게 왔는지 궁금해했다.

마치 이 우주가 나를 창조적인 그릇으로 쓰는 것 같았다. 그러나 정작 나는 뭐가 어떻게 돌아가는지 갈피를 잡을 수 없었다. 나는 우주가 내게 보내는 메시지에 집중해보기 시작했다. 그 과정에서 우리가 인생에 대해 질문하고 해답을 구하면 그 해답이 매일 어떤 신호를 통해 나타난다는 사실을 비로소 깨달았다.

과학자이자 오랫동안 초능력 현상에 대해 회의적이었던 사람이 제너럴푸즈 사의 연구실에서 나와 초자연적인 현상을 다루는 스릴러물과 영성 관련 자기계발서 작가로 변신한 이유를 누군가 물어보면 나는 이렇게 대답한다. "영적인 여행을 시작했거든요." 내가 내 경험을 사람들에게 들려주는 이유는 간단하다. 세렌디피티serendipity

와 동시성synchronicity, 설명할 수 없는 여러 사건unexplained events을 비롯해 살면서 맞닥뜨리는 여러 신호의 의미를 읽는 법을 알려주기 위해서이다. 앞서 말한 세 가지, 즉 세렌디피티와 동시성, 설명할 수 없는 여러 사건을 나는 **라이프사인**이라고 부른다. 우리는 누구나 영적 수행으로 창의성을 키우고 우주와 교감해 수많은 인생 문제의 해답을 구할 수 있다. 그런데 이런 영적 수행에는 라이프사인이 무척 중요하다.

다 좋다

내가 과학자로 살면서 논리적으로 증명하지 못할 것은 없다고 자신하던 시절이 그리 먼 과거가 아니다. 그때는 뭐든 과학적인 증거를 토대로 증명할 수 없다면 일단 의심부터 했다. 예전의 내 자아는 때맞춰 안부 카드 보내기 따위의 일을 끔찍이 싫어하고, 소설이나 영화 대본은 물론 당신이 지금 읽고 있는 이런 부류의 책에는 전혀 관심 없었다. 그 무렵 나는 특히 직관이나 초능력 현상 같은 개념에 늘 의문을 품고 따지고드는 회의론자였다. 그때 나는 내 장점은 지성이고 약점은 창의성이라고 믿었다. 그 모습이 지금도 생생하다. 앞에서도 털어놓았듯이 그리 오래전 일이 아니니까 말이다.

그런데 상황이 변했다. 이를 두고 내 친구는 대전환이 일어났다고 호들갑을 떨 정도였다.

이 책에는 내가 경험한 여정이 일부 소개되어 있다. 앞으로 직접 보게 되겠지만, 내게 일어난 일은 매우 단순했다. 그런데도 내 인생이 바뀌었다. 더 좋은 쪽으로 말이다. 나는 일단 우주에 관심을 갖고 귀를 기울이며 천릿길을 가는 사람처럼 차근차근 걷기 시작했다. 내가 차근차근 걸은 것은 아직은 시작일 뿐이고, 가야 할 길이 멀고, 배울 것이 아주 많고, 그래서 함께 나눌 것 또한 아주 많다는 사실을 잘 알았기 때문이다.

이 책에서 나는 수시로 **우주**Universe라는 말을 쓴다. 영적이든 종교적이든 인생의 길은 우리들 각자가 다 다르다. 하지만 그 안에 담긴 개념은 보편적이며 어느 길에든 다 적용할 수 있다. 나도 영Spirit이나 영적spiritual이라는 단어를 쓰지만 종교와는 무관하다. 종교는 영혼으로 가는 통로이고 영혼은 진리이다. 하지만 종교가 진리는 아니다. 안타깝게도 종교의 도그마에 사로잡혀서 궁극적인 목적이 영이라는 사실을 잊어버린 채 가던 길을 멈춰 서는 일이 비일비재하다.

내가 우주나 영이나 근원Source이라는 단어를 쓸 때는 당신이 영적으로 가장 높고 이상적이라고 생각하는 존재를 그 단어에 대입하면 된다. 영혼이든, 신이든, 주님이든, 부처님이든, 빛이든, 예수님이든, 여호와든, 야훼든, 당신 자신이든, 무한한 잠재력이든, 당신의 한 차원 높은 자아든 뭐든 상관없다. 당신이 무엇을 최상의 힘으로 믿든 중요한 것은 그런 게 아니다. 이 세상에는 신을 숭배하는 방법이 수도 없이 많다. 그 하나하나가 다 좋다! 종교생활을 하든 안 하든 누구나 이 책을 실생활에 응용할 수 있으며 의미를 찾을 수 있을 것이다.

글을 쓰라는 부름을 받다

우주는 늘 우리에게 말을 건다. 우주는 우리가 무엇을 하든 잘되기를 바라기 때문에 여러 신호를 보내 길을 안내하고 보여준다. 그런 메시지는 여기저기에 늘 있다. 그런데 아쉽게도 우리는 생활에 너무 매몰되다보니 그런 신호를 보지 못하고, 본다고 해도 참뜻을 제대로 이해하지 못한다. 예로부터 우리는 이런 신호들을 우연이나 논리적 귀결, 행운이라는 말로 설명했다. 이런 꼬리표를 다는 것이야말로 영의 진짜 메시지를 훼손하는 일이다. 우리는 꿈의 의미를 무시한다. 불운을 겪으면 영이 우리의 관심을 끌어 길을 보여주는 놀라운 방식인 세렌디피티라는 사실을 알아차리기는커녕 길을 잘못 들었다고 불평만 한다.

이 우주가 동시성이나 세렌디피티, 설명할 수 없는 사건을 통해 메시지를 주려 한다는 사실을 알게 되면 어떨까? 우주와 교감하는 언어를 배워 근원이 하려는 이야기를 해석하는 법을 배우게 된다면 어떨까? 그렇다면 좀 더 관심을 기울이고 삶을 경외감과 경이로움이 가득 찬 눈빛으로 보지 않을까? 우리의 삶에 신호가 나타날 때 잘 알아볼 수 있을지 궁금해하지 않을까? 삶이 더 쉽고 풍요로워지지 않을까?

나는 영이 꿈과 영적 길잡이, 직관적 통찰력, 동시성, 세렌디피티 등 15년 전만 해도 있는지조차 몰랐던 다양한 방법으로 내게 말을 건다는 사실을 알게 되었다. 지금 나는 그 말을 나만 들을 수 있는 게 아니라 당신도 들을 수 있다는 사실 또한 잘 안다.

나는 내가 이 세상에 태어난 이유가 너무나 궁금했다. 그 궁금증을 풀 방법이 없어 답답할 때 비로소 우주의 메시지에 귀를 기울이게 되었다. 내가 이 세상에 태어난 이유를 고민하던 중 매우 혼란스러운 메시지를 연달아 받았다. 이 세상에서 내 사명을 수행하기 위해 글을 쓰라는 메시지를 받았던 것이다. 그때만 해도 내가 글쓰기에 소질이 있을 리 없다고 생각했기 때문에 그 메시지가 터무니없다고 느꼈다. 그래서 변화에 저항했다. 메시지를 무시한 것이다.

신이 당신에게 바라는 것을 무시했을 때 무슨 일이 벌어지는지 혹시 한 번이라도 알아차린 적이 있는가? 내가 영혼의 메시지에 등을 돌린 후로 일종의 '개입'이 시작되었다. 그때는 뭘 해도 계속 꼬였다. 마침내 나는 두 손 두 발 다 들고 글을 썼다. 우주가 보여준 길을 향해 발걸음을 내딛은 것이다. 그래서 어떻게 되었을까? 일이 더 쉽고 기분 좋게 풀리나 싶더니 내 삶도 윤택해졌다.

두 번째 소설인 『세일럼으로』를 출판한 후 차기작을 묻는 독자들의 편지가 오기 시작했다. 나는 미스터리 시리즈물(『세일럼으로』와 『정도의 문제A Matter of Degrees』)에서 직관과 초능력에 대한 근본적인 개념을 소개하고 영혼이 우리에게 말을 거는 간단한 예를 몇 가지 보여주었다. 나는 우리 모두가 직관적인 존재라는 사실을 보여주고 싶었다. 누구나 직관의 존재를 인정하는 것은 아니다. 하지만 직관을 받아들이고 마음을 열수록 직관을 더 빠르게 키울 수 있고 우주의 신호 또한 그만큼 더 빨리 나타날 것이다. 그리하여 우리는 더 쉽게 그 신호를 이해하게 될 것이다.

『세일럼으로』를 읽은 독자들 가운데에는 세상을 바라보는 시각이 바뀌거나 영성에 관심을 갖게 된 사람들이 많다. 이런 변화를 지켜보던 중에 나는 또 하나의 메시지를 받았다. 그 메시지에 따라 나는 창의력 워크숍을 열어 우주와 내가 어떻게 소통하는지 설명하고 누구나 우주와 소통할 수 있다는 사실을 전했다. 내 강연을 들은 사람들의 반응은 놀라웠다. 많은 사람들이 내가 라이프사인을 활용하는 방법을 알고 싶어 했다. 그래서 나는 이 책을 쓰기로 결심했다.

이 책에서 나는 어떤 연유로 우주에 귀를 기울이게 되었으며 우주는 어떻게 내게 응답했는지 설명하고자 한다. 이상하게 들리겠지만 나는 과학자가 되기 위해 받았던 교육이 이 과정에서도 매우 쓸모 있었다고 믿는다. 과학자였을 때 나는 늘 사물을 낱낱이 분석해서 작용 원리를 알아내야 직성이 풀렸기 때문이다. 그런 성향이 영과 교감하는 과정을 다섯 단계로 일목요연하게 정리하는 데 큰 도움이 되었다. 과학자로서 오랜 세월 초자연적 현상에 회의적이었던 나는 오랜 시간 심사숙고한 끝에 이 개념을 받아들일 수 있었다는 점을 확실히 말할 수 있다.

이 책에서 나는 라이프사인 과정을 설명할 것이다. 또한 나를 영으로 인도하는 생명줄이라고 할 수 있는 영적 수행에 대해서도 설명할 것이다. 이 책에는 베스트셀러 작가들과 영성 지도자들, 평범한 사람들이 매일 라이프사인에서 통찰력을 발견하는 이야기들이 실려 있다. 자신의 직관과 정신적 능력을 찾아내서 키울 수 있는 수행법도 곳곳에 소개되어 있다. 이 한 가지는 확실히 짚고 넘어가자. 이 책에 다양한 수행법이 실려 있지만 당신이 라이프사인을 이용하기 위해 필요한 것들은 이미 당신 안에 있다는 점을 명심하라.

이 책은 나의 여정이다. 이 책을 다 읽고 당신도 당신만의 여정을 시작할 수 있으리라 믿는다. 당신이 라이프사인을 잘 알아차리고 그 과정을 열심히 연습해서 언젠가는 우주가 보여주는 메시지와 길을 더 잘 이해하게 되기를 간절히 기원한다.

이 책에서 소개하는 수행법 덕분에 내 삶은 바뀌었다. 내 삶은 전보다 더 풍요로운 의미를 갖게 되었고 나는 더 행복해졌다. 변화는 하룻밤 새에 일어나지 않는다. 하지만 당신도 언젠가는 바뀔 수 있다. 라이프사인은 과학이다. 근육처럼 자꾸 사용하면 힘이 붙는다. 반대로 사용하지 않으면 기적을 일으킬 능력도 점점 사라지고 말 것이다.

제1부
라이프사인을 발견한 나의 여정

우리는 사랑을 가지고 태어난다.

그리고 탄생과 동시에 두려움을 알게 된다.

영적 여행은 두려움을 벗어던지고

가슴속에 있는 사랑을 받아들이는 것이다.

– 메리앤 윌리엄슨

1

인생의 벽돌들

신은 당신의 영혼에 속삭이고 가슴에 말을 건다.

살다보면 그런 말을 들을 여유가 없을 때도 있다.

그러면 신은 당신에게 '벽돌'을 던진다. 신의 말에 귀 기울이겠는가.

아니면 날아오는 벽돌을 맞겠는가. 당신이 선택하라.

– 무명씨

살다보면 일이 술술 풀리는 날도 있지만 가는 곳마다 일이 꼬이는 날도 있다. 이럴 때는 어떻게 해도 매번 장애물에 부딪힌다. 꿈을 잘 못 꿨는지 매사가 산뜻하지 못해 그저 집에 가서 이불을 뒤집어쓰고 싶은 마음뿐이다.

나는 이런 종류의 개입을 '벽돌'이라고 부른다. 이것은 우리가 신경 써야 할 인생의 벽돌이자 마음의 고통이며 고난과 역경이다. 때로는 영으로부터 알 듯 말 듯한 메시지를 받은 직후 벽돌이 날아오기도 한다. 우리는 우주가 속삭이는 소리를 못 듣고 지나칠 때가 많다. 말 그대로 들릴 듯 말 듯하기 때문이다. 하지만 우리 길을 막고 선 벽돌은 못 보고 지나칠 리 없다. 내가 그런 일을 겪었다. 한때 나는 우주의 속삭임을 보란 듯이 무시했다. 지금은 내 인생에 찾아온 개입을 좀 더 잘 알아차리려 애쓰고 있다. 물론 처음부터 우주의 소리가 또렷하게 들린 것은 아니다.

1990년대 초, 나는 콜로라도 주 덴버 근교에 새 보금자리를 마련했다. 콜로라도로 옮겨 간 시기는 여러모로 불길했다. 나와 파트너가 이사를 간 곳은 매우 보수적인 성향의 중상류층 동네였다. 평생 진보적인 분위기가 우세한 지역에서 살았던 나는 콜로라도의 전반적인 정치적 환경이 너무나 낯설게 느껴졌다.

콜로라도로 이사를 온 이듬해에 어떤 사람들이 주헌법을 수정하기 위해 로비를 벌이기 시작했다. 이들이 내세운 것이 바로 수정2조인데, 이 조항이 총선에서 통과될 경우 사람들은 합법적으로 성적 취향에 따라 타인을 차별할 수 있었다. 이런 법안을 발의했다는 소식을 들었을 때만 해도 설마 통과가 되겠나 싶었다. 그런데 선거일이 다가오면서 이웃집 앞마당에 '수정2조에 찬성한다'는 팻말이 세워진 것을 보고 경악을 금할 수 없었다. 이윽고 11월 투표일이 되었다. 이른 아침부터 손톱을 물어뜯으며 하루 종일 개표 결과를 시청한 나는 충격에 나가떨어지고 말았다. TV를 뚫어지라 보던 나는 마침내 수정조항이 통과되자 하늘이 무너지는 것 같았다. 시계가 거꾸로 돌아 100년 전으로 되돌아간 게 아닌가 싶었다. 콜로라도 주민 대다수의 찬성으로 그런 조항이 통과되는 일이 어떻게 가능한지 도통 이해되지 않았다. 그 일로 내가 얼마나 상처를 받았는지 말로 다 설명할 수 없다. 그리고 마침내 개인적인 시련이 찾아왔다.

그 무렵 나와 내 파트너는 온갖 분란에 휘말렸다. 내 파트너는 건축업자를 고소해야 할 상황이 되었고 소송비는 눈덩이처럼 불어났다. 당시 우리는 동업을 했는데, 우리와 계약한 회사의 직원 두 명이 우리의 생활방식에 대해 악의적인 소문을 퍼뜨리고 있다는 사실을 알게 되었다. 그 결과 우리는 계약이 몽땅 끊겨버렸다. 사업 환경이 급격하게 변했다. 그리고 두 번째 소송이 벌어졌다.

고소 두 건으로는 부족했을까! 몇 해 전 나는 망해가는 회사를 사서 흑자 기업으로 만든 후 되팔았다. 나는 그곳의 새 소유주가 발행한 수표를 받았다. 그런데 얼마 후 그 사람이 지불을 중단했다. 가만히 앉아서 몇천 달러를 잃을 처지가 된 나는 지불받지 못한 수표에 대한 이자를 보호하기 위해 어쩔 수 없이 고소를 했다.

하지만 이런 시련들은 내 인생에서 가장 가슴 아팠던 사건에 비하면 아무것도 아니었다. 나는 그 무렵 유산했다. 1993년 초 법적 분쟁과 이런저런 분란이 벌어지는 와중에 임신 3개월이 끝나갈 즈음 아기를 잃었다.

나는 살면서 신은 우리가 감당하지 못할 시련은 주지 않으신다는 말을 늘 들었다. '신이 나를 시험에 들게 하시는 건가?' 가슴이 갈가리 찢어지는 듯한 고통의 시간을 보내면서 나는 내면을 돌아보며 이렇게 자문했다. '왜 내가 이런 일들을 겪어야 하지?'

내게는 신의 목소리도, 속삭임도 전혀 들리지 않았다. 오로지 고요할 따름이었다. 나는 억울한 피해자라는 생각에 잠겨 앞서 말한 인생의 벽돌에 맞아 난 상처를 돌보기에 바빴다. 나는 상실감과 패배감에 빠져들었다. 그러다 문득 아주 오래전부터 사람들이 매달렸던 의문이 떠올랐다. "나는 누구인가?"

"나는 왜 이 세상에 태어났을까?"

"나는 어떤 사명을 지니고 태어났을까?"

"진리란 무엇인가?"

"왜 내가 이렇게 고통을 받아야 하나?"

아무리 고민해도 해답이 보이지 않았다. 그런데 내가 인생에서 해야 할 일을 내버려두고 있다는 느낌이 자꾸 들었다. 시간이 재깍재깍 가고 있다는 생각에 조바심이 났다.

나는 영성에 관한 책을 읽고, 워크숍이며 콘퍼런스에도 나가기 시작했다. 한번은 점집에도 찾아갔다. 그 점쟁이는 내가 작가가 될 거라고 했다. 그 말을 듣자 이런 생각이 들었다. '웃기고 있네.(사실 이것보다 더 원색적인 표현이었다.) 작가라니 말도 안 돼. 이 남자 완전 엉터리잖아.'

그런데 그 후 내 인생에서 설명할 수 없는 사건들이 연달아 터졌다. 범상치 않은 일들은 내게 인생에는 눈에 보이는 것 이상이 있다고 넌지시 일러주었다. 그 결과 나의 종교적 믿음과 과학적 증거를 금과옥조로 삼았던 당시의 신조가 뿌리째 흔들리게 되었다.

불시에 찾아온 깨달음

명절 연휴를 앞둔 어느 추운 겨울밤, 파트너와 나는 곤히 잠들어 있었다. 나는 꿈을 꿨다. 꿈이 아니라 생시라고 해도 믿을 만큼 생생한 꿈이었다. 꿈을 꾼다는 사실을 인지하는 자각몽이었다. 나는 내 몸 위로 붕 떠올랐다. 마치 내가 홀로그램 영상이라도 된 듯 침대 위 천장 근처를 맴돌았다. 아래를 보니 내 육체는 여전히 잠든 채 누워 있고 그 옆에 파트너도 있었다. 내가 동시에 두 곳에 있다는 사실을 확실하게 인지했다. 게다가 내 의식은 홀로그램이 된 자아에 있다는 사실도 분명히 느껴졌다.

'어떻게 이런 일이 일어날 수 있지?' 나는 속으로 물었다.

'그렇구나! 이게 바로 유체이탈이라는 건가보네.' 나는 비꼬듯 이렇게 생각했다. 꿈이니까 당연하지 않냐고 생각하면서 말이다.

나는 붕 떠올라 침대에서 멀어졌다. 몸 어디에도 저항감이 느껴지지 않았고 무게가 없는 듯 스르르 미끄러졌다. 나는 열어놓은 유리문을 통과해 나갔다. 그 문은 우리 집의 1층을 내려다보는 발코니로 이어져 있었다. 나는 난간 위로 솟아올라서 그 아래를 내려다보았다. 크리스마스를 맞아 현관 벽장의 윗부분과 거실 벽난로 위를 장식한 꼬마전구가 반짝거리고 있었다.

난간 위를 보다가 문득 이런 생각이 들었다. '알렉스, 운이 좋으면 난간 위로 붕 떠서……'

무심코 떠오른 생각을 미처 끝내기도 전에 내 몸이 붕 떠서 난간 위로 가더니 현관으로 둥둥 떠가는 게 아닌가.

나는 문손잡이를 바라보았다. '이게 꿈이야, 생시야?'

내 속의 과학자 자아가 불쑥 고개를 쳐들었다. 현관에 걸어놓은 자물쇠를 열면서 이렇게 생각했다. '지금 자물쇠를 채우지 않고 내버려두는 거야. 그래서 내일 아침에 자물쇠가 열려 있으면 이건 진짜 일어난 일인 거지. 자물쇠가 그대로 잠겨 있으면 이건 꿈인 거야.'

나는 문을 열고 12월의 밤공기 속으로 미끄러지듯 날아갔다. 바깥 날씨는 생각보다 춥지 않았다. 나는 문을 닫았지만 자물쇠는 채우지 않았다. 집의 높은 곳에서 저 멀리 덴버의 불빛이 일렁거리는 게 보였다. 나는 도시의 불빛에 등을 돌린 채 어둠 속으로 날아갔다.

다음 날 아침 나는 잠자리에서 벌떡 일어났다. 지난밤 잠들기 전 모습 그대로였다.

내 파트너가 옆에서 몸을 뒤척이며 물었다. "왜 그래?"

나는 눈을 비비며 정신을 차리려고 해보았다. "방금 정말 이상한 꿈을 꿨어." 나는 내 몸에서 빠져나온 일이며 꿈인지 생시인지 알아보려고 현관문을 잠그지 않았다는 이야기를 두서없이 늘어놓았다.

파트너는 내 이야기를 잠자코 들었다. 내가 이야기를 끝내자 그녀는 말없이 불쑥 일어나 아래층으로 내려갔다. 잠시 후 그녀가 침실로 돌아와 이불 속으로 들어오더니 가만히 다시 눕는 게 아닌가.

"왜 그래?" 이번에는 내가 물었다.

"현관문 자물쇠가 풀려 있어." 그녀가 말했다.

전날 밤 우리는 자기 전에 분명히 현관문을 잠갔다.

그 무렵만 해도 나는 유체이탈 경험에 대해 잘 몰랐다. 지금도 내 맘대로 유체이탈을 하지는 못하지만 이제는 이런 현상이 흔하게 일어난다는 사실은 잘 안다. 우리는 유체이탈을 겪어도 대부분 기억하지 못한다. 설령 기억하더라도 꿈으로 치부해버린다. 대개 날아다니는 꿈은 우리가 유체이탈을 하고 있다는 뜻이다. 유체이탈을 처음으로 경험한 후 나는 한 가지 사실을 깨달았다. 유체이탈 상태에서는 어떤 질문이든 다 할 수 있고 그에 대한 대답도 보인다는 사실 말이다.

"어디 한번 해보자!" 지금은 이렇게 말하지만 그때만 해도 육체를 벗어난다는 생각을 받아들이는 것 자체가 내게는 큰 변화였다. 지금은 유체이탈을 통해 한 차원 높은 나의 자아가 인생에는 내가 믿는 것보다 더 중요한 것들이 있음을 알려준다는 사실을 잘 안다. 우주는 내가 받아들일 수 있는 방식으로 내게 말을 걸었다. 유체이탈을 한 상태에서 나는 내 몸을 조종할 수 있었고 나 자신에게 메시지를 전할 수 있었다. 이것이야말로 내게는 커다란 발전이었다.

유체이탈을 처음 경험했던 그 무렵에 나는 우리 집에서 설명할 수 없는 사건을 몇 번이나 목격하게 되었다. 그런 일들은 논리적인 설명을 거부했다. 나의 분석적인 면은 그런 일이 어떻게 일어난 것인지 설명을 찾으려고 했다. 하지만 끝내 합당한 이유를 찾을 수 없었다. 나는 이런 사건들이 내 파트너가 집을 비울 때 주로 일어난다는 사실을 깨달았다. 그건 아마도 파트너가 집에 있었다면 그녀가 일으킨 일이라고 합리화했을 나 때문이었을 것이다.

그런데 내가 말하는 **설명할 수 없는** 사건이란 도대체 무엇일까? 바로 이런 일들이었다.

- 탁자 위를 말끔하게 치워놓고 잠시 후 보면 방금 치운 탁자 위에 물건이 어질러져 있다.
- 아일랜드 식탁 위에 있던 물건이 어떤 논리적인 이유도 없이 바닥에 떨어진다.

◆ 분명히 닫아놓은 문이 열려 있다.

◆ 분명히 꺼놓은 방 안의 전깃불이 켜져 있다.

어느 날은 거실을 지나가면서 보니 TV는 꺼져 있는데 VCR LCD
의 불이 들어와 있었다. 재생 준비가 끝났다는 뜻이었다. VCR이 켜
져 있을 이유가 없었다. 나는 '꺼야겠다'고 생각하며 VCR 쪽으로 다
가가 눈앞에서 VCR을 껐다. 그랬더니 LCD가 확 밝아졌다가 금세
꺼졌다. 나는 기절초풍할 정도로 놀라 뒤로 후다닥 물러났다. 그때
집에는 나밖에 없었다.

이런 수수께끼 같은 사건들은 도저히 논리적으로 설명할 수 없었
다. 이런 초자연적인 사건들을 해결하려 할수록 점점 더 희한한 일
들이 벌어졌다. 이제는 우주가 내 관심을 끌려고 그랬다는 걸 잘 안
다. 인생은 보이는 것이 다가 아니라고 영이 계속 알려준 것이다. 물
리적인 삶 외에 다른 것이 있었다. 우리의 삶은 연구실에서 과학적
으로 증명할 수 있는 것이 다가 아니었다.

그리하여 나는 비로소 마음을 움직여 관심을 기울이기 시작했다.

2

선물

도전은 새로운 무게중심을 찾으라고 우리의 등을 떠미는 선물이다.
이런 선물과 싸우지 마라. 그저 똑바로 서는 다른 방법을 찾아라.

– 오프라 윈프리

내 파트너는 오랫동안 A.R.E. 즉, 연구와계몽협회Accociation for
Research and Enlightenment의 회원이었다. 나는 이곳이 영성단체라는
사실 외에 다른 것은 잘 몰랐다. 파트너는 이곳의 본부가 있는 버지
니아 비치에서 열리는 콘퍼런스에 늘 가보고 싶어 했다.

1993년 10월, 내 파트너는 나이의 앞자리 숫자가 바뀌는 '특별한'
생일을 맞이했다. 우리는 이 특별한 생일을 기념하기 위해 일상에서
벗어나 함께 휴가를 떠나기로 했다. 나는 그녀와 생일을 기념하기에
적당한 휴가지를 알아보기 시작했다. 그러던 어느 날 그녀 앞으로 온
A.R.E. 카탈로그를 대신 받았다. 카탈로그를 훑어보는데, '이번 생에
서 당신이 맡은 사명 찾기'라는 제목의 콘퍼런스가 눈에 들어왔다.

나도 나였지만 내 파트너도 그 무렵 질척거리는 소송과 내 유산으

로 크게 상심한 상태였다. 그로 인한 스트레스도 엄청났다. 나는 그녀의 생일에 이 콘퍼런스에 함께 가기로 마음먹었다. 그녀는 비행기가 버지니아 주 노포크에 착륙할 때까지도 내가 자신을 어디로 데려가는지 짐작도 하지 못했다.

우리는 주중 닷새 동안 진행되는 콘퍼런스에서 각자의 장점과 단점, 관심사와 더불어 우리 삶에서 보이는 패턴을 탐색했다. 콘퍼런스 마지막에 주최 측은 우리에게 그 주에 일어났던 일들을 바탕으로 우리가 이 세상에 태어난 목적을 사명선언문으로 작성해보라고 했다. 나는 사람들이 각자의 차이를 알고 서로 존중하도록 돕고 싶다고 쓰면 될 것 같았다. 그런데 콘퍼런스에서 살펴봤던 여러 연습법들을 떠올리다보면 신기하게도 내가 글쓰기를 통해 인생의 목적을 이룰 수 있다는 생각이 자꾸 들었다.

콘퍼런스에서 드러난 내 인생의 패턴은 내가 늘 소수자에게 끌리는 성향을 지녔다는 것이었다. 중학교 시절 가장 친한 친구는 한국인이었다. 고등학교를 다닐 때는 아프리카계 미국인 친구와 가장 친했다. 대학 시절 룸메이트는 일본인이었고 전남편은 푸에르토리코계 후손이었다. 콜럼버스의 후손인 남자와 연애했고 유대인 친구들과도 무척 친했다. 그리고 나는 여자이고 레즈비언이다. 콘퍼런스에 참석하기 전에는 한 번도 이것을 어떤 '패턴'이라고 생각하지 않았다. 패턴은 고사하고 의미가 있다고도 생각하지 않았다.

콜로라도로 이사 오기 전에 나는 켄터키 주에서 일 년 동안 지냈다. 그곳에서 나는 증오범죄를 당했다. 게다가 콜로라도로 오자마자 수정2조 채택 운동이 벌어진 탓에 그 무렵 나는 평등권에 무척 민감했다. 그래서 나의 사명은 "누구나 평등한 세상을 만들고 이를 위해 사람들이 서로의 차이를 존중하는 세상을 만드는 촉매가 되는 것"으로 정했다.

그때를 돌이켜보면 내 파트너에게 선물하고 싶었던 그 콘퍼런스가 실은 나를 위한 선물이었다는 생각이 든다. 아마 내가 나 자신에게 할 수 있는 최고의 선물이었을 것이다. 지금 생각하면 그녀의 생일은 내 여정에 첫발을 내딛고 형이상학적인 개념을 깊이 고민해보기 위해 내게 필요했던 구실에 불과했다. 지금은 내가 우주의 속삭임을 완전히 무시했기 때문에 영이 내 관심을 끌기 위해 벽돌을 던질 수밖에 없었다는 사실을 똑똑히 안다. 내가 벽돌이라고 생각한 것이 실은 세렌디피티였다. 내가 영적으로 성장하도록 자극하는 **라이프사인**이었던 것이다. 이제는 평생 소수자나 약자에게 더 끌렸던 경험이 절대 우연의 일치가 아니라는 것도 잘 안다.

몽상

몽상이란 우리 마음속에 이런저런 아이디어가
사색이나 깊은 이해 없이 떠도는 상황이다.
– 존 로크, 영국의 철학자 겸 작가

나는 A.R.E.에서 구체적으로 정한 사명선언문이 무척 마음에 들었다. 하지만 그것을 내 생활에 어떻게 접목시켜야 할지 좋은 방법이

쉽사리 떠오르지 않았다. 선언문만 보면 시민권 운동가가 만든 것처럼 거창한데, 이걸 어떻게 '내' 삶에서 실천할 수 있을까?

정말 신기하게도 내 인생은 A.R.E.로 여행을 떠나기 전부터 이미 변하고 있었다. 집으로 돌아오기 전날 저녁 나는 변호사의 전화를 받았다. 변호사는 내 회사를 인수한 후 파산 신청을 했던 사람들이 합의안을 제시했다는 소식을 전했다.

그때부터 상황이 슬슬 좋아지기 시작했다. 다음 달에 나는 임신을 했다. 덕분에 인생의 목적을 찾고 그것을 이루어야 한다는 부담감에서 잠시나마 기분 좋게 벗어날 수 있었다. 임신 5개월이 되었을 즈음 머릿속에 소설의 소재가 반짝 떠올랐다. 아들의 양육권을 지키기 위해 성 정체성마저 교묘하게 숨긴 채 고군분투하는 여자의 이야기였다. 그때는 그저 스쳐 지나가는 생각에 불과했다.

1994년 9월, 두 가지 기적이 동시에 일어났다. 하나는 사랑스러운 아들이 태어난 것이다. 다른 하나는 아들이 태어난 후 영아산통을 심하게 겪은 것이다. 영아산통을 겪어본 사람이라면 어떻게 영아산통과 기적이 한 문장에 함께 들어갈 수 있는지 이해가 안 될 것이다. 임신과 출산은 내게 새로운 경험이었다. 악을 쓰고 울어대는 아기를 말하는 게 아니다. 평소의 멀티태스킹 습관은 창문 밖으로 던져버려야 했다는 점에서 전에 없던 경험이었다. 나는 아기를 잘 보살피기 위해 아기 곁에 있는 것 말고 할 수 있는 게 없다는 사실을 금세 깨달았다. 책을 읽을 수도, TV를 볼 수도 없었다. 잡담을 나눌 시간도 없었다. 컴퓨터 앞에 앉아 작업하는 꿈도 꿀 수 없었다. 나는 아기를 잘 보살피고 사랑하고 그때그때 충실하게 사는 것 외에 아무것도 할 수 없었다. 밤이면 밤마다 아기를 안고 달래면서 집안을 몇 시간이고 걸어 다녔다. 수면 부족과 육체적 피로는 당연한 결과였다.

어느 날 밤 놀라운 일이 벌어졌다. 아기를 재우며 쉬는 중이었는데, 나도 모르게 몽상에 빠진 것이다. 문득 임신 중에 떠올랐던 소설 소재가 기억났다. 그러니까 아들을 지키기 위해 자신의 정체성을 포기한 여자의 이야기 말이다. 나는 이미 커밍아웃을 한 레즈비언이었다. 그러므로 임신 중에는 내 성 정체성을 숨겨야 할 이유가 하나도 떠오르지 않았다. 그런데 그날 밤 아기를 안고 있으니 이 아이를 지키기 위해서라면 내 본모습을 숨기는 것은 물론 평생 거짓된 삶을 살아도 상관없겠다는 생각이 드는 게 아닌가. 그 순간 내 머릿속에 뿌려진 씨앗이 마침내 뿌리를 내렸다. 내 소설 데뷔작인 『가면 *Façades*』의 설정이 탄생한 것이다.

다음 날 밤 아들을 재우는데, 전날 떠올랐던 이야기가 또 생각났다. 이번에는 등장인물들이 속속 나타났다. 그다음 날 밤에는 등장인물들의 성격과 경력이 떠올랐고 그다음은 연인들, 그다음은 갈등 상황이 떠올랐다. 매일 밤 아들을 재우면서 나는 내 이야기에 조금씩 살을 붙여나갔다. 이야기를 다양하게 변화시키며 소설이 머릿속에서 만개하는 모습을 지켜보았다. 이윽고 소설은 한 송이 야생화처럼 맹렬하게 자라기 시작했다.

어쩌다 보니 하루하루 피로로 나가떨어지는 와중에도 소설은 장章을 너해가며 등장인물과 주요 구성과 부차적 구성을 갖추고 조금씩 풀려갔다. 그것은 머릿속으로 써 내려간 첫 번째 소설이었다. 희한하게도 나는 소재를 특정한 순서로 배치해야 한다는 사실마저 알고 있었다. 정작 그걸 어떻게 알았는지는 모르면서 말이다. 소설은 그렇게 계속 전개되다가 마침내 완성되었다. 공교롭게도 내 아들이 밤새 잠을 푹 자기 시작한 시기와 딱 겹쳐서 말이다.

어릴 때 교구 부속학교에서 몽상을 하면 안 된다고 배운 게 기억난다. 어린 시절은 물론 어른이 되어서도 나는 뭔가에 굴복하는 걸 몹시 싫어했다. 하지만 내게는 기적이자 세렌디피티인 영아산통을 겪으며 어릴 때 각인된 가톨릭교의 가르침이 뿌리부터 흔들리게 되었다. 알고 보니 **라이프사인**이었던 이 사건은 운명의 신이 새로운 방향으로 가보라고 내 옆구리를 슬며시 찌른 셈이었다.

3

직관 일깨우기

당신에게 주어진 시간은 언젠가 끝난다.

그러니 다른 사람의 삶을 사느라 그 시간을 허비하지 마라.

다른 사람의 생각에 좌우되며 살아야 한다는 생각에 갇히지 마라.

다른 사람이 가타부타 떠드는 소리에 당신 내면의 목소리가 묻히게

내버려두지 마라. 무엇보다 용기를 내어 당신의 가슴과 직관을 따르라.

그 둘은 당신이 무엇이 되고 싶은지 이미 잘 알고 있다.

그 외의 것들은 전부 부차적인 것들이다.

– 스티브 잡스, 애플과 픽사 애니메이션 스튜디오의 공동 창업자

시간 만들기

우리 모두에겐 자신의 삶에서 해야 할 일이 예정되어 있다. 그것을
향해 가지 않을 때 우주는 우리의 삶에 개입하기 시작한다. 내가 그
랬다. 과거 나는 망망대해에서 표류하는 배처럼 방황하고 내 삶에서
무엇을 해야 할지 몰라 헤맸다. 진실을 알아보지 못하면 운명의 바
람은 우리의 항로를 바로잡기 위해 수고를 아끼지 않는다. 글쓰기를
멀리할수록 나는 더 많은 개입을 받았다.

❖ ❖ ❖

산다는 건 너무나 놀라운 일이라 다른 것에 신경 쓸 여지가 없다.

– 에밀리 디킨슨, 시인

나는 소설 구상을 끝내자마자 책상에 자리를 잡고 앉아 집필을 시작하고 싶었다. 머릿속으로 다 정리한 이야기이니 아무 어려움 없이 글이 술술 나왔다면 참 좋았겠지만 현실은 전혀 달랐다. 어느 것도 내 맘대로 되지 않았다. 머릿속에서 이야기는 이미 완성되었고 이제 쓰기만 하면 되는데 쓸 시간이 없었다. 하루 종일 너무 바빴다. 아기도 봐야 하고, 돈도 벌어야 하고, 사랑하는 이도 있었고, 친구도 만나야 하고, 사회생활도 해야 했다. 내가 소설을 쓰는 게 진정 신의 의도라면 우주가 글을 쓸 시간을 선물로 주지 않을까. 이런 무책임한 생각마저 들었다. 물론 그런 일은 일어나지 않았다.

나는 소설의 자료를 조사한답시고 본격적인 집필 작업을 계속 미뤘다. 그 무렵 한 일 년 동안은 구할 수 있는 음악 산업 관련 자료는 닥치는 대로 다 읽었다. 앞으로 쓸 소설의 주인공이 음악 산업에 종사한다는 설정이었기 때문이다. 그러는 와중에도 내 생활에 변화가 생겨 글을 쓸 수 있게 되기를 바랐다. 그러나 내 일과는 변하지 않았고 오히려 점점 더 바빠졌다.

내가 우울증으로 고생한 적이 있다면 바로 이 시기일 것이다. 머릿속에선 이야기가 뭉게뭉게 피어올랐다. 이유는 설명하기 어렵지만 아무튼 나는 그 이야기를 세상에 들려주어야 했다. 하지만 도저히 짬을 낼 방법이 보이지 않았다.

어느 날 저녁 나는 침대에 누워 『음악 산업 *This Business of Music*』이라는 책을 설렁설렁 읽고 있었다. 소설의 자료를 찾기 위해 읽던 책이었다. 머릿속으로 구성한 이야기를 반드시 써야만 한다는 생각에 사로잡힌 나는 책을 침대 옆 탁자에 놓고 눈을 감았다. 지쳤다는 생각도 살짝 들었다. 아마 필사적인 마음도 있었을 것이다. 이 소설을 쓰는 것이 내 사명의 일부라고 말해주는 신호가 나타나면 좋겠다 싶었다. 그래서 그날 밤 그렇게 기도했다. 신호를 보여달라고 말이다.

다음 날 아침 눈을 떴는데 침대 옆 탁자에 놓아둔 책이 보이지 않았다. 나는 자리에서 벌떡 일어나 방바닥이며 사방을 뒤져보았지만 책은 아무데도 없었다. 방을 여기저기 둘러보다가 무심코 서랍장 위를 보았다. 침대에서 2.5미터가량 떨어져 있는 그 서랍장 위에 책이 있는 게 아닌가.

나는 책을 뚫어지라 보며 그곳에 있을 수밖에 없는 이유를 찾아 머리를 굴렸다. 마침 내 파트너가 곁으로 오기에 물었다. "혹시 자기가 책을 저기에 뒀어?"

"아니. 내가 왜?"

그 순간 신호다 싶었다. 내 직관은 소설을 써야만 한다고 했다. 도저히 설명할 수 없는 이 사건, 즉 이 **라이프사인**이 내가 한 걸음 내딛는 계기가 되었다.

온 우주가 해보라고 내게 엄지를 들어 격려해주는 것 같았다. 그래서 정말 소설을 쓰기로 했다. 나는 짬이 날 때마다 낮에 사무실로 쓰는 방으로 향했다. 하지만 그곳에서도 집중해서 글을 쓰지 못하고 업무를 처리해야 했기에 내 속은 까맣게 타들어갔다.

그 무렵 내가 어지간히 징징거리긴 했던 것 같다. 1997년 밸런타인데이에 내 파트너가 내게 상자 하나를 안겨주면서 이렇게 말한 걸 보면 말이다. "밸런타인데이 축하해! 자, 이제 써봐. 아니면 입 닥치고 있든가!"

상자에는 노트북이 들어 있었다.

3개월 동안 나는 여기서 10분, 저기서 20분씩 도둑질하듯 시간을 내어 『가면』의 초고를 썼다. 5월로 접어들자 내게 세렌디피티가 다시 한번 찾아왔다. 그 무렵 내 파트너는 비행기에 탑승할 때마다 공황발작을 일으키게 되었다. 그녀는 우리 사업의 영업 담당자였기 때문에 비행기 출장은 일상이었다. 비행기를 탈 수 없게 된 건 영업인에게 심각한 장애가 아닐 수 없었다. 그러자 그녀는 내게 자신의 상태가 호전될 때까지 대신 영업을 맡아달라고 부탁했다. 그녀는 고심해서 모든 출장 일정을 조정한 후 테네시 주의 내슈빌에서 열리는 콘퍼런스를 첫 번째 출장지로 정했다. 그런데 내슈빌에서는 놀라운 일이 기다리고 있었다. 그녀가 날짜를 착각해 엉뚱한 주말에 나를 보낸 것이다.

내슈빌 출장은 아들이 태어난 후 내가 처음으로 누린 '자유 시간'이었다. 이 출장을 다녀오는 동안 첫 소설의 집필에 들어갔다. 글을 써보니 알 것 같았다. 내가 잘하고 있다는 느낌이 왔다. 돌아오는 비행기에서 매일 벌어지는 북새통에 내가 너무 쉽게 평정심을 잃고 그 바람에 작업을 질질 끌고 있다는 사실을 뼈저리게 느꼈다. 그때 나는 다짐했다. 소설을 쓸 시간을 우주가 만들어주지 않으면 내가 직접 만들자. 매일 아침 새벽 5시에 일어나서 두 시간 동안 열심히 써 보자. 그리고 7시부터 회사 일과 집안일을 하자. 저녁에 아이를 재우고 나서 좀 더 쓰자.

❖ ❖ ❖

뭔가를 쓰고 싶다면, 바보 같은 짓을 할 각오를 해야 한다.

― 앤 라이스, 작가

깨우침

7개월 만에 나는 『가면』의 초고를 완성했다. 얼마나 뿌듯하고 감격스러웠던지. 나는 내가 쓴 걸작을 확인하려고 초고를 출력해서 읽기 시작했다. 페이지가 넘어갈수록 나는 초라해지고 초라해졌다. 원고는 형편없었다. 혹시라도 출간할 기회가 생긴다면 거의 다 뜯어고쳐야 할 것 같았다. 뿌듯했던 마음은 순식간에 사라지고 죄스러운 마음이 들었다. 지난 7개월 동안 틈만 나면 이 졸작에 매달렸다는 말이 아닌가. 차라리 그 시간에 아들과 캐치볼을 더 할 걸. 차라리 그 시간을 파트너와 함께 보내든가 그동안 미룬 휴가라도 잠시 다녀올 걸. 차라리 그 시간에 운동이나 할 걸. 차라리 그 시간에 진구늘에게 잘해줄 걸. 소설을 쓴답시고 뒷전으로 미뤄놓았던 일들을 떠올리자니 끝이 없었다. 게다가 퇴고 작업도 만만치 않아 보였다. 그 말은 가족과의 시간을 더 희생해야 한다는 뜻이었다. 나는 갈등에 휩싸였다. 계속 써야 할지 말아야 할지 말이다.

다음 날 우편함에는 A.R.E. 콘퍼런스 카탈로그가 와 있었다. 그걸 보니 4년 전의 근사한 경험이 떠올랐다. 카탈로그를 살펴보니 '이번 생에서 당신이 맡은 사명 찾기' 프로그램은 없었다. 나는 '에드거 케이시 레거시'라는 콘퍼런스에 관심이 갔다. 소개 글을 보니 영혼의 목적을 이루기 위해 직관을 사용하는 법을 가르쳐준다고 적혀 있었다. 나는 솔깃했다. 『가면』이 내 영혼의 여정의 일부라는 확신이 꼭 필요했기 때문이다. 콘퍼런스는 다음 달에 열릴 예정이었다.

나는 완벽한 타이밍에 반색하며 당장 그 콘퍼런스에 등록했다. 그런데 그곳에 도착해서야 뭔가가 잘못되었다는 사실을 알게 되었다. 알고 보니 내가 등록한 콘퍼런스는 1주 과정의 초능력 개발 프로그램이었다. 당장 다음 비행기를 타고 집으로 돌아가야겠다 싶었다. 그런데 다시 생각해보니 초능력자 행세를 해보는 것도 재미있을 것 같았다. '자칭 초능력자들 가운데 내 속셈을 꿰뚫어 보는 사람이 있는지 한번 볼까.'

캐럴 앤 리어로스와 헨리 리드가 이끄는 콘퍼런스의 기본 메시지는 이랬다. "우리는 모두 초능력자다." 당연히 나는 회의적이었다.

콘퍼런스에서 우리는 강사들이 가르쳐준 방법을 사용해 독심술을 하게 되었다. 나는 세실 B. 드밀 제작사의 화려한 영화처럼 내 머릿속에 시각적 이미지가 펼쳐질 줄 알았다. 그러나 그런 일은 일어나지 않았다. 독심술 연습을 막 하려는데 강사가 이렇게 말했다. "아무 것도 안 떠오르면 그냥 지어내세요!"

그거라면 나도 할 수 있지!

매번 독심술을 쓸 때마다 나는 이렇게 운을 떼고는 했다. "어쩌면 지금은 당신에게 아무 상관없는 이야기일지 몰라요. 하지만 기다려 봐요. 언젠가는 도움이 될 거예요." 이렇게 말문을 열고 나면 무조건 생각나는 대로 떠들었다.

독심술 수업을 갓 시작했을 무렵이었다. 강사는 우리에게 낯선 사람을 보고 그 사람의 몸에서 안 좋은 부분을 알려주라고 했다. 나와 짝이 된 여자를 봤는데, 아주 건강해 보였다. 그런데 왠지 머릿속에 '간'이라는 단어가 펑 떠올랐다. 간 이야기를 꺼내도 될까? 나를 진짜 초능력자로 믿고 있는데 말도 안 되는 헛소리로 겁을 주는 건 아닐까?

일단 나는 평소처럼 운을 뗐다. "오늘은 아무 상관없는 이야기일지도 몰라요. 하지만 좀 기다려보세요." 그런 다음 느닷없이 이렇게 말했다. "간!"

놀랍게도 그 여자가 고개를 끄덕끄덕하는 게 아닌가. "맞아요! 여기 콘퍼런스에 오기 전날 간 초음파 검사를 받았어요. 검사 결과를 기다리고 있어요."

입을 떡 벌리고 앞을 멍하니 바라본 사람은 오히려 나였다. 어떻게 이럴 수가! 어떻게 그 단어가 떠올랐을까? '그냥 찍었는데 맞았어!'

일주일 동안 독심술 강좌를 들었는데, 독심술을 쓸 때마다 이렇게 운을 뗐다. "언젠가는 이 이야기가 꼭 도움이 될 거예요." 그런데 내가 말을 해준 사람들이 입을 모아 내 이야기가 정말 도움이 되었다는 것이 아닌가. 그것도 바로 그날 말이다! 그때그때 머릿속에 떠오르는 말이나 아무렇게나 지어낸 말을 해줬을 뿐인데 내 조언이 정말 고마웠다는 인사를 몇 번이나 받았다. 이건 놀라운 일 정도가 아니었다. 기절초풍할 일이었다! 나는 그제야 강사들의 가르침이 그냥 하는 소리가 아니라는 사실을 깨달았다. 우리 모두는 정말 초능력자이고/이거나 직관을 갖춘 것이다.

마침내 콘퍼런스에서 보내는 마지막 밤이 되었다. 호텔 방에 있었는데, 문득 다이아몬드 귀걸이가 하나가 보이지 않았다. '어디서 잃어버린 거지? 콘퍼런스 센터인가? 아니면 레스토랑? 혹시 셔틀버스에서 떨어뜨렸나?' 귀걸이 한 짝을 잃어버렸다고 생각하니 속이 상했다.

그런데 뭔가가 내게 안을 살펴보라고 했다. 나는 그대로 했다. 분명히 귀걸이는 호텔 방에 있을 것 같았다. 일주일 동안 묵었던 어수선한 방을 빙 둘러보았다. 솔직히 그런다고 귀걸이를 찾을 수 있을까 싶었던 것도 사실이다. 그런데 안을 보라는 목소리가 또 들렸다. 나는 침대에 걸터앉아 눈을 감고는 귀걸이를 꼭 찾겠다고 마음먹었다. 나도 내가 왜 그러는지 알 수 없었지만 침대에서 내려와 방바닥을 기기 시작했다. 바보 같다는 생각도 들었다. 하지만 눈을 꼭 감고 무엇이 나를 이끄는지도 모른 채 방을 기어 다녔다. 1분도 채 지나지 않아 멈추자는 생각이 들었다. 눈을 떠보니 뭔가가 반짝했다. 내 귀걸이였다. 귀걸이는 침대 옆 테이블 근처에 떨어져 있었다.

고작 일주일짜리 콘퍼런스가 내 인생을 바꿔놓았다. 나는 누구나 내면에 귀를 기울이면 의미 있는 정보를 들을 수 있다는 사실을 깊이 깨달았을 뿐만 아니라 독심술 수업에서 『가면』을 꼭 끝내야 한다는 말을 몇 번이고 들었다.

　내가 등록한 콘퍼런스는 3부로 구성된 초능력 개발 프로그램의 1부였다. 원래 2부와 3부를 들을 생각은 없었지만 그 후로 내 생각을 바꾼 일들이 일어났다. 내 창의력에 상당히 긍정적인 변화가 일어난 것이다. 대단한 변화였고 누가 뭐래도 초능력 개발 연습을 한 덕분이었다. 그때는 어딜 봐도 내가 참석한 A.R.E. 콘퍼런스의 경험을 연상시키는 사건들이 동시다발적으로 일어났다. 나는 초능력 개발 프로그램을 끝내기 위해서 그해에 A.R.E. 콘퍼런스에 두 번 더 참석했다. 3부에 걸친 프로그램을 모두 이수하자 나는 '웨이쇼워'Wayshower(길을 보여주는 사람이라는 뜻-옮긴이)가 되었다. 그 후 경찰과 합동으로 미결 사건을 수사하는 초능력자들의 단체인 '직관력 태스크포스'에도 가입했다.

동시성과 공명하기

몇 달 동안 세 번에 걸쳐 초능력 개발 콘퍼런스에 참석한 후 나는 소설을 고쳐 썼다. 그 과정에서 내게 일어난 일들이 내 주의를 끌었다. 마치 온 우주가 나와 공명하는 것 같았다. 어딜 봐도 동시성Synchronicity이 보였다. 일견 아무 관련도 없어 보이는 일들에 공통적인 패턴이 수도 없이 나타났고 그것들이 내게 소중한 정보를 알려주었다. 심지어 꿈에서도 메시지를 읽었다. 그 무렵 나는 뭔가 평범하지 않은 것을 알아차렸다. 『가면』을 새로 고쳐 쓰면 하루나 일주일, 한 달 후에 그 내용과 똑같거나 비슷한 일이나 상황이 나 혹은 나와 아주 가까운 사람들에게 일어났다.

처음에는 단순히 **우연의 일치**라고 생각했다. 하지만 그렇게 잊고 넘어가기에는 그런 일들이 너무 많았다. 그러자 이런 게 바로 예지력인가 싶은 생각이 들기 시작했다. 예지력은 말 그대로 당신의 미래에 정신적으로 주파수를 맞출 수 있는 능력을 말한다. 그러자 문득 소설 소재로 괜찮겠다는 느낌이 들었다. 이게 바로 두 번째 소설인 『세일럼으로』가 탄생하게 된 비하인드 스토리이다. 소설 속 주인공은 살인에 얽힌 미스터리를 쓰는 소설가인데, 그녀가 쓴 소설 속 사건들이 (살인을 포함해) 실제로 벌어진다.

첫 번째 초능력 개발 콘퍼런스에서 내게 뭔가 변화가 일어났다. 덕분에 나는 내가 직관적인 존재라는 사실을 스스럼없이 인정할 수 있었다. 게다가 억지로 애쓰지 않아도 직관력을 발휘해 소설의 구성을 발전시킬 수 있다는 사실도 받아들일 수 있었다. 내 소설은 놀랄 만큼 좋아졌다. 그런데 나를 가장 흥분시킨 사실은 따로 있었다. 그건 바로 내게 있는 줄도 몰랐던 능력을 깨달았다는 점이다. 그리하여 나는 나도 다른 사람과 전혀 다를 것 없다는 걸 깨달았다.

첫 번째 초능력 개발 콘퍼런스 이후로 생긴 변화는 또 있다. 나는 내 인생을 그전과 다른 각도로 보게 되었다. 내게 초능력과 직관력이 있다는 사실을 깨닫자 인생을 아이의 눈으로 관찰하게 되었다. 아이가 난생 처음 뭔가를 경험하는 모습을 본 적이 있는가? 새로운 경험을 한 아이는 경이에 차서 모든 사물에 대해 조잘조잘 질문한다. 인생이 우리에게 선사하는 위대함을 볼 눈이 없다면 라이프사인도 볼 수 없다. 삶에서 경이로움을 느끼지 못하면 우주의 미묘한 맥박 따위는 우리 곁을 스쳐 지나가버릴 것이다.

제2부

인생의 신호들

사람은 도구를 쓰는 동물이다.

도구를 쓰지 않는 사람은 어디에도 없다.

그러므로 도구가 없으면 사람은 아무것도 아니고

도구가 있으면 뭐든 할 수 있다.

– 토머스 칼라일, 19세기 스코틀랜드 저술가

4
우주와 대화 시작하기

당신은 자신이 영적 깨달음을 추구하는 사람이라고 생각하겠지만
실은 인간적 깨달음을 추구하는 영적인 존재이다.
내면의 영혼의 관점에서 자신을 보려고 노력하면
이 세상에 왜, 무엇을 하려고 왔는지 떠올릴 수 있을 것이다.

– 닐 도널드 월시, 작가

인생에서 가장 긴급한 질문들의 해답은 바로 우리 코앞에 있다. 하지만 우리는 삶에 너무 매몰되어 있어서 그 해답을 못 보고 지나칠 때가 많다. 우주는 끊임없이 우리에게 말을 걸고 신호를 통해 메시지를 전한다. 우리가 인생에서 직면한 온갖 의문에 의식적으로 관심을 가지고 있든, 그 질문들이 무의식에 몸을 숨기고 있든 상관없이 우주는 우리의 질문에 답하기 위해 신호를 보낸다. 우리가 올바른 길에 들어서기만 하면 이 **라이프사인**이 슬며시 모습을 드러낼 것이다. 우리가 나아갈 방향이나 아직 생각해보지 않았지만 반드시 해봐야 하는 중요한 섬늘노 귀범해순다.

하지만 우리는 대개 그 신호에 신경 쓰지 않고 그 결과 미묘한 실마리와 해답은 조용히 우리 곁을 지나쳐버린다. 그 실마리를 알아차

리면 우리에게 어떤 일이 벌어질까? 우리가 우주와 대화를 시작해 영혼의 언어를 이해할 수 있다면? 우리는 분명 할 수 있다. 우리는 신성한 존재와 대화를 나눔으로써 자신의 삶을 통제할 수 있다.

우주의 이야기를 해석하는 방법에는 두 가지가 있다. 수동적으로 듣고 있다가 들려오는 목소리를 해석해도 된다. 반면 능동적으로 질문을 던지고 방향을 물어보는 방법도 있다.

수동적 대화

일단 수동적 모드에서는 우주가 계속 말을 걸어온다는 사실을 인식해야 한다. 우리는 퍼즐을 풀듯 영이 들려주는 말을 풀이한다. 우리는 동시성이나 세렌디피티가 보이는 사건을 유용한 신호로 인식하고 그것들에서 어떤 결론을 이끌어내려고 한다. 하지만 때로는 **라이프사인**이라고 부를 만한 사건이라도 수수께끼처럼 알쏭달쏭해 해석하기 힘들 수도 있다.

내 삶에 끼어든 내털리

차기작인 『세일럼으로』를 쓰기 위해 자료를 조사하고 초고를 쓸 무렵이었다. 어딜 가나 내털리 머천트라는 가수의 노래가 들렸다. 예를 들어, 운전을 하고 있으면 라디오에서 이 가수의 노래가 나왔다.

잠시 후 가게에 들어갔더니 같은 가수의 다른 노래가 나오는 것이 아닌가. 같은 날 전화를 하는데, 통화 중 대기 상태에 전화기에서 흘러나온 곡이 내털리가 그룹 '10,000 매니악스'의 보컬이던 당시 불렀던 노래였다. 다음 날에는 TV를 켰는데, 마침 낮 시간 토크쇼에서 그녀가 노래를 부르고 있었다. 나중에 엘리베이터에 탔더니 내털리의 최고 히트곡 중 하나가 연주곡 버전으로 흘러나오고 있었다.

다음 날 오빠와 통화를 하면서 내털리 머천트와 관련된 사건들이 동시다발적으로 일어나 묘한 기분이 든다는 이야기를 했다. 오빠는 갑자기 조용해지더니 잠시 후 말문을 열었다. "이걸 잘 들어봐!" 오빠는 내가 잘 들을 수 있게 듣고 있던 오디오의 볼륨을 높였다. 거기서는 내털리의 노래가 흘러나오고 있었다. "막 이 노래가 나왔어!"

내털리 머천트와의 이런 인연이 신기하게 느껴졌다. 그날 밤 나는 이 문제에 대한 해답을 얻을 수 있다고 말해주는 꿈을 꾸었다. 꿈에서 나는 얇은 물건을 건네받았다. 뭔가 싶어 보니 내털리 머천트의 '오필리어' CD였다. 내게도 그 CD가 있었다. 그 꿈을 꾸기 몇 달 전에 샀는데, 한 번 듣고 치워놓았다. 다음 날 나는 당장 CD를 찾아서 몇 번이고 반복해서 들었다. 그녀의 노래와 내 삶 사이의 또 다른 관련성이나 실마리를 찾아내려고 말이다.

그 무렵 내털리 머천트는 대안 문화 잡지 〈유튼 리더Utne Reader〉와 인터뷰를 했는데, 세일럼 마녀 재판에 관심이 있다고 했다. 마침 그때 나도 그 재판을 묘하다고 생각하던 중이었다. 당시 그 주제에 대한 책을 쓰고 있었으니 왜 아니겠는가. 인터뷰 기사에는 내털리 머천트가 예전에 읽었던 『세일럼의 마녀 티투바Tituba, Reluctant Witch of

Salem』라는 책을 언급한 내용이 실려 있었다. 나는 무슨 책인지 궁금해서 당장 책을 샀고 자료 조사에 이용했다.

나는『세일럼으로』를 처음 쓸 때 주인공의 이름을 제시라고 지었는데 성은 적당한 것이 떠오르지 않았다. 결국『캐릭터 명명 사전』이라는 책의 도움을 받기로 했다. 장장 359쪽에 달하는 이 책에는 온갖 이름과 이름의 의미가 나열되어 있었다. 나는 제시의 성은 우주가 골라주는 것으로 하자고 마음먹었다. 이를 위해 일단 등장인물의 성을 정하고 싶다는 의도를 세우고 이를 마음에 새겼다. 나는 책을 휘리릭 넘기며 아무 페이지나 골랐다. 그리고 보지 않고 손가락으로 죽 훑다가 멈췄다. 2만 개가 넘는 이름 가운데 내 손가락이 지목한 단어는 '머천트'였다. 이 단어는 바로 '머서'라는 이름의 뜻이었다.(Merchant는 상인이라는 뜻이 있으며, 머서Mercer는 특히 포목점을 의미한다.-옮긴이) 그리하여 나는 내 주인공에게 제시 머서라는 이름을 지어주었다.

이 직후에 직관적인 꿈을 꾸는 연습을 하던 중 내털리 머천트와의 묘한 인연을 설명하는 데 도움이 될 만한 꿈을 기억해보라는 말을 들었다. 꿈속에서 내가 읽은 메시지는 이랬다. "당신은 지금 전생 게임을 하고 있습니다."

내가 왜 이런 이야기를 꺼냈을까. 우주가 우리에게 메시지를 전하려고 할 때 어떤 일이 생기는지 보여주기 위해서이다. 아쉽게도 앞서 설명한 상황에서 나는 정보를 수동적으로 받아들였다. 쉽게 말해 내가 앉은 자리는 운전석이 아니었다. 그 무렵 우주는 내게 말을 걸었지만 내겐 무슨 질문인지, 신호가 어떤 의미인지 이해할 만한 실마리가 없었다. 그러니 머릿속이 뒤죽박죽 혼란스럽기만 했다.

동시성은 점점 더 강해졌고 그럴수록 나는 해답을 원했다. 나는 직관에게 내가 이상한 경험을 한 이유가 동시성 때문인지 물어보기로 마음먹었다. "이 일들이 일어난 데는 다 이유가 있을까?" 내가 직관에게 물었다.

"있고말고!" 직관이 확실하게 대답했다.

그런 질문을 하면서도 당황스러웠던 기억이 난다. 하지만 내가 꾼 꿈을 믿어보기로 했다. "그렇다면 우리가(내털리 머천트와 내가) 전생에 아는 사이였다는 거야?"

"그럴지도 모르지⋯⋯. 하지만 그것 때문에 이런 일들이 벌어지는 건 아니야."

바로 그 순간 나는 주위에서 이상한 일들이 일어나는 이유를 마침내 깨달았다. 그 깨달음, 즉 에피파니로 눈앞이 환해지는 것 같았다. 어떻게 된 영문인지 확실히 깨닫자 온몸에 소름이 돋았다. "내 글에 써먹으라는 말이구나!" 내가 말했다.

직관은 미소를 지으며 대답했다. "그래, 바로 그거야."

능동적 대화

평소에 우연의 일치와 그 의미를 제대로 이해하면
그 아래에 있는 무한한 가능성의 영역과 연결될 수 있다.

– 디팩 초프라

돌이켜 생각해보면 내 인생에서 내털리 머천트 사건에 숨은 의미는 명확하다. 나는 이런 동시성을 수없이 많이 경험하는 동안 『세일럼으로』를 썼다. 새 소설의 시작과 끝은 어떤 식으로 쓰면 될지 정했다. 하지만 시작과 끝을 어떻게 이어나가야 할지 몰랐다. 내가 쓰기 시작한 등장인물 중에는 테일러라는 가수가 있었는데, 예지력을 지닌 소설가 제시와 전생에 관계가 있는 인물이었다.

나는 이 소설을 쓰면서 나도 모르게 우주에게 이렇게 물었다. "내 이야기는 어디로 가고 있는 걸까요? 내 등장인물들은 지금 무엇을 하고 있을까요?" 그랬더니 우주는 나도 모르게 내 주변에서 일어나는 사건들을 통해 소설을 보여주었다. 그 무렵의 나는 그런 사실을 꿈에도 몰랐기에 내 삶은 혼란에 빠졌던 거였다.

당신이 소설을 쓰는 중이라고 생각해보자. 컴퓨터가 근처에 없어도 당신은 머릿속으로 계속 줄거리를 떠올릴 것이다. 나는 나도 모르게 우주에게 어디로 가야 할지 알려달라고 했다. 그러자 우주는 내가 쓰는 스릴러 소설에 딱 들어맞는 이런저런 것들을 보여주었다.

이 사실을 인지했을 때 나는 비로소 소설에 대한 정보를 **능동적으로** 요구할 때 활용할 수 있는 방법을 만났다는 걸 깨달았다. 어떻게 된 일인지 모르겠지만 우주에게 질문하면 답을 준다는 사실을 깨달은 것이다. 우주가 내 귀에 대고 해답을 살짝 알려준다는 말을 하려는 게 아니다. 우주가 내게 편지를 보내거나 전보를 치거나 이메일을 보낼 리도 없다. 게다가 우주가 보내준 해답이 늘 간결하고 명료한 것도 아니다. 하지만 내가 던진 질문과 관련된 신호들이 눈에 들어오기 시작했다.

내 주위에서 어떤 일이 벌어지는지 깨달은 후 그 과정을 내 소설에 적용해보았다. 나는 주로 우주가 벌인 묘한 사건들과 동시성을 띤 사건들을 내 이야기를 끌어내고 풀어가는 재료로 삼았다. 나는 한 부분씩 마감을 할 때마다 우주가 다정하게 반응해 내 상상력을 자극할 다른 신호나 아이디어를 보내줄 거라 굳게 믿고서 자신만만하게 소설을 진행해나갔다. 그 과정은 결코 실패하는 법이 없었다. 나는 9개월 동안 걸음마를 시작한 아이를 키우고 풀타임으로 일하면서 짬짬이 『세일럼으로』를 완성했다.

나는 소설 줄거리를 풀어가는 새로운 방법을 알아냈다며 한참 들떴다. 그런데 이런 과정을 통해 앞으로 인생에서 가장 다급한 문제들을 해결할 직관을 이끌어낼 수도 있겠다는 생각이 들었다. 소설의 등장인물뿐만 아니라 '내' 인생에 대해서도 물어볼 수 있겠다는 사실을 깨달은 것이다. 인간관계부터 재정, 고용, 부동산, 온갖 분쟁 같은 문제들을 말이다. 우주에게 길을 보여달라고 부탁하고 싶은 문제는 끝도 없다. 심지어 내 영혼의 목적에 대해 영에게 묻고 싶은 마음까지 들었다.

정말 신나는 일이다. **라이프사인**으로 주위에서 의미심장한 정보를 찾아낼 수 있으니까 말이다. 게다가 대가를 지불할 필요도 없다. 오직 이 과정을 꿰뚫어 보겠다고 마음먹기만 하면 된다. 매일 약간의 시간을 들여서 잠시 깊이 생각하고 주의를 기울이면 당신이 품고 있는 질문의 답을 구할 수 있는 통찰력이 생길 것이다.

어떤 의미에서 **라이프사인** 과정은 영에 다가가는 길이다. 이것은 내가 영적으로 깨어 있도록 지켜주는 우주와 계속 이야기를 나눈 영적 수행이다. 내게는 분명 효과가 있다. 내가 다른 사람보다 더 직관적이라거나, 더 특별하다거나, 더 재능이 있을 리 없다. 그러므로 누구나 다 이 방법으로 효과를 볼 수 있을 것이다.

5
운명 혹은 선택

당신의 영혼의 사명이 당신이 살아가는 이유이자 삶의 목적이다.
그것이 바로 당신의 평생의 소명이다. 다시 말해 당신이 되어야 한다고
느끼는 사람 또는 해야 한다고 느끼는 일이다. 사명은 당신을 관통해
흐르는 일종의 에너지이다. 도저히 무시할 수 없는 동기 혹은 목소리,
열정이다. 그것은 당신이 내면의 평화와 조화를 누리려면
꼭 그렇게 살아야 한다고 가슴으로 알고 있는 것이다.

— 앨런 실, 작가

내가 처음으로 우주의 메시지에 마음을 열게 되었을 때 가장 어려웠던 부분은 나의 현 상황과 관계가 있는 신호와 그렇지 않은 신호를 구별하는 것이었다. 느닷없이 온갖 신호가 내 앞에 나타나니 어떤 것을 눈여겨보아야 하고 어떤 것을 흘려보내야 하는지 잘 살피지 않으면 안 되었다. 우주가 내게 보내는 메시지는 모두 의미가 있다. 그 점은 잘 알고 있다. 하지만 그것들이 너무 많아서 한번에 다 파악하기 힘들었다.

나는 우주의 신호를 이해하는 나만의 규칙을 만들기 시작했다. 어떻게? 일단 의도를 세워야 한다. 나는 내 인생에서 벌어지는 여러 사건들 가운데 세 가지 종류의 사건, 즉 **라이프사인**에서만 의미를 찾기로 했다. 그 세 가지 종류란 바로 동시성과 세렌디피티, 설명할 수

없는 사건이다. 이런 종류의 사건이 내 주위에서 일어나면 우주가 나의 노래를 부르며 내가 관심을, 그것도 평소보다 더 깊은 관심을 보이기를 바란다고 생각하기로 했다. 얼마 지나지 않아 나는 라이프사인 과정을 존중하고, 관심을 기울이고, 진심으로 믿을수록 신호가 더 빨리 나타나고 신호를 해석하기도 훨씬 더 쉬워진다는 사실을 깨달았다.

살아온 시간을 되돌아보면 **라이프사인**(동시성과 세렌디피터, 설명할 수 없는 사건)이 어떻게 내게 길을 보여주고 지금의 나를 만들어주었는지 알 것 같다.

운명은 운의 문제가 아니다. 선택의 문제이다.
운명은 기다리면 찾아오는 것이 아니라
직접 나서서 손에 넣어야 하는 것이다.
― 윌리엄 제닝스 브라이언, 정치가

영적 의지

당신이 이렇게 근사한 삶을 얻었다면 분명 그에 합당한 목적이 있을 것이다. 당신의 영혼이 지금의 모습을 갖추기 전, 당신은 한 차원 높은 자아와 영적 약속을 맺었다. 이번 생에서 모종의 목적을 이루겠다는 내용으로 말이다. 당신은 배우고 싶은 것과 경험하고 싶은 것, 심지어 당신이 생을 함께하고 싶은 사람 등을 목표로 세우면 된다. 사람은 누구나 훌륭한 목적과 위대한 소명을 품고 태어난다. 당신도 영혼의 수준에서는 이 사명을 잘 알고 있다. 그러므로 삶의 목적을 찾고 싶다면 일단 당신의 영혼부터 찾아라.

가끔 우리가 이 세상에 태어난 이유를 알 것만 같은 실마리를 찾을 때가 있다. 어떤 영감을 느낄 때이다. 신사고New thought를 설파하는 작가이자 심리학자인 웨인 다이어는 영감을 받을 때 우리는 영적인 상태가 된다고 주장한다. 영적 상태에서는 우리 한 사람, 한 사람 안의 영적인 힘은 물론 우리 안의 영적인 힘도 알아볼 수 있다. 다시 말해서 우리는 일체감을 느낀다. 영적인 상태가 되면 우리는 어떤 에너지와 이어진다. 이 에너지는 우리가 이번 생으로 오기 전 우리 영혼을 이루었던 본질이다. 우리의 운명을 아는 에너지와 연결된 것이다. 그렇기 때문에 영감을 받을 때 각자의 운명의 실마리를 찾을 수 있다. 우리가 뭔가를 계기로 영감을 받았다는 말은 앞으로 어떻게 살아야 할지 알려주는 힌트를 받았다는 뜻이다. 그러므로 영감은 우리에게 각자의 삶의 목적을 알려주는 단서이다.

당신의 영혼의 목적이 바로 운명Destiny이다. 당신은 위대한 일을 할 운명을 타고났다. 이제까지 살아오면서 당신에게 영감을 준 것들을 잘 생각해보라. 그것들로부터 어떤 실마리를 보았는가? 우리가 이번 생에 오기 전에 자아와 맺은 약속이 우리의 운명이다. 그러므로 우리에게 이런 사명에 대한 기억이 없다고 해도 영적 의지는 남아 있다. 그 의지는 살아가는 동안 무엇을 성취하려고 왔는지 확인하려는 내면의 열망을 끌어내는 영적인 힘이다. 영적인 힘이 가장 깊숙한 열망을 불러일으키고 영혼을 탐색하는 순간 우리는 영감을 받고 머리가 명료해진다. 이런 순간이 스쳐 지나갈 때 우리는 "아하!"라고 소리친다. 평생 이런 경험은 몇 번 되지 않을지도 모른다. 하지만 그런 순간에 이 모든 영적인 노력이 제 가치를 찾게 된다.

소설을 보면 사람이 죽기 전에 평생이 주마등처럼 스쳐 지나가는 장면이 많이 나온다. 이 순간도 또 다른 "아하!"일 것이다. 다시 말해서 전반적인 관점에서 일생의 목적을 성취했는지 아닌지 확인할수 있는 기회이다. 임사체험Near-death experience, NDE을 하면 결코 이전의 삶으로 돌아갈 수 없는 것도 다 이런 이유 때문일 것이다. 임사체험을 한 사람은 다시 깨어났을 때 강렬한 목적의식과 새로운 삶을시작하려는 열망에 가득 차 있더라는 이야기를 흔히 듣는다.

만약 영혼의 목적이 운명destiny이라면 우리가 아는 또 다른 '운명fate'은 또 뭘까?

정의하자면 이 운명fate은 정해진 운명destiny까지 가는 우리의 여정을 안내해주는 갖가지 사건들이다. 영혼의 기억만 확실하면 우리는 운명을 잘 알고 잘못된 길로 접어들지 않을 것이다. 그러면 우리는 운명fate의 손길을 느낄 수 없다. 때로 사람들은 자신의 운명을 잘알면서도 정작 그것을 받아들이려 하지 않기도 한다. 그런 사람들은 운명fate을 가혹하게 받아들일 수도 있다. 역경과 상실, 상심을 겪으며 내면의 강인함이 드러나 결국 운명에 예정된 위대한 일들을 성취할 수 있게 된다.

바로 이럴 때 자유 의지와 선택이 끼어든다. 우리는 예정된 운명

destiny을 계속 좇아가겠다고 선택할 수 있다. 운명destiny을 따르지 않으려고 하면 운명fate이 우리의 선택을 막으려는 것처럼 **보인다**. 가령 정치적 지도자가 될 운명이지만 정치와 관련된 일은 아무것도 하고 싶지 않다고 하자. 그러면 정치판에서 멀찌감치 떨어져 있기로 선택할 수 있다. 그러나 만약 우주가 당신을 분쟁 속으로 던져 구체적인 입장을 취하게 되는 것은 물론 정치를 다시 생각하게 된다고 해도 전혀 놀랄 필요가 없다. 궁극적으로 운명을 따르는 것도 우리의 선택이다. 하지만 이것만은 기억하라. 자신의 운명으로 이어진 길을 따라가지 않으면 언제든지 인생의 태클이 들어온다. 다시 말해서 저항이나 개입을 받을 수 있다.

인생을 살다보면 우주는 우리를 각자의 운명으로 안내해준다. **라이프사인**은 우리가 응당 되어야 할 사람이 되도록 길잡이가 되어줄 수 있다. 우리가 운명에 닿는 (혹은 닿지 않는) 과정이 바로 우리의 여정이다. 이 글을 읽는 순간 가야 할 길을 알려준 사건들이 문득 떠오를지도 모르겠다. 이런 사건들이 **라이프사인**일 수도 있다. 우주가 당신에게 구체적인 방향을 넌지시 알려주는 방법 말이다. 세렌디피티와 동시성, 설명할 수 없는 사건들은 길을 알려주며 관심을 기울여야 할 문제를 보여준다.

한편으로는 우리가 태어나는 이유를 잘 기억하고 세상에 태어났다면 사는 게 훨씬 쉽지 않을까 하는 생각이 들 때도 있다. 우리가 각자의 운명을 받아들인다면 사는 게 더 편해지리라. 물론 누구나 각자의 운명과 인류의 진화를 위해 제 역할을 받아들이는 것은 아니다. 운명을 따르는 것은 언제나 각자의 선택이다.

❖ ❖ ❖

우리는 모두 인간의 육신을 한 계몽된 존재라는 진실을 탐험하는

모험을 하고, 그 모험에 참여하기 위해 지구로 왔다.

– 마이클 버나드 벡위드, 작가

주위를 유심히 관찰하는 것만으로도 당신의 인생에 나타난 신호를 볼 수 있다는 사실을 이제 곧 알게 될 것이다. 그런 신호가 보이면 곧장 유심히 관찰하라. 뭔가가 자꾸 방해나 개입을 하는 것 같으면 지체 말고 주위를 살피라. 바로 "아하!"라는 탄성이 절로 나올 때 주위를 잘 관찰하라. 우주는 당신에게 길을 보여주려고 하는데, 당신은 아직 **라이프사인**을 알아보는 수행을 하지 않았다면 일단 멈춰라. 우주가 당신에게 말을 걸고 있다면 그것을 잘 골라내는 일은 앞으로 20년 후가 아니라 지금 당장 해야 한다. 자, 이제 영혼이 우리에게 줄 수 있는 혜택을 거두어들이자. 관심을 기울이다가 멈춘 후 내면으로 시선을 돌려서 잘 골라내면 된다.

수행 1: 우리의 선택

지금까지 일기를 쓰지 않았다면 이제부터 일기를 쓰라. 잠시 시간을 내서 당신이 지금 있는 곳까지 오게 된 원동력을 잘 생각하라. 지금의 경력을 일군 계기를 일기에 쓰라. 어떻게 지금 터를 잡은 지역에 살게 되었는가? 당신에게 **소중한 그 사람**을 어떻게 만났는가?

그렇게 쓰다보면 지금까지 어떤 힘에 이끌려 왔다는 사실을 알게 될 것이다. **라이프사인**이 지금의 당신을 만들었다는 사실을 깨달을 것이다.

이 과정이 끝나면 당신에게 영감과 진정한 기쁨을 가져다주는 것들의 목록을 작성하라. 그리고 영혼의 목적에 대한 실마리가 나타난다는 사실을 명심하라.

이런 수행을 자꾸 하면 우주가 당신에게 항상 어떤 식으로 길을 안내했는지 깨달을 수 있다. 살다 보면 어느 순간 자신에게 이런 까다로운 질문을 던질 날도 온다. '나는 누굴까?' '나는 왜 태어난 걸까?' '내가 존재하는 목적은 뭘까?' 어쩌면 이런 질문을 던질지도 모른다. '왜 이렇게 고생하며 살아야 하지?' 아직 이런 질문으로 고민해본 적이 없다고? 언젠가는 하게 될 것이다. 어쩌면 당신은 인생의 여정에 대해 고민한 나머지 이 책을 읽으면서 인생의 목적을 탐색 중인지도 모른다. 아니면 영적인 모험을 떠나는 출발점으로 이 책을 선택했을 수도 있다.

앞서 설명한 수행으로 당신의 운명을 꿰뚫어 볼 직관이 자랄 것이다. 그러므로 관심을 기울이라. 앞으로 설명할 **라이프사인** 과정을 실천하다보면 당신의 인생을 안내해주는 것에서 의미를 발견할 수도 있다.

6

동시성

나는 동시성의 안내에 늘 마음을 열고 있다.

그러므로 어떤 기대감이 내가 가는 길을 가로막도록 내버려두지 않는다.

− 달라이 라마

스위스 출신의 심리학자 카를 융은 동시성을 '의미 있는 우연'이라고 정의 내렸다. 융은 이렇게 말했다. "동시성은 주관적 세계와 객관적 세계를 잇는 의미 있는 연관성을 드러낸다." 동시성이 나타나면 둘 이상의 사건이 일어나는데, 그 사건의 당사자의 눈에는 논리적으로 의미가 있는 것도 같고 약간은 신비롭기도 하고 설명할 길이 없는 것처럼 보일 수도 있다. 동시성은 요행이나 운 같은 우연의 일치와는 다르다. 동시성은 의미 있는 정보를 품고 있을 수 있는 숨어 있는 패턴이다.

　동시성의 측면에서 보면 따로따로 일어난 사건들이 결코 우연이 아니다. 이 사건이 저 사건을 일으키는 인과관계도 아니다. 그런데 우연이 아닌 사건들에 서로 공통의 원인이 있다. 그것이 바로 '우리의 의도'이다. 우리에게 그런 사건을 일으킨 것은 우리의 의도이다. 우리의 의도가 동시성을 끌어당긴 것이다. 영감에 찬 강연자이자 작가인 웨인 다이어는 의도가 우리의 경험과 지금 존재하는 모습대로의 세상을 만든다고 했다.

다음 이야기는 의도가 어떻게 필요한 것들을 만들어낼 수 있는지 잘 보여주는 간단한 예이다.

성 미카엘의 열쇠

로이스는 예전에 학교에서 원예치료사로 일했다. 그곳에서 그녀는 야외 정원을 돌보았다. 안타깝게도 학교는 주말마다 문을 닫는 바람에 물을 쓸 수 없었다. 그녀는 학교에 열쇠를 달라고 했지만, 정원에 물을 줘야 할 시간에 그 열쇠를 찾아줄 만큼 신경을 써주는 사람은 없었다.

로이스는 그렇다면 가게에서 열쇠를 하나 사야겠다고 생각했다. "동네 철물점에 갔어요. 학교에서 사용하는 건 스피곳 열쇠라는 걸 알고 있었지만 뭘 사면 좋을지 감이 안 와 배관용품 코너를 어슬렁거렸죠. 그렇게 돌아다니는데 문득 뒤에 누가 있는 것 같아서 뒤를 돌아봤어요."

그녀 뒤에는 어떤 남자가 서 있었나. "뭘 찾고 있어요?" 늙은 남자가 물었다.

로이스는 자신이 안고 있는 문제를 말해주었다. 턱수염이 난 남자는 자신이 배관공이라며 창고에 둔 공구상자에 스피곳 열쇠가 잔뜩 들어 있다고 했다. "우리 집에 오면 맞춰볼 수 있게 몇 개를 드리리다."

남자는 로이스에게 집을 찾아오는 길을 알려주었다. 묘하게도 그녀는 그를 믿어도 될 것 같았다. 그녀는 겁도 없이 그곳을 찾아가 열쇠 세 개를 받았다. "돌려줄 필요는 없어요." 그가 말했다.

그녀는 그 수염 난 남자에게 한 번도 이름을 묻지 않았는데 자신도 모르게 이렇게 불렀다고 했다. "성 미카엘. 왜냐하면 꼭 필요할 때, 꼭 필요한 장소에 꼭 필요한 해결책을 가지고 나타나셨으니까."

그녀는 그 배관공을 다시는 보지 못했다.

이 말은 꼭 하고 싶다! 모르는 사람을 집까지 따라가라는 말이 절대 아니다! 앞의 이야기를 읽고 나면 대부분 그 배관공이 우연히 혹은 운 좋게 그때 마침 철물점에 있었던 게 아닌가 싶을 것이다. 하지만 의도가 모든 것을 만들어낸다는 사실을 잘 생각해보라. 우리의 의도는 모든 것을 끌어온다. 우리의 의도는 우리의 삶이라는 직물을 짜는 실이다. 이 의도는 퀼트 조각을 하나씩 끌어모은다. 디팩 초프라는 『바라는 대로 이루어진다*The Spontaneous Fulfillment of Desire*』에서 우연의 일치(동시성)는 의도가 만든다고 했다. "영혼은 의도라는 역학을 통해 실체를 가진 현실로 변한다."

앞장에서 나는 『세일럼으로』의 중간 부분을 쓰고 싶은 열망이 너무 강했던 나머지 그런 의도가 영을 일깨운 상황을 설명했다. 영은 동시다발로 사건을 일으켜 소설을 어떻게 전개시키면 좋을지 보여췄다. 그 사건들은 독특한 이야기를 지어내고 싶다는 나의 의도와 열망이 촉매가 되어 일어났다. 우리가 신념과 열정을 지닌 채 의도를 품고 에너지와 열의를 불어넣을 때마다 우주는 동시다발적인 사건과 같은 라이프사인을 통해 우리에게 필요한 것으로 이어진 실마리를 보여주고 그 덕분에 우리는 의도를 이룰 수 있다.

우주는 언제나 동시성을 통해 우리에게 말을 건다! 우주는 우리가 품은 의문에 언제나 답을 보내준다. 그런데 이런 동시성을 왜 미처 알아차리지 못했는지 궁금할 것이다. 어쩌면 그런 신호를 항상은 아니더라도 때로 경험했을지도 모른다. 혹시 이 사실을 아는가? 이런 신호를 찾으려고 주의를 기울이면 기울일수록 당신 앞에 더 자주 나타날 것이다. 어쩌면 전에는 그런 신호를 찾아보지 않았을 것이다. 시도조차 하지 않았을 것이다. 동시성은 의미 있는 사건들이다. 이 사건들은 동시에 발생하지만 우연의 일치는 아니다. 어쩌면 이런 사건들을 경험한 적이 없을지도 모른다. 그것은 당신이 스트레스를 받고 있었기 때문이다. 불안한 상태에서는 인생에서 벌어지는 동시성을 알아차릴 수 없다. 분노나 억울함, 증오, 두려움, 비판 같은 하급 에너지의 감정에 압도된 상태에서 과연 동시성을 알아차릴 수 있을까? 이게 사실이라면 해답은 내면으로 향한다는 점에 유의하라. 이 이야기는 29장에서 다시 다루도록 하겠다.

이런 기적을 알아차리는 과정은 어떻게 시작할까? 지금 당신은 이미 그 과정을 시작했다. 동시성에 대해 읽는 것만으로도 세상을 다른 시각으로 보는 계기가 생긴다. 무슨 일이든 의도를 품고 관심을 기울이라! 이런 사건들을 인식하고 있다면 동시성은 이미 당신 곁에 와 있다. 조만간 그것을 알아차리게 될 것이다.

궁극적으로 동시성은 하나됨Oneness의 확인으로 비춰질 수 있다. 이 하나됨은 정신과 물질이 공존하는 곳 혹은 융의 표현대로 단일한 존재인 '우누스 문두스unus mundus'를 말할 수도 있다. 하나됨은 하나가 다른 하나와 하나이며 하나가 신과 하나인 상태이다. 하나됨은 우리가 '하나의 생명One Life' 혹은 '신성한 존재Divine Presence'의 일부라고 스스로를 정의하는 단일한 상태를 의미한다. 신성한 존재란 무엇일까? 신이라고 불러도 좋고 영이라고 불러도 상관없다. 당신이 생각하는 최고의 힘을 당신이 뭐라고 부르든 그렇게 부르면 된다.

우리가 모든 이의 얼굴에서 아름다움을 찾아낸다면
다른 사람들을 가장 지혜로운 자아로 끌어올리고
동시성을 지닌 메시지를 들을 기회도 더 많아질 것이다.

– 제임스 레드필드, 작가

평소에 우리는 동시성 신호를 '우연의 일치'라고 치부해버린다. 우리에게 영감을 주는 스승들은 우연의 일치는 동시에 일어나는 사건이며 모두 다 의미가 있다고 말한다. 그게 사실이라면 동시에 일어나는 사건들의 의미를 하나하나 따지는 것만 해도 너무나 벅찰지 모른다.

가령 내가 어떤 콘퍼런스에 참가했다고 하자. 한 시간 동안 밥이라는 이름이 세 번이나 나타났다.(예를 들어 밥이라는 사람을 만나거나, 밥에 대해 읽거나, 밥이라는 이름을 듣거나, 나의 밥 삼촌에 대해 생각하거나 하면서 말이다.) 그런데도 이 사건들의 의미를 굳이 생각해보지 않을 수도 있다. 밥은 너무 흔한 이름 아닌가. 그러고는 아예 잊어버릴지도 모른다. 실은 이 이야기는 내가 콘퍼런스에 참가했을 때의 경험담이다. 콘퍼런스에 다녀오고 이틀 후에 전화를 받았는데, 밥 삼촌이 편찮으시다는 것이 아닌가. 나는 삼촌에게 뭔가 안 좋은 일이 일어난다는 것을 미리 알려준 동시성을 그제야 간신히 떠올렸다. 이것은 우주와 나눈 수동적 소통의 예이다. 뭔가 벌어지고 있다고 우주가 힌트를 줬는데 나는 그 힌트를 놓쳤다.

나는 패턴을 무시했다. 밥이 흔한 이름이라고 생각했기 때문이다. 나는 패턴을 우연의 일치로 치부하고 말았다. 삼촌이 편찮으시다는 연락을 받을 때까지 콘퍼런스에서의 일은 까맣게 잊고 있었다. 우주가 보여주는 동시성 **라이프사인**을 잘 이해하려면 동시에 일어나는 사건들을 유심히 살펴라. 그리고 분별력을 바탕으로 그 사건들이 의미가 있는지 없는지 잘 판단하라.

몇 년 전 초능력 개발 콘퍼런스에 갔을 때였다. 당시 나는 첫 번째 소설인 『가면』을 출간하기 위해 어떤 출판사의 임프린트인 앨리스 스트리트 에디션스와 계약을 할지 말지 고민하던 중이었다. 그런데 45분짜리 세션을 하는 동안 앨리스라는 이름이 세 번이나 나왔다. 나는 이 사건을 **라이프사인**으로 받아들였다. 앨리스는 흔한 이름이 아니기 때문이다. 앨리스 스트리트 에디션스와 계약을 맺으라고 우주가 엄지를 번쩍 들어 올렸다는 신호가 분명했다. 나는 냉큼 계약했다. 이 일화는 우주와 능동적으로 소통한 좋은 예이다. 나는 책을 내겠다는 의도를 세우고 첫 책을 출간해도 좋을지 우주에게 물었고 우주는 답을 보내주었다.

나는 소설을 쓸 때 등장인물의 이름은 내 자식의 이름을 짓듯이 고른다. 나는 그 등장인물들과 아주 오랜 시간을 함께할 것이므로 당연히 가장 적당한 이름을 짓고 싶다. 『세일럼으로』를 쓰는 동안 나는 어떤 등장인물의 성을 짓느라 고민했는데, 우주가 반응을 보여주었다. 어느 날 아침부터 고객에게 전화를 받았다. 그의 이름은 마이클 존슨이었다. 같은 날 테리 존슨이라는 사람으로부터 음성메시지를 받았다. 같은 날 오후 앤서니로부터 온 전화를 내가 대신 받았는데, 앤서니는 당시 존슨 앤 웨일즈 대학에 다녔다. 그날 저녁 마트에 들려서 쇼핑 리스트에 있던 베이비오일을 샀다. 평소 늘 사던 브랜드를 힐끔 봤는데 '존슨 앤 존슨'이었다. 그 순간 가슴속으로 온기가 퍼지면서 존슨이라는 이름이 중요하다는 사실을 깨달았다. 존슨은 당연히 소설 속 등장인물의 성이 되었다. 14장에서 존슨이라는 이름이 얼마나 중요한지 다시 자세히 설명할 것이다.

우연의 일치 혹은 동시성?

동시다발적으로 여러 사건이 벌어지면 우리는 우연의 일치로 넘겨

버리기 일쑤이다. 나는 평소에 뭔가가 일어나면 우연의 일치인지 동시성을 띤 사건인지 구별하기 위해 세 가지 지표를 활용한다. 그 지표들은 다음과 같다.

의미가 있다. 어떤 패턴이나 반복적으로 나타나는 것에서 당신만의 의미를 찾을 수 있다면 그것은 동시성을 띤 사건이다. 당신이 마음속으로 품고 있는 뭔가에 우주가 힌트를 줬을지 모른다. 앞에서 예로 든 일화에서 나는 앨리스 스트리트 에디션스의 출간 제의를 받아들여야 할지 고민했다. 그러자 앨리스라는 이름이 반복해서 등장했다. 이 일은 내게 무척 의미가 있었으며 결정을 내릴 때 도움이 되었다. 앞으로 직관을 발휘해 어떤 사건이 의미가 있는지 없는지 판단해야 할 경우를 자주 마주치게 될 것이다. 그럴 때면 내면으로 눈을 돌리고 이렇게 물어보라. 이것은 우연일까? 어떤 의미가 있을까? 연속적인 사건에서 의미를 찾을 수 없거나 내 직관이 아무 의미도 없다고 말해준다면 우연의 일치로 여기면 된다.

개연성을 거부한다. 반복해서 일어나는 일이 개연성이나 평소의 기대치를 거부하는 것 같다면 그 사건은 동시성을 띠고 있을 가능성이 높다. 내가 보기에 일어날 것 같지 않은 사건일수록 더 중요한 의미를 지니는 것 같다.

만약 반복적으로 일어난 사선에서 개연성을 잦을 수 있다면, 다시 말해서 충분히 일어날 수 있는 일이라면 우연의 일치로 보면 된다.

감 혹은 직관. 우리는 동시에 일어나는 사건에 모종의 의미가 있거나 개연성을 거부하는지 판단할 때 분석적 추론을 하거나 좌뇌로 사고한다. 반면 감이나 직관에 의지해 판단할 때는 우뇌나 신성한 여성성divine feminine을 이용한다.

당신의 좌뇌나 분석적 지표들이 당신에게 말해준 내용이 중요하든 아니든 감이나 직관으로 판단할 때 어떤 결과가 나오는지 확인하라. 결과가 같은가?

제3부 '모두에게 있는 도구들'에서 예감과 직관에 대해 좀 더 깊이 살펴볼 것이다.

때로 동시에 일어나는 사건들은 우리가 삶에서 그 시기에 있어야 할 곳에 있다는 사실을 드러내주기도 한다.

성경

테리는 영성 수업을 듣고 있었는데, 성경이 필수 교재였다. 그녀는 할머니로부터 선물 받아 애지중지하는 킹 제임스 성경을 영성 수업에 가져갔다. 그녀의 할머니는 1893년생이었다.

매주 수업 시간에 학생들은 다른 참가자들과 어울려 각자의 성경에서 발췌한 여러 단락들을 공부했다. 어느 주에 테리는 다른 몇 명과 함께 공부를 하게 되었다. 옆자리는 미셸이었다. 얼핏 보니 미셸도 자신의 것과 비슷한 성경을 가지고 있었다. 물론 상태는 훨씬 더 좋았다. 테리의 성경은 표지가 오래전에 닳아서 마분지로 새로 만들었고 책등은 벌써 부러졌고 군데군데 없어진 페이지도 있었다.

테리가 미셸에게 말했다. "내 성경과 같은 것 같아!"

"이건 내가 어릴 때 받은 거야!" 미셸이 대답했다.

"그렇다면 정말 대단하다. 내 것과 같은 성경처럼 보이는데." 테리는 마분지로 겉표지를 만들어 씌운 자신의 성경을 톡톡 두드렸다.

테리는 성경의 앞표지를 펼쳐서 거기에 누군가 직접 쓴 글을 보여주었다. '테리에게. 1960년 12월 25일, 할머니가.'

미셸도 같은 페이지를 펼쳐서 테리에게 보여주었다. '미셸에게. 1960년 12월 25일, 엄마가.'

미셸과 테리는 약 50년 전 같은 날에 사랑하는 이로부터 같은 성경을 선물로 받았던 것이다. 그 사실을 안 순간 두 사람은 이런 우연의 일치의 의미를 헤아릴 수조차 없었다. 도저히 불가능해 보였다. 두 사람은 눈물을 글썽이며 얼싸안고 사랑했던 사람들을 떠올렸다.

후에 테리는 이 이야기를 들려주면서 이렇게 덧붙였다. 동시성을 보여준 이 일이 자신이 인생에서 있어야 할 곳에 있다는 사실을 알려줬다고 말이다.

수행 2: 동시성

앞으로 며칠 동안 당신의 인생에서 무슨 일이 일어나는지 유의해서 시켜보라. 동시성이 당신의 인생이라는 직물을 싸는 실이라는 사실을 유념하라. 소소하게 경험한 동시성을 모두 기록하라. 그것들이 설령 우연의 일치로 보인다고 해도 상관없다. 기록을 하면 주위에서 벌어지는 일들에 좀 더 관심을 기울이게 된다. 인생에서 일어나는 일들을 어린이의 경외심과 경이로움을 갖고 바라보라. 의미를 해석하지 마라. 이 시점에서 당신은 우주가 당신과 공명한다는 사실을 인식하고 동시성을 띤 사건들을 기록하기만 하면 된다. 우주는 지금까지 줄곧 당신에게 말을 걸었다는 사실을 명심하라. 주의를 기울이는 것부터 시작하라. 무엇을 보든 깜짝 놀랄 것이다.

7

세렌디피티

우리가 짐작할 수 있는 한, 인간이 존재하는 유일한 목적은

그저 존재할 뿐인 암흑에 빛을 밝히는 것이다.

– 카를 융

내 관심을 끌어 인생에서 의미 있는 뭔가가 일어나고 있다고 알려준 두 번째 **라이프사인**은 세렌디피티이다. 세렌디피티가 일어나면 나는 우주가 내게 메시지를 보낸다고 여긴다.

어떤 상황이 세렌디피티일까. 생각지도 못한 좋은 일이 일어날 때이다. 설령 다른 것을 찾고 있었다 해도 상관없다. 당시에는 잘못된 길이라고 생각했을지라도 지나고 나서 보니 정말 다행스러운 일이었다고 생각될 수도 있으니까 말이다. 어떤 사람들은 세렌디피티가 운명으로 예정된 상황이라고 생각한다. 그도 그럴 것이 뭔가를 간절히 원할 때 전혀 다른 것을 얻게 되는 상황을 세렌디피티라고 하기 때문이다. 나는 신학박사이자 콜로라도 주 덴버 근교에 있는 마일하이 교회의 부목사인 로저 틸 박사님이 세렌디피티를 "예상하지 못

한 좋은 일"이라고 하시는 말씀을 들은 적이 있다. 그분의 말씀은 내가 제일 좋아하는 입버릇이 되었다. "예상하지 못한 좋은 일이 기다리고 있어!" 틸 박사님은 내게 짧은 이야기를 하나 들려주셨다. 그 이야기를 읽어보면 세렌디피티가 뭔지 일목요연하게 이해할 수 있다. 또한 우리가 우주를 믿으면 항상 좋은 일이 일어난다는 사실 또한 알 수 있다.

목화 바구미

틸 박사님은 이렇게 말했다. "나는 앨라배마 주 엔터프라이즈 시의 시민들을 좋아합니다! 그곳의 시내 중심지에 가보세요. 그러면 목화 바구미를 칭송하는 기념비를 보게 될 겁니다." 어느 도시를 가나 중심지에는 그 지역의 유명한 자선사업가나 도시 설립자, 유명인을 기리는 기념비가 있다. "아뇨! 엔터프라이즈는 그런 곳이 아닙니다. 그곳 사람들은 해충을 기립니다!"

과거 목화는 엔터프라이즈 시의 주요 작물이었다. 지역의 주요 수입원이 바로 목화였던 것이다. 그런데 1895년에 목화 바구미라는 해충이 들끓었다. "목화밭은 해충으로 뒤덮이고 사람들은 절망했습니다."

엔터프라이즈 시의 초기 정착민들은 이제 어떻게 할지 결정을 내려야 했다. 틸 박사님의 이야기를 들어보자면 이랬다. "그들은 믿음을 갖고 창의력을 발휘해야 했습니다. 재배 작물을 전환해야 한다는 사실을 깨달았죠. 그래서 땅콩을 키우기 시작했습니다."

분명히 처음 몇 년간은 힘들었을 것이다. 하지만 그들은 믿음을 갖고 굳세게 버텼다. 그렇게 버티기를 20년, 엔터프라이즈에서는 땅콩 경작이 제대로 뿌리를 내렸고 목화를 키울 때보다 더 많은 돈을 벌어들이게 되었다.

"그래서 엔터프라이즈에 서 있는 기념비에 이런 글귀가 새겨져 있는 겁니다. '목화 바구미에게 그리고 번영의 전령으로서 그가 일으킨 일에 깊은 감사의 마음을 담아.'"

엔터프라이즈에는 돈보다 더 대단한 일이 일어났다. 왜냐하면 주민들이 믿음을 버리지 않았고 그 결과 예상하지 못한 좋은 일이 벌어졌기 때문이다. 틸 박사님은 이렇게 말했다. "뭐든 좋은 일은 항상 우리가 믿음을 갖고 있을 때 찾아옵니다. 결국 다 잘될 거라는……. 어쩌면 훨씬 더 좋아질 거라는 믿음 말입니다."

일이 잘못된 방향으로 꼬이거나 인생의 장애물이 나타난 느낌이 들 때마다 잠시 멈추라! 왜 이런 일이 일어났는지 알려고 몇 년을 기다릴 필요도 없다. 이제부터 차근차근 알아나갈 테니 말이다. 우주를 믿으라. 이곳에 당신을 위한 뭔가가 있다는 사실을 명심하라. 의미 있는 뭔가가 말이다! 더 큰 것을 품에 안을 수 있다는 사실을 명심하라. 자, 이제 **당신이 예상하지 못한 좋은 일이 일어날 것이라고 기대하라!**

수행 3: 세렌디피티 A

앞으로 며칠 동안 예상하지 못한 일을 겪을 때마다, 크든 작든 가리지 말고 모두 기록하라. 어쩌면 바라던 승진을 못 할 수도 있다. 출근길에 우회로로 가는 바람에 지각을 할지도 모른다. 해고 통보를 받을 수도 있다. 무슨 일이 일어나더라도 거기에는 예상하지 못한 더 좋은 일이 기다리고 있다는 사실을 잊지 마라. 어쩌면 당신은 이미 좋은 일을 알고 있을지도 모른다. 아직도 모르겠다면 예상하지 못한 좋은 일이 곧 나타나는 상황을 상상하라.

가끔 더 좋은 일이 일어나도 당장 알아차리지 못해 알아볼 시간이 필요한 때도 있다. 우주가 훨씬 더 좋은 일을 선사해주기 위해 상황을 움직이고 있다고 믿어라. 무엇이 **좋은 일**인지 확신할 수 없어도 괜찮다. 그런 일이 일어날 거라고 기대하라!

수행 4: 세렌디피티 B

잠시 지금까지의 삶을 떠올려보라. 예상하지 못한 좋은 일들도 모두 떠올려보라. 그 일들이 당신의 인생에서 어떤 역할을 했는지도 잘 생각해보라. 새 일자리를 찾아 이사를 했다고 하자. 아직 일자리는 못 구했지만 어느새 새 동네에 정이 들어 그대로 정착했을지도 모른다. 직장을 잃었는데, 정말로 하고 싶었던 일을 하게 되었을 수도 있다. 사랑하는 이에게 차였을 수도 있다. 세상이 끝난 것만 같았는데, 싱글이 아니었다면 만나지 못했을 진짜 사랑을 만났을 수도 있다.

이제 좀 이해가 되는가? 당신에게 얼마나 도움이 되었는지 이미 인정한 세렌디피티를 기록하면 그 사건들을 다시 떠올리고 각각의 사건에 감사하라.

이런 사건들을 기록하면 세렌디피티와 동시성이 서로를 보완해 주고 있으며 함께 작용한다는 사실을 알아차리게 될 것이다. 지금부터는 인생의 장애물과 마주쳐도 좌절하지 마라. 상황을 뒤집어 가능성부터 생각하라. 일기장을 가져와서 지금까지 있었던 소소한 문제들 덕분에 어떻게 멋진 경험들을 하게 되었는지 당신이 직접 쓴 글을 읽어보라. 그러면 모든 일에는 이유가 있다는 사실이 다시 생각날 것이다. 더불어 우주가 운명fate처럼 세렌디피티를 일으켜 우리가 운명destiny을 향해 나아갔으며, 그 운명destiny은 한 차원 높은 목적을 이루게 해주었다는 사실을 다시 한번 떠올리게 될 것이다.

8

설명할 수 없는 일

인생을 사는 방법은 단 두 가지뿐이다.
하나는 기적은 없다는 듯 사는 것이고
다른 하나는 모든 것이 기적이라는 듯 사는 것이다.

— 알베르트 아인슈타인

세렌디피티 그리고 동시성과 더불어 우주가 자신의 존재를 보여주는 세 번째 신호가 있다. 그런데 이 신호는 어떠한 설명도 불가능하다. 여기까지 읽었다면 내가 초자연적이거나, 심원하거나, 직관적이거나, 초능력인 것을 보기 좋게 포장하거나 위장하는 게 아니라는 사실을 잘 알 것이다. 설명할 수 없는 사건은 기적이자 축복이며 다른 신호가 그렇듯 선물이다.

멘토인 캐럴 앤 리어로스는 맹인들이 초능력이나 직관으로 앞을 보도록 가르치는 일에 몸담고 있었다. 그러던 어느 날 루터 교회로부터 그 일에 대해 강연해달라는 부탁을 받았다. 청중에게 소개되기 5분 전, 그녀는 주최 측으로부터 강연에 특정 부류의 표현은 자제해

달라는 요청을 받았다. 다시 말해서 초능력과 텔레파시, ESP, 염력, 천리안, 초감각, 예지 같은 단어를 쓰지 말고 초자연적인 현상을 설명하라는 뜻이었다. 이유는 나도 잘 모른다. 다만 주최 측은 상당수의 청중이 초자연적인 현상에 대해 회의적이므로 캐럴 앤이 좀 더 보수적인 표현을 쓰면 청중이 더 긍정적으로 받아들일 거라 계산했을 것이라고 짐작할 뿐이다.

나는 안타깝게도 우리가 본질을 존중하지 않을 때, 즉 우리가 빛나지 않을 때 자신은 물론 남에게도 상처를 주는 거라고 생각한다. 우리는 모두 영적인 존재이다. 대개 부정하지만 우리는 모두 영적인 존재라는 선물을 받았다. 우리가 이런 기적을 공개적으로 논의할수록 더 기가 살고 헛소리 취급을 덜 받을 것이다. 결과적으로 사람들이 이런 현상을 겪을 때마다 불편해하는 일도 줄어들 테고 말이다.

내가 설명할 수 없는 사건들이 우주가 내게 뭔가 말을 하고 있는 증거라고 할 때는 초자연적인 현상을 가리키는 것이다. 이 초자연적인 현상에는 초능력이나 직관이 포함된다. 물론 그게 다가 아니다. 어떤 사건이 일어나거나 통찰력을 발휘할 때를 생각해보자. 만약 그 순간에 기존의 오감으로 설명할 수 있는 범위를 넘어섰다거나 과학적인 설명이 불가능하다면 초자연적인 현상으로 보면 된다.

우주는 우리 모두가 성공하기를 원한다. 그러므로 라이프사인의 일부가 초자연적인 현상이며 우리가 그런 신호를 볼 수 있는 축복을 받았다고 해도 전혀 놀랍지 않다. 그러나 이런 신호가 나타날 때 우리들 대부분은 논리나 과학적 설명으로 이유를 설명하려고 애쓴다. 이런 신호를 합리화하려들지 마라.

우리는 초자연적인 사건에서 우주가 보내온 영적 직관을 볼 수 있다. 이런 사건들에 경외심을 가지라. 근원에서 보내주는 위대한 메시지에 마음을 열라. 당신이 사랑과 빛으로 보호받고 있으며 우주가 보내는 메시지인 기적의 안내를 받으리라는 사실을 명심하고 인생에서 일어나는 사건을 기쁘게 맞이하라.

신학박사이자 문학석사이며 마일 하이 교회의 부목사인 패티 루켄바흐는 기적이나 설명할 수 없는 사건을 여러 차례 경험했다. 그녀가 겪은 가장 심오한 경험은 친한 친구 그리고 깃털과 관련되어 있다. 이 이야기는 인간 영혼의 힘이 얼마나 대단한지 보여준다. 게다가 설명할 수 없는 사건들은 우리에게 심지어 저세상에서도 메시지를 전해줄 수 있음을 알려준다.

깃털

패티 박사에게 아메리카 원주민의 생활방식은 취미나 한때 스쳐 지나가는 호기심 이상이다. 그것들은 그녀에게 삶의 방식이다. 패티 박사는 자신이 아메리카 원주민인 두 가족에게 입양된 사실을 특별한 축복으로 여긴다. 그녀는 '파이프 캐리어Pipe Carrier'이기도 하다. 그녀는 기도자의 파이프와 이 신성한 도구와 관련된 원주민의 관습을 몹시 중시한다. 아메리카 원주민의 전통에서 파이프 캐리어가 차지하는 위치는 절대 가볍게 볼 대상이 아니다. 왜냐하면 파이프는 이들에게 가장 고차원적인 형태의 영성을 대변하는 도구이기 때문이다. 파이프는 이 도구를 물려받을 자격이 있는 사람에게만 전해진다. 그러니 패티 박사가 그런 존경을 받는다는 사실이 내게는 전혀 새삼스럽지 않다.

콜로라도 주 덴버 교외에 있는 마일 하이 교회의 목사로서 패티 박사는 오랫동안 수많은 신자들을 위해 봉사했다. 언젠가 패티 박사는 유머 감각이 남다른 아름다운 여성인 도나를 보살핀 적이 있다. 도나는 암으로 투병 중이었는데, 상태가 몹시 위중했다. 그 무렵 패티 박사와 도나는 무척 가까운 사이가 되었다. 도나는 자신의 시신은 매장하지 말라고 당부했다. 둘의 우정은 깊어만 가는데, 도나의 건강은 점점 악화되었다. 그러자 패티 박사는 도나에게 이런 부탁을 했다. "할 수만 있다면 그곳에 가서 내게 메시지를 보내줘. 자기가 잘 지내고 있다는 사실을 내게 꼭 알려줘!"

도나는 그곳에 가려면 아직 시간이 많이 남았으며 "거기 가면 너무 바쁠" 거라며 농담으로 받아쳤다.

패티 박사는 산속에 땅이 조금 있었는데, 그곳에 원뿔형 천막을 세워두었다. 도나는 그곳을 무척 좋아해서 한번은 사우스다코타에서 열리는 라코타족의 의식에 데려가달라고 부탁하기도 했다. 물론 패티는 그 부탁을 들어주었다. 그곳에서 도나는 라코타족의 의식과 전통이 여러 면에서 무척 심오하고 의미심장하다는 사실을 깨달았다. 도나는 어떤 신성한 의식에 참가했다가 기노자의 파이프를 받기도 했다. 그녀에게 엄청나고 귀중한 순간이었다.

도나는 건강이 점점 악화되었다. 그녀는 패티 박사를 불러 때가 되면 자신에게 "파이프 의식을 해달라고" 부탁했다. 도나의 자녀들은 아메리카 원주민의 전통을 잘 몰랐다. 그래서 도나는 패티 박사가 '파이프 의식Pipe Ceremony'을 할 수 있도록 자녀들에게 미리 동의를 받았다. 파이프 의식은 때가 오면 '위대한 영Great Spirit'에게 기도를 드리는 의식이었다.

패티 박사는 도나의 자녀들로부터 전화를 받은 그 순간을 결코 잊지 못할 것이다. 도나는 집에 있었는데, 이미 혼수 상태였다. 그녀가 떠날 때가 되자 자녀들이 패티 박사를 불렀다. 신성한 의식을 치르려면 거위의 깃털이 필요했다. 그날 마침 야생 거위 한 마리가 목숨이 다해 박사의 집 포치에서 숨을 거두었다. 덕분에 깃털을 제일 좋은 걸로 마음대로 고를 수 있었다. 그녀는 의식에 쓸 깃털을 붉은 천에 고이 쌌다. 그리고 그 깃털을 가지고 도나의 집으로 향했다.

도나의 집에 가보니 도나는 양손을 배 위에 곱게 포갠 채 혼수 상태로 누워 있었다. 패티 박사는 사랑하는 친구를 위해 신성한 의식을 치러주었다. 그리고 떠나기 전에 천에 싼 깃털을 손에 쥐어주었다.

고통스럽게 기다린 전화는 한밤중에 왔다. 도나가 마침내 숨을 거두었다. 도나의 자녀들은 박사에게 집으로 와서 함께 기도를 해달라고 부탁했다. 그래서 박사는 깃털을 쥔 채 영면에 들어간 도나의 곁으로 다시 돌아갔다. 그녀는 도나의 자녀들과 함께 기도했다. 이윽고 도나의 시신을 내갔고 의식에 쓴 깃털과 함께 화장했다.

화장을 하고 이틀이 지났다. 패티 박사는 밤에 자다가 꿈을 꾸었다. 꿈에서 도나가 침실로 들어왔다. 그런데 아침에 박사가 잠을 깨보니 자신의 옆에 아름다운 붉은 천이 놓여 있었다. 그 천은 사랑하는 친구가 떠나는 길에 함께 보내준 거위 깃털을 쌌던 바로 그 천이었다. 그 천이 침대에 놓여 있었던 것이다.

패티 박사는 그만 웃음이 터졌다. 친구가 부탁을 들어주었다는 사실을 깨달았다. 그곳에서 잘 지내고 있다고 알려주었으니 말이다. 도나의 자녀들은 그 깃털은 어머니의 시신과 함께 화장했노라고 했다.

지금도 패티 박사는 그 깃털을 간직하고 있다.

그 깃털이 어떻게 이 세상에 돌아왔을까. 그것은 여전히 수수께끼이다. 도지히 설명할 수 없는 사건이다. 인생에서 겪는 기적 중의 하나이다. 이 사건으로 패티 박사는 의미심장한 메시지를 받았다.

나는 패티 박사에게 메시지를 전하는 상징으로 사용된 것이 깃털이라는 사실이 몹시 흥미롭다. 깃털은 한 차원 높은 사고와 더 높은 차원으로 올라가는 영적 성장을 의미한다. 이 깃털은 도나가 더 높은 차원으로 옮겨 갔다는 사실을 알려준다. 깃털은 도나가 자신은 잘 지내고 있다고 패티 박사에게 보여준 증거이자, 그녀가 영적으로 한 차원 높이 성장했다는 사실을 보여주는 증거였다.

나는 인생의 여정에서 종종 이런 깃털과 마주친다. 깃털마다 담고 있는 의미가 다르다는 사실도 안다. 운명이자 인생의 목적을 향해 나아갈 때 용기를 내라는 격려의 신호일 수도 있고, 우리가 영적인 길이나 옳은 길을 가고 있다고 확인해주는 신호일 수도 있다.

깃털은 특정한 상황에서 좀 더 가벼운 태도를 취해야 한다는 의미일 수도 있나. 좀 너 밝은 기분을 삿고 너부 심각하게 굴지 말라는 뜻일지도 모른다. 그렇다면 우리는 인생에서 기쁨을 추구해야 할 것이다.

그러므로 당신이 가는 길에 깃털이 보이면 그 길을 향해 힘차게 나아가라. 그 길에 당신을 위한 메시지가 기다리고 있다는 사실을 명심하라. 그 메시지야말로 우주의 선물이라는 사실을 잊지 마라.

제3부

모두에게 있는 도구들

잘 이해가 안 되는 것들이

우리에게 가장 귀중한 도구가 될 수도 있다.

– 데이비드 윌슨, 쥐라기테크놀로지박물관 관장

9

우리 안의 재능 무시하기

천박한 사람들은 행운을 믿는다.
강인한 사람들은 원인과 결과를 믿는다.

– 랠프 월도 에머슨, 저술가 겸 철학자

한때는 나도 우리 모두가 직관적인 존재라는 사실이 어쩐지 뜬구름 잡는 소리처럼 느껴졌다. '선뜻 받아들일 수 있는 주장은 아니잖아. 이런 형이상학적인 개념을 무턱대고 받아들일 수는 없지.' 이런 기분이었다고나 할까. 나는 내가 받은 과학적 훈련과 좌뇌의 추론 능력을 만족시켜야만 했다. 어린 시절부터 마음속 깊이 품고 있던 종교적 교리의 목소리를 억눌러야 했다. 세월이 흐르면서 이런저런 탐색을 하고 시도를 하면서 점점 직관이라는 형이상학적이고 영적인 개념을 받아들이게 되었다. 심지어 초자연적인 현상도 인정하게 되었다. 지금은 누구에게나 초능력과 직관력이 있다고 굳게 믿는다.

당신은 영적인 존재이다. 당신에겐 직관력과 초능력이 있다. 당신이 누구든, 지금 어떤 길을 가든 마찬가지이다. 이 사실은 당신의 신넘이 영적이든, 종교적이든, 전통적이든, 비전통적이든, 영지주의적이든, 무신론적이든 상관없이 다 적용된다. 누구나 이 두 가지 능력을 지니고 있으며 그 능력을 쓸 수도 있다. 랠프 월도 트라인은 신사고 운동New Thought movement의 초기 멘토였다. 그는 신비주의자이자 철학자였으며 스승이자 성공한 저술가이기도 했다. 랠프 월도 트라인은 자신의 저서 『무한과 조화를 이루어In Tune with the Infinite』에서 초자연적인 현상을 논하며, 신과 교감하면 불가능한 일이 없다고 썼다. 나아가 누구나 초자연적인 능력이 있으며 어느 한 사람에게 가능한 능력이나 재능은 다른 사람에게도 다 있다고 했다.

우리 모두에겐 그것이 있다!

이 책을 초능력 개발 교재로 쓰지는 않았지만, 이 현상을 좀 더 살펴보지 않으면 이 주제를 공정하게 다루었다고 말할 수 없을 것이다. 나는 인생에서 겪는 이런저런 사건, 즉 **라이프사인**이 특정한 의미를 지니고 있는지 판단할 때마다 직관이나 초능력에 의지한다. 때로는 직관을 동원해 여러 신호의 의미를 읽기도 한다.

초능력이나 직관에 마음을 열 때 경험할 수 있는 흥미로운 현상 중 하나가 바로 눈덩이 효과이다. 무슨 말인고 하니, 우리가 이런 기술을 받아들이고 꾸준하게 사용하기 시작하면 이런 현상이 더 자주 일어난다는 뜻이다. 초자연적인 현상은 늘 할리우드 영화 속 장면처럼 선명한 환상으로 나타나 답을 주지는 않는다. 물론 그럴 때도 있지만 우리 같은 사람들에게는 대부분 일상에서 일어나는 단순한 사건으로 나타난다. 당신도 다음과 같은 일들을 한 번쯤은 겪어보았을 것이다.

- ◆ 전화가 왔다. 수화기를 들기도 전에 이미 당신은 누가 건 전화인지 알고 있다. 물론 발신자 번호를 보고 짐작했다는 말이 아니다!
- ◆ 오랫동안 만나지 못했거나 소식을 듣지 못한 사람이 느닷없이 떠오른다. 이튿날 바로 그 사람의 전화나 이메일을 받는다. 어쩌면 그 사람이 손으로 쓴 편지를 받을지도 모른다.

위에서 든 예 가운데 첫 번째는 직관적인 통찰력의 예이며 두 번째는 초능력의 예이다. 하지만 우리는 이런 능력을 좀 더 개발하기는커녕 이런 식으로 합리화한다.

- ◆ 엄마가 전화를 거는 건 당연하잖아!
- ◆ 찍었는데 맞았네!
- ◆ 그 사람의 편지를 받다니 이게 웬 우연의 일치람! 그렇지 않아도 그 사람이 생각났었는데.

우리가 평소에 자신의 통찰력을 무시할 때 자주 쓰는 말은 또 있다. 운, 개연성, 있을 법한 일, 행운, 운명, 요행 등 부르기 나름이다. 이런 현상을 묵살하는 건 결국 우리 자신의 능력과 타고난 재능을 무시하는 처사이다. 이것들을 직관적인 통찰력이나 초능력 현상으로 인정해도 부족할 판에 말이다.

난생 처음 자전거를 타는 아이를 지켜볼 때 이런 말은 하지 않는다. "그게 바로 초심자의 운이라는 거야!" "넘어져서 무릎이 깨지지 않았으니 정말 운이 좋았구나!" 대신 우리는 박수를 쳐준다. 아이가 인생에서 한 걸음 나아갔다는 사실에 기쁨과 흥분을 감추지 못하고 축하해준다. 아이를 자꾸 격려해서 아이의 실력이 더 나아지도록 하고 점점 더 발전하기를 기대한다.

그런 사랑 가득한 지지를 우리 자신에게도 보내면 어떨까? 이런 능력에 마음을 열도록 자신을(다른 사람을) 격려하면 어떨까?

당신 안에 당신보다 더 큰 존재가 있다는 사실을 인정하라. 그리고 그 존재를 사용하라.

당신이 어떤 경우에 자신의 능력을 깎아내리는지 다음 수행을 하며 곰곰이 생각해보라.

수행 5: 우주가 당신과 공명하고 있는가?

앞으로 한 주 동안 당신이 아래에 나온 표현을 이용해 어떤 상황을 설명할 때마다 그 구체적인 내용을 기록하라.

당연하다. 운이 좋았다. 우연의 일치다. 운이다.
개연성이 있다. 있을 법하다. 행운이다. 운명이다.
요행이다. 축복이다. 묘하다. 선물이다.

한 주가 끝나갈 즈음 이렇게 자문하라. "우주가 내게 메시지를 보내는 걸까? 우주가 나와 공명하는 걸까?" 명상을 하며 자신에게 무슨 일이 일어나는지 잘 살피라. 그리고 그 경험을 기록하라.

붉은꼬리말똥가리

나는 『당신의 특별한 본질 드러내기 *Revealing Your Extraordinary Essence*』와 『당신을 자유롭게 해주는 것 *What Will Set You Free*』의 저자인 신시아 제임스 목사님에게 새들과 만난 사건에서 의미심장한 메시지를 읽은 훌륭한 경험담을 들은 적이 있다. 새들과의 만남은 그녀가 어릴 때부터 시작되었다. 처음은 벌새였다. 그때는 새들과 마주치는 일에 무슨 의미가 있겠냐고 생각했다. 그런데 매의 일종인 붉은꼬리말똥가리 몇 마리가 동시에 출현하는 모습을 본 순간 예전에 작은 새들이 그녀의 머리 위를 맴돌던 일이 불쑥 떠올랐다.

성직 서임 몇 달 전, 신시아는 콜로라도의 고속도로를 운전하던 중이었다. 도로 표지판 위에 붉은꼬리말똥가리가 앉아 있었다. **희한하게도** 그 새가 그녀를 똑바로 바라보았다. 묘한 일도 다 있다는 생각이 들었지만 이내 잊어버렸다. 며칠 후 콜로라도 주 레이크우드에 있는 마일 하이 교회로 운전해 가던 중이었다. 말똥가리 두 마리가 날아오더니 이번에는 그녀의 차 위를 선회하는 것이 아닌가.

"그래! 이건 단지 **우연의 일치가 아니야**." 그녀는 금세 알아차렸다. 그녀 안의 뭔가가 이 위풍당당한 새들의 출현에 모종의 의미가 있다는 사실을 알아차렸다. 그래도 그때는 정확히 어떤 의미인지는 몰랐다. 그날 직장에 도착한 신시아는 동료와 이런 이야기를 나누었다. "매에는 어떤 의미가 있죠?"

"매는 메신저예요." 어느 여직원이 말해주었다.

신시아는 본능적으로 어떤 질문을 해야 하는지 알 수 있었다. "어떤 메시지를 전하려는 걸까?"

그 무렵 신시아는 성직 서품을 받기 위해 마지막 준비를 하던 중이었다. 그래서 이러한 영감을 그냥 넘기지 않았다. 그녀는 자신의 성직 서품식을 늘 마음속에 그려왔다. 그녀에게 성직 서품식은 단순히 성령과 결혼하는 것이 아니었다. 자신의 온 존재로 목사가 되었음을 선언하고 "예"라고 답하는 의식이기도 했다. 이런 중요한 날을 준비한 마지막 몇 달 동안 신시아는 캘리포니아의 아실로마 콘퍼런스 센터에서 열리는 콘퍼런스에 참석했다. 숨이 멎을 듯이 웅장한 바다를 배경으로 신시아는 자신이 인생의 새로운 단계로 들어가는 의식을 치른다는 사실을 깨달았다. 그녀는 믿어지지 않을 정도로 강력한 각성을 경험했다. 그 순간 정신이 놀랍도록 또렷하고 맑아졌다.

그녀는 목적의식으로 충만해진 채 콘퍼런스에서 돌아왔다. 예배를 준비하려고 교회로 가기 위해 고속도로로 진입했다. 바로 그때 자신의 머리 위로 매 12~15마리가 선회하는 모습에 깜짝 놀랐다. 그 순간 그녀는 매들이 자신을 기다리고 있었다는 사실을 깨달았다. 그 새들이 성직 서품식과 그녀와 성령과의 결혼, "예"라고 대답하는 것, 자신의 존재를 온전히 표현하는 것과 전부 다 관계가 있을 것 같았다.

그로부터 6~8주 동안 붉은꼬리말똥가리는 신시아의 삶에 끊임없이 출몰했다. 가령 다가오는 서품식과 장차 목사로서의 계획에 대해 전화로 이야기하다가 문득 창밖을 내다보면 매 한 마리가 하늘로 솟구쳐 오르는 중이었다. 어느 때는 매 한 쌍이 반복적으로 그녀의 창가를 쌩하니 날아가기도 했다. 그녀는 서품식을 사흘 앞둔 어느 날 목사 모임에 참석해 서품식이 진행되는 동안 성령이 그곳에 함께하시기를 바란다는 말을 했다. 모임을 끝내고 주차장으로 가다가 친구를 만났다. 어디선가 나타난 붉은꼬리말똥가리가 두 사람의 머리 위를 빙빙 맴돌았다.

붉은꼬리말똥가리는 지금도 그녀의 삶에 종종 나타난다. 그녀가 영적인 문제를 고민하면 매들이 나타나야 할 때에 정확하게 나타나곤 한다. 문제가 클수록 나타나는 매의 수도 늘어난다. 신시아는 그것이 자신이 올바른 길을 선택했다는 사실을 자연이 확인해주는 방식임을 직관적으로 깨달았다. 그녀는 그 매들이 **선물**이고 그런 신호를 알아볼 수 있는 자신은 놀라울 정도로 **은총**을 받은 사람이라고 생각한다.

신시아는 붉은꼬리말똥가리가 자신에게 어떤 의미가 있다는 사실을 알았다. 돌이켜보면 그녀가 예전에 보았던 벌새도 나름의 의미를 지니고 있었을 것이다. 그 작은 새들은 여전히 그녀의 삶에 불쑥불쑥 나타난다. 물론 매만큼 자주 나타나는 것 같지도 않고 매의 등장으로 인해 그 의미도 어느 정도 퇴색된 듯하다. 신시아는 매가 나타난다는 사실은 그녀가 존재하는 방식이 그만큼 확장되었다는 의미라고 짐작한다.

나는 신시아 목사님의 삶에 벌새가 출연했다는 사실이 특히 흥미롭다. 벌새는 독특한 비행 패턴을 보이는 새다. 그래서 벌새는 영원을 상징하기도 한다. 벌새는 신기하게도 앞으로도, 뒤로도, 위로도, 아래로도 날 수 있다. 어느 방향으로 날든지 '거침'이 없다. 상징적으로 벌새는 과거로(뒤로)도 갈 수 있다. 아무런 후회나 기대, 갈망도 없이 말이다. 그래서 우리는 이런 벌새로부터 교훈을 얻는다. 동물 토템을 숭배하는 사람들은 벌새에게 치유의 힘이 있다고 믿는다. 벌새는 우리가 과거를 놓아주거나, 날려 보내거나, 자유로워지거나, 그저 치유받기 위해 지나온 과거를 되살펴보는 법을 알려줄지도 모른다.

신시아 목사님의 『당신을 자유롭게 해주는 것』에는 과거로 돌아가 모든 것을 내려놓고 자유로워져 치유되는 놀라운 여정이 나온다. 벌새와 연관 지어 생각해보면 무척 흥미롭다. 벌새는 신시아 목사님에게 과거로 돌아가 내려놓고 치유되라고 격려하는 메신저였는지도 모른다. 벌새는 목사님의 이야기가 다른 사람에게 영감을 준다는 사실을 알리고 그 이야기를 책에 솔직하게 전하도록 격려하려고 나타났을 것이다. 사람들에게 영감을 주고 마음을 치유해 앞으로 나아가고 성장할 수 있는 계기가 되도록 말이다.

벌새는 기쁨의 상징이기도 하다. 신시아 목사님과 만나보면 그녀가 기쁨을 찬란하게 발산한다는 사실을 금세 알아차릴 것이다.

동물 토템 숭배자들은 붉은꼬리말똥가리 토템을 숭배하는 사람들이 창조적인 삶의 목적을 충실하게 이루려 노력한다는 사실을 잘 안다. 사람은 누구나 신성한 목적을 가지고 이 세상에 태어난다. 자신만의 운명이자 이 세상에서 성취해야 할 사명을 품고서 말이다. 매는 새로운 비전을 일깨운다. 한편으로는 한 차원 높은 인식 수준으로 올라갈 수 있는 열쇠를 쥐고 있다. 붉은꼬리말똥가리는 메신저이다. 이 새들은 삶의 목적을 찾는 우리의 여행을 이끌어주고 방향을 찾도록 도와준다. 그러므로 신시아 목사님에게 옳은 길을 가고 있다는 사실을 알려주기 위해 우주가 붉은꼬리말똥가리를 고른 것은 적절할 뿐만 아니라 당연한 일이다.

10

직관 대 초능력

우리는 기꺼이 직관의 안내를 받아야 한다.
그리하여 두려움 없이 곧장 직관을 따라나서야 한다.

— 샤크티 거웨인, 저술가

창의력 워크숍을 시작했을 무렵이었다. 나는 사람들이 **초능력** 경험을 대놓고 이야기하는 건 꺼려도 **직관**에 대해 이야기할 기회는 반긴다는 사실을 알게 되었다. 이것은 아마도 공공연하게 인정하는 '여성의 감'이라는 비공식적인 주장 덕분이 아닌가 한다. 대개 여자는 남자보다 더 직관적이라고 여겨지지 않는가. (물론 이런 주장을 뒷받침하는 과학적 근거는 별로 없다.)

혹은 초능력이라고 하면 **헛소리**로 치부되는 반면 직관이라고 하면 좀 더 영적인 경험으로 비춰지기 때문일 수도 있다. 종교과학운동과 마음과 영혼의 과학Science of Mind and Spirit의 창시자인 어니스트 홈스는 "신비주의자는 직관적으로 현실을 감지하고 본능적으로 진실을 안다"고 했다. 그는 또 이렇게도 말했다. "직관은 '존재의 실재'를 보여주는 사람 안의 신이다."

홈스는 초능력에 대한 우리의 인상이 자체적인 필터로 걸러지기 때문에 초능력을 경험한 인상이 직관만큼 또렷하지 않다고 주장한다. "초능력자는 자신의 주관적인 정신 상태를 통해서만 본다. 그러므로 그 사람이 보는 것은 전부 자신의 생각의 진동에 다소간 영향을 받는다."

편견을 가지고 있으면 초능력을 경험한 인상을 해석할 때 오류를 저지를 수도 있다. 그래서 그 의미를 매우 정확하게 읽는 사람도 있는 반면 그렇지 않은 사람도 있다. 어떤 경우든 초능력을 경험한 인상은 항상 옳다. 오류는 그 경험을 해석할 때 발생할 수 있다.

나는 내 워크숍에 온 참가자들에게 종종 직관을 정의해보라거나 직관을 경험한 사례를 들어보라고 한다. 이때 사람들이 대답한 정의나 경험 사례는 직관이 아니라 초능력인 경우가 많다. 그러므로 일단 직관과 초능력의 정의부터 확실히 해야 할 것 같다.

메리엄-웹스터 온라인 영어 사전은 직관intuition을 이렇게 정의한다. "재빨리 튀어나오는 통찰력, 순간적인 이해 혹은 인지, 직접적인 지식을 습득하는 힘이나 능력 또는 명백한 논리적 사고와 추론이 뒤따르지 않은 인지."

한편 초능력psychic의 정의는 다음과 같다. "물리적인 과학이나 지식의 영역 밖에 있는, 실체가 없거나, 도덕적이거나, 기원이나 힘이 영적인, 비물리적이거나 초자연적인 힘과 이런 힘들이 수는 영향에 민감한, 특별하거나 신비로운 감성이나 인식 또는 이해."

직관은 **뭔가를 왜 아는지도 모른 채 이미 아는 것**이다. 초능력 세계에서 직관은 대개 **만물박사**라는 애정 어린 별명으로 불린다.

직관이 아는 것이라면 초능력은 오감을 기존과 다른 방식으로 사용해서 뭔가를 알게 되는 것이다. 평소와 다른 방식으로 듣거나, 보거나, 생각하거나, 느끼거나, 냄새를 맡거나, 맛을 봐서 어떤 정보를 받았다고 하자. 이것은 직관적 과정이 아니라 초능력 과정과 대면한 상황이다. 이 경우에 당신의 인상은 자체적인 필터 시스템, 즉 선입견의 지배를 받는다. 당신이 관대하고, 공정하고, 객관적이라면 당신이 받은 인상은 매우 정확할 것이다.

종교가 우리를 영과 이어주듯 직관도 우리를 영과 이어주거나 가교가 될 수 있다. 우리는 내면의 지식, 즉 내면의 길잡이 체계를 이용해 영을 인식할 수 있다. 바로 이때 우리는 신비로운 경험을 한다. 결국 우리가 추구하는 것은 직관적으로 아는 것, 즉 우주의 목소리를 감지하는 것이다.

앞장에 나온 신시아 목사님의 매 이야기는 직관을 활용한 훌륭한 실화이다. 이 이야기에서 목사님은 매 여러 마리가 동시에 나타나는 사건의 의미를 본능적으로 이해했다.

의학적 직관

로럴 스나이더는 전체론적 간호학holistic nursing(환자의 마음과 신체, 영혼이 환경과 통합할 수 있도록 주의를 기울이는 간호학-옮긴이) 분야의 국가 공인 자격증을 갖고 있다. 그녀는 와이드너 대학에서 간호학 석사학위를 따고 30년 넘게 다양한 공동체와 보건 단체에서 봉사했다. 전체론적 간호사로서 로럴은 자신의 소명을 확실하게 실천하고 있다. 그녀는 남편의 건강에 심각한 문제가 생겼을 때 건강과 치유에 대해 주목하게 되었다.

사랑하는 사람이 불치병 진단을 받는 일은 누구라도 상상하기 싫을 것이다. 로럴은 전체론적 간호사로서 중증 질환을 앓고 있는 환자를 수없이 보았다. 그런 그녀도 이런 경험을 피해 갈 수 없었다. 2001년에 그녀의 남편 스킵이 말기 전립선암 진단을 받은 것이다. 이 진단은 종양학자 네 명이 확인했다. 의료진은 스킵이 적절한 치료를 받지 않으면 2년을 넘기지 못할 것이라고 했다. 수술을 받거나 방사선 치료를 받으면 5년은 더 살 수 있었다. 하지만 치료로 인해 삶의 질이 현저히 떨어질 것이 분명했다.

스킵은 예후가 불량할까봐 수술과 방사선 치료를 거부했다. 대신 로럴이 짠 전체론적 계획을 택했다. 담당의는 기존의 치료를 받지 않으려면 최소한 약으로 이미 전립선에서 다른 부위로 전이되기 시작한 암세포의 확산 속도를 늦추기라도 해야 한다고 설득했다.

이튿날 로럴은 남편의 처방약을 사러 약국에 갈 예정이었다. 남편에게 나온 처방전을 받았는데, 어쩐지 불길한 예감이 들었다. 카운터에 처방전을 내려놓으니 그런 느낌이 사라졌다. 그래서 처방전을 다시 집자 또 불길한 기분이 들었다.

로럴은 남편에게 이 이야기를 들려주었다. "나는 당신이 내리는 결정은 뭐든 존중할 거예요. 하지만 당신의 아내이자 직관적인 전체론적 간호사로서 말하자면 이 약은 당신에게 맞지 않아요."

스킵은 아내의 이야기를 귀담아 들었다. 그는 아내를 신뢰했으므로 처방받은 약을 먹지 않기로 했다.

그 결정은 축복이었다. 왜냐하면 3년 후 그 약이 스킵이 진단받은 말기 전립선암의 진행을 촉진한다는 사실이 밝혀졌기 때문이다. 그가 처방받은 대로 약을 먹었다면 암 덩어리는 빠른 속도로 커졌을 것이다. 삶의 질은 고사하고 목숨을 부지하기도 힘들었을 것이다.

2004년 초 로럴은 스킵이 전반적으로 기력이 떨어졌다는 사실을 알아차렸다. 만전을 기하기 위해 두 사람은 병원을 찾았다. 그곳에서 검사를 받고 모든 종류의 혈액 검사를 받았다. 혈액 검사 결과는 정상이었는데, 다만 백혈구 수치가 살짝 높았다. 스킵의 주치의는 크게 신경 쓰지 않았다. 하지만 로럴은 혈액 검사를 다시 해야 한다고 주장했다.

얼마 후 로럴과 스킵은 두 번째 검사 결과를 확인하기 위해 담당 의사와 따로 만났다. 검사 결과 백혈구 수치가 상당히 높았다. 의사는 이렇게 말했다. "백혈구 수치가 이 정도로 높으면 지금쯤 중증으로 입원해 있을 겁니다. 그런데 환자 분은 한눈에도 건강해 보이고 헬스장에서 운동도 하시잖아요. 연구실에서 오류가 있었던 같습니다."

하지만 로럴은 영 개운하지 않았다. 그녀는 한 번 더 혈액 검사를 받자고 스킵을 설득했다. 그는 아내의 직관을 굳게 믿었기 때문에 세 번째 혈액 검사를 받았다. 그런데 이번에는 의사도 오류라는 말을 할 수 없었다. 백혈구 수치가 두 번째 검사 때보다 훨씬 더 높아졌기 때문이다. 스킵은 만성골수성백혈병 진단을 받았다.

이 상황에서 희망이 한 줄기도 안 보인다고 생각할 수도 있다. 하지만 놀라운 믿음을 품고 있는 로럴과 스킵은 이런 상황에서도 희망을 보았다. 돌이켜보면 스킵이 전립선암을 전통적인 방법으로 치료하지 않기로 선택한 결정이 너무나 다행스러웠다. 안 그랬다면 나빠진 삶의 질 때문에 3년 후 백혈병에 제대로 맞서지 못했을 것이기 때문이다. 전립선암에 걸리지 않았다면 백혈병을 조기에 발견하지 못했을지도 모른다. 뭔가가 잘못되었다고 알려준 것은 로럴의 직관이었다. 그래서 그녀는 혈액 검사를 다시 받아야 한다고 고집을 부린 것이다. 스킵의 백혈병이 더 악화된 후에 밝혀졌다면 치료는 훨씬 더 힘들어졌을 테고 예후는 더 불량했을 것이다.

지금 내가 이 글을 쓰는 현재 스킵은 전립선암 진단을 받은 지 8년, 백혈병 진단을 받은 지 5년이 되었다. 직접 만나보니 스킵은 현재에 충실한 삶을 살고 있었다. 그는 인생에 대해 환희와 사랑을 숨기지 않는다. 로럴은 이렇게 말했다. "우리는 죽음이 아니라 삶에 초점을 맞춰요. 정말 중요한 건 그거거든요!" 이 말이 백번 옳다.

놀이터가 마냥 즐겁기만 한 곳은 아니다

어느 여름 내 아들이 친구와 공원 놀이터에서 함께 놀았던 그날을 나는 절대 잊지 못할 것이다. 공원과 우리 집의 거리는 400미터가량으로, 그때 내 아들은 초등학교 3학년이었다. 때는 찌는 듯한 7월이었고 집에 창문이란 창문은 모두 열기를 차단하기 위해 꽁꽁 닫혀 있었다. 나는 혼자 부엌에 있었다. 그런데 갑자기 뭔가 아주 나쁜 일이 벌어졌구나 싶었다. 나는 뒷마당으로 달려가 공원 쪽을 바라보았다. 하지만 공원과 우리 집 사이에 서 있는 집들에 놀이터가 가려져 잘 보이지 않았다. 나는 더 이상 시간을 낭비하고 싶지 않았다. 그대로 차에 올라타 공원으로 달렸다. 나는 **이미 알았다.** 공원에 가면 놀이터에서 달려 나오는 아이가 한 명뿐일 거라는 사실을 말이다. 차를 세우자 아들의 친구가 혼비백산해 달려 나오는 모습이 보였다. 아이는 자전거에 막 올라탔다.

나는 자전거 쪽으로 차를 몰고 간 후 차에서 뛰어내리며 물었다. "프레스턴은 어디에 있니?"

아이는 큰 충격을 받은 듯 소리쳤다. "다쳤어요. 엄청 심하게요! 허리가 부러졌나봐요! 나무에서 떨어졌는데 움직이지를 못해요!"

나는 미칠 듯이 뛰는 심장을 부여잡고 나무들 사이의 놀이터로 달려갔다. 나는 앞서 달렸다. 끔찍한 비명 소리가 들리는 곳으로 무작정 뛰어갔다. 아들은 2.5미터 높이에서 추락해 고통스럽게 비명을 지르며 커다란 나뭇가지 아래 드러누워 있었다.

결국 해피엔딩이었다는 말을 할 수 있어 정말 다행이다. 아들은 긁힌 상처 하나와 멍 하나만 추가한 채 응급실을 걸어 나와 의료진을 깜짝 놀라게 했다.

이 사건은 직관을 발휘한 좋은 예이다. 나는 집에 있었지만 안 좋은 일이 터졌다는 사실을 알았다. 공원에 도착했을 때 마주칠 아이가 둘이 아니라 하나라는 사실도 **이미 알았다.** 하지만 어떻게 알게 되었는지는 몰랐다.

수행 6: 직관적인 통찰력을 추적하라

앞으로 며칠 동안 알게 된 이유는 모르지만 알고 있다는 느낌이 들 때마다 기록하라. 그리고 어떻게 알게 되었는지 생각해보라.

사소해 보이는 일에 관심을 기울이라. 가령, 엘리베이터 버튼을 누르고 이유는 모르겠지만 여러 엘리베이터 중에 자신도 모르게 다가간 엘리베이터의 문이 열렸을 수도 있다. 또는 운동을 좋아한다면, 그 주에 어떤 팀이 이길지 그간 지켜본 경험을 바탕으로 추측해보라. 그리고 예측 결과를 확인하라! 아니면 전화가 올 때마다 받기 전에 누구인지 추측해보라.

진짜 가치 있는 것은 오로지 직관뿐이다.

– 알베르트 아인슈타인

11

명확하게 보기

> 당신의 시야는 당신이 자신의 마음을 들여다볼 수 있을 때에만
> 맑아질 것이다. 밖을 보는 이는 꿈을 꾸지만 안을 보는 이는 깨어난다.
>
> – 카를 융

우리는 오감으로 삶을 인식한다. 우리는 기본적으로 시각과 청각, 후각, 미각, 촉각을 통해 정보를 처리한다. 이런 오감을 달리 사용하는 사람은 초능력을 쓰는 것이다. 천리안clairvoyant은 명확하게clair 보는voyant 사람으로, 다시 말해 초능력 시각을 지녔다. 이들은 일반적인 시각으로 보는 것 이상을 본다. 그래서 종종 육감이나 초감각적 지각Extra Sensory Perception, ESP과 관련이 있다. 나는 ESP라는 용어를 좋아하지 않는다. 이 용어는 은연중에 마치 특정한 누군가가 특별하거나 남에게 없는 능력을 갖고 있다고 말하는 것 같은데, 반대로 사람은 누구나 이런 능력을 갖고 있고 사용할 수도 있다. 천리안을 사용할 때 여러 이미지가 보이는 눈이 바로 (이마에 있는 차크라인) 제3의 눈이다. 이것은 뇌의 중심부 근처에 있는 송과샘과 관련이 있는데,

송과샘은 인류가 진화를 하면서 오히려 퇴화했다.

세 번째 눈이 각성하면 어떤 이미지가 보이지만, 이 이미지는 흐릿할 수도 있고 또렷할 수도 있다. 흑백일 수도 있고 총천연색일 수도 있다. 다시 말해서 이미지가 영화의 한 장면처럼 보이거나 그림자처럼도 보인다. 일단 눈을 감은 상태에서 이미지는 더 쉽게 찾아온다. 하지만 시간이 흐르고 연습을 하다보면 눈을 뜬 상태로도 이미지가 보인다. 명상이나 요가가 천리안을 발휘하는 데 도움이 될 수도 있다. 천리안은 눈을 감고 있든 뜨고 있든 생생한 꿈이나 백일몽, 환상 등으로 경험할 수 있다. 심지어 사람들 주위에 생긴 오라 aura를 볼 수도 있다.

헨리 리드 박사는 에드거 케이시 직관학연구소에서 강의한다. 그는 몇 권의 대중적인 저서를 집필한 저자이자 심리학자이자 화가이며, 사람들의 창의적 영혼을 개발하는 분야의 전문가이다. 또한 『선댄스: 공동체 드림 저널 Sundance: The Community Dream Journal』이라는 저서로 '드림워크 운동의 아버지'라고도 불린다. 헨리는 강의와 연구, 상담 외에 버지니아의 산속에서 염소도 키운다.

다음은 헨리 리드에게 직접 들은 이야기인데, 그가 백일몽을 꾸면서 천리안을 경험한 사례를 잘 보여준다.

헨리의 백일몽

얼마 전 일이었다. 헨리의 트럭이 난데없이 덜컹거렸다. "그나마 알고 있던 정비 기술을 거의 다 잊었거든요. 그래서 트럭을 단골 정비소에 가져가려고 했죠."

잠시 후 그는 트럭 생각은 잠시 잊은 채 정원 잔디를 깎기 시작했다. 우리는 몸이 알아서 일을 기계적으로 처리할 때 정신은 백일몽을 꾸는 경향이 있다. 다시 말해서 몸이 어떤 동작을 하는데, 정신은 다른 곳에 있는 것이다. 그날 헨리는 이런 백일몽을 꿨다. "정비사가 트럭의 후드를 열더니 나를 보고 막 웃는 거예요. 손에는 점화 플러그 전선을 들고 말이에요."

'그게 다야? 그렇게 간단하단 말이야?' 헨리는 이런 생각이 들었다.

아무튼 그는 잔디를 다 깎은 후 트럭으로 가서 후드를 열어보았다. 역시나 점화 플러그 선이 덜렁거리고 있었다. 그 선을 제대로 연결하자 문제가 말끔히 해결되었다.

나중에 헨리는 자신의 백일몽을 정비사에게 들려주었다. 정비사가 '초능력으로 트럭의 문제를 진단하고' 메시지를 보내줬다고 말이다.

그러자 정비사는 껄껄 웃으며 이렇게 대답했다. "공짜로 해드린 겁니다."

천리안 오라

생물이든 무생물이든 만물은 에너지로 구성된다. 그리고 오라는 사물이나 사람을 에워싸고 있는 에너지 장場이다. 사물을 구성하는 단위는 원자이다. 이 원자에는 전자와 양성자가 들어 있는데, 이 둘이 끊임없이 운동하면서 전기와 자기 진동을 만들어낸다. 생물의 원자가 더 활동적이고 생생하기 때문에 사람이나 동식물의 에너지 장은 무생물의 것보다 훨씬 더 경험하기 쉽다.

오라의 존재를 믿지 못하겠다면 오라가 존재한다는 주장을 뒷받침하는 과학적 증거도 있다. 오라는 키를리언 사진(전장電場에 놓은 생물 피사체에서 방사하는 빛을 필름에 기록한 사진-옮긴이)에 처음으로 포착되었다. 더 최근에는 가스방전시각화Gas Discharge Visualization 기법으로 포착했다. 이 기법은 인체의 에너지 장의 건강을 살피는 데 사용한다.

오라는 다양한 방식으로 체험할 수 있다. 볼 수도 있지만 느낄 수도 있다. 사람들이 어떻게 오라를 정신적으로도, 물리적으로도 볼 수 있는지 살펴보자. 누구나 오라를 물리적으로 보는 법을 배울 수 있다. 빛의 스펙트럼을 더 자세하게 알아보도록 눈을 훈련하기만 하면 된다. 오라를 보는 방법을 설명한 좋은 책도 많고 이 주제로 워크숍도 많이 열린다. 일단 지금은 보는 것이 그 의미를 읽는 것은 아니라는 사실만 유념하라.

오라를 정신적으로 보는 것은 (사람들은 직관적으로 본다고 말하는데) 오라를 '제3의 눈'으로 보는 것이다. 몇 해 전 초능력 개발 콘퍼런스에 참석했을 때 사람들에게 오라를 보는 연습을 시키는 강연자가 있었다. 그 강연자는 강연장 앞쪽에 서서 휴식 연습을 이끌었다. 하지만 나는 휴식이 되기는커녕 그녀의 오라를 볼 수 있을지 궁금해 견딜 수 없었다. 이윽고 (눈을 감자) 머릿속이 새까매지나 싶더니 어느새 쪽빛으로 바뀌었다. 나는 우리가 눈을 떴을 때 강사의 오라를 더 잘 볼 수 있도록 내 머리 위에 푸른 전등을 켜주었구나 싶었다. 당연히 머릿속 쪽빛 따위는 무시했다. 이윽고 모두 눈을 뜨라고 해서 떠보니 영사막을 배경으로 서 있는 강연자밖에 보이지 않았다. 나는 강사의 오라가 몹시 보고 싶었기 때문에 연습 결과에 실망을 감출 수 없었다. 과연 연습이 되기는 된 건가 싶었다.

나중에 쉬면서 내가 본 푸른 불빛에 대해 물었더니 실내에 전등을 따로 킨 적이 없다는 대답이 돌아왔다. 내 머릿속을 물들인 쪽빛이 바로 강사의 오라였던 것이다. 오라는 눈으로도 볼 수 있지만 제3의 눈으로도 볼 수 있다.

오라를 물리적으로 보는 것. 오랫동안 나는 사람과 동물, 사물을 에워싸는 흐릿하거나, 구름 같거나, 연기 같은 오라를 눈으로 보는 연습을 했다. 이제 가끔 사람들의 머리와 어깨 위로 번진 희미한 색깔을 알아볼 정도는 된다. 주위를 보면 남에게 어울리는 색깔을 족집게처럼 집어내는 사람들이 있다. 적어도 나는 그렇다. 누군가를 보면 문득 이런 생각이 떠오른다. '저 사람은 푸른색이 딱 어울리겠어!' 당신은 자신에게 어울리는 색과 어울리지 않는 색을 알고 있는가? 피부색에 따라 어울리는 색이 정해지기도 하겠지만 사람마다 어울리는 색깔은 그 사람의 오라와도 관련이 있을 것이다.

다음과 같은 수행으로 당신도 스스로의 오라를 볼 수 있다. 그렇게만 되면 얼마나 근사할까! 단, 당신이 본 오라를 해석하려들지 마라. 다른 사람의 오라를 해석하려면 그만큼 경험이 쌓여야 한다. 게다가 그 전에 형이상학적이거나, 영적이거나, 정신적이거나, 직관적인 안목도 길러야 한다. 경험을 기록하고, 공부하고, 시행착오를 거치고, 연습을 자꾸 하다보면 언젠가는 오라를 **읽게** 될 것이다

수행 7: 오라 보기

캐럴 앤 리어로스는 저명한 영매이자 강연자이다. 그녀는 초능력과 직관에 관한 워크숍을 개최해 일반인들이 가진 능력을 실생활에서 활용하는 법을 가르친다. 그녀는 8년 동안 인간범주연구소Human Dimensions Institute(뉴욕 주 버팔로에 위치한 뉴에이지 교육기관. 1970년대부터 '신체적·감정적·정신적·영적' 부분을 아우르는 '전체적' 인간을 연구하고 있다.— 옮긴이)에서 연구 대상자로도 활동했다. 연구소는 그녀의 직관과 초능력을 실험해본 결과 미래를 정확하게 예측할 확률이 93~97퍼센트에 이른다는 결론을 내렸다. 캐럴 앤은 라디오와 TV 방송에 수백 차례나 출연했다. 그녀의 연구는 스무 권이 넘는 책에 참고문헌으로 올라 있다.

아래 수행은 캐럴 앤 리어로스가 자신의 저서『쉽게 사용하는 직관Insitution made easy』에 소개해놓은 연습법과 비슷하다. 혼자 해도 되고 짝을 이루어 혹은 여럿이 함께 해도 된다.

1. 혼자 할 경우 당신은 관찰자이자 관찰 대상자이다. 조명을 어둡게 한 방에 거울을 마주 보고 편안하게 앉으라. 배경은 부드러운 중간색이면 되는데, 반드시 평면이고 패턴이 없어야 한다.

   ◆ 짝이 있다면 서로 마주 보라. 관찰자는 관찰 대상자를 마주 보며 의자에 앉는다. 관찰 대상자는 중간색인 배경에 등을 대고 선다.

   ◆ 여럿이 함께 할 때는 관찰 대상자는 중간색인 배경에 등을 대고 서고 나머지 관찰자들은 그를 바라보며 편안하게 앉는다.

2. 긴장을 풀라. 당신이 관찰자라면 의자에 앉아서 마음을 가라앉히고 근육을 긴장시켰다가 다시 풀어주는 과정을 통해 휴식을 취하라. 명상을 해도 좋다. 관찰 대상자의(또는 자신의) 오라를 보는 연습에 정신을 집중하라. 명상이나 휴식 도중 머릿속에 색깔이 보이면 그냥 지나치지 마라. 관찰 대상자의 오라를 물리적으로 보고 있는 것이다.

3. 편안한 기분이 되면 눈을 뜨라. 관찰 대상자 옆이나 그 사람의 머리 위쪽으로 몇 센티미터 떨어진 곳을 바라보라. (혼자라면 거울에 비친 벽에서 아무 지점이나 고르라.)

4. 긴장을 푼 상태를 유지하면서 시선을 계속 한 지점에 고정하라. 이 상태에서 초점을 살짝 풀고 눈에서 힘을 뺀 후 관찰 대상자의 머리와 어깨 주위를 주의 깊게 관찰하라. 너무 조바심을 내며 오라를 찾지 마라. 어느새 당신의 주변 시야에 나타날 것이다. 일단 한 지점을 집중해서 바라보는 과정을 거친 후 눈에 힘을 빼고 그 주변을 조망하면 오라가 나타난다.

그렇다면 우리 눈에 무엇이 들어올까? 처음에는 은색이나 흰색의 윤곽이 나타나다가 어느새 인체의 형상이 나타난다. 흐릿하거나 연기가 낀 것처럼 보일 수도 있다. 배경의 색이 아주 살짝 진하게 보일 수도 있다. 인체에서 발산된 미묘한 색깔을 볼 수도 있다. 그림자라고 생각할 수도 있지만 그렇지 않다. 당신은 지금 오라를 보고 있다.

에드거 케이시는 A.R.E. 즉, 연구와계몽협회의 창설자이며 가장 유명한 초능력자 가운데 한 명이다. 그는 자신이 기독교인이라고 생각했다. 물론 그의 예언 중에서 알려진 부분을 보면 아카식 레코드Akashic Records(아카식은 산스크리트어에서 하늘이나 우주를 의미하는 '아카샤 akasha'에서 왔다. 인간 경험의 모든 지식과 우주의 역사를 포함하고 있다는 기록을 말한다-옮긴이)와 윤회처럼 전통적인 기독교 신앙과 충돌하는 것들도 있지만 말이다. 그가 살던 시절에는 뉴에이지 운동이 없었는데, 어떤 이들은 에드거 케이시를 뉴에이지 운동의 창시자라고 여긴다. 그는 늘 총천연색 오라를 보았는데, 어릴 때는 누구나 오라를 본다고 생각했다고 한다.

에드거 케이시는 『오라: 색의 의미에 관한 에세이』라는 소책자에서 오라를 경험한 친구의 이야기를 소개했다.

엘리베이터

에드거 케이시의 친구는 어느 대도시의 백화점 6층에서 쇼핑을 하고 있었다. 얼마 후 엘리베이터를 타기 위해 단추를 눌렀다. 기다리는 동안 그 사람은 근처에 진열된 붉은색 스웨터에 눈길을 빼앗겼다. 마침 엘리베이터가 도착했고 그 사람은 문이 열린 엘리베이터에 타려고 다가섰다가 그만 우뚝 멈춰 섰다. 엘리베이터에 사람이 많이 탄 것은 아니었는데, 뭔가가 이상했다. 엘리베이터 내부에 불이 환하게 켜져 있었음에도 불구하고 이상하게 컴컴해 보였던 것이다.

"그냥 가세요." 그 사람은 엘리베이터 승무원에게 말했다.

그리고 선명한 붉은색 스웨터들이 전시된 진열대로 다시 돌아갔다. 그 사람은 옷을 만지작거리다가 문득 왜 엘리베이터 내부가 컴컴했는지 깨달았다. 엘리베이터를 타고 있던 사람들에게서 오라가 전혀 보이지 않았던 것이다. 잠시 후 엘리베이터는 케이블이 끊어져 바닥으로 추락했고 타고 있던 사람들은 모두 목숨을 잃었다.

어떤 이들은 오라가 우리 영혼이 겪는 경험을 보여주는 청사진이라고 생각한다. 우리가 지닌 영적인 본질이나 존재가 오라에 모두 투영된다고 보기 때문이다. 나는 이 일화가 몹시 흥미롭다. 이 이야기를 잘 생각해보면 우리의 영혼은 우리가 떠날 때를 알고 있고 육체를 떠날 때를 선택한다는 생각이 들기 때문이다.

나는 아들이 어렸을 때 이 이야기를 들려주었다. 얼마 전 아들과 비행기를 타는데, 아들이 이렇게 물었다. "엄마, 내 오라가 보여요?"

12

명확하게 느끼기

우리는 다중감각이 가능해지면 오감의 한계를 뛰어넘는다.

그러면 물리적 실재를 전과 다르게 탐험하는

기재를 가진 존재로 진화할 것이다.

– 게리 주커브, 저술가

초감각clairsentient이라는 단어는 명확하게clair 감지한다sentient는 뜻이다. 이런 능력을 지닌 사람들은 뭔가를 느끼고 감지할 때 초능력을 발휘한다. 공감이나 직감, 예감이 초감각의 좋은 예이다. 한편으로는 타인의 고통을 실제로 느끼는 것(동정 고통)으로 인식될 수도 있다.

나는 지금보다 젊었을 때 사람이 많은 곳에 갈 때면 기분이 나빠졌다. 불안하기도 하고 배가 아픈 적도 있고 매번 두통에 시달렸다. 알고 보니 내가 주위 사람들로부터 에너지를 빨아들이는데, 그 가운데에는 통증도 있었기 때문이었다. 당신이 이런 경험을 한다면 이런 느낌으로부터 스스로를 지킬 수 있는 방법 두 가지를 꼭 기억해두라.

사람이 많은 곳에서 또 불편한 느낌이 찾아오면 이렇게 생각하라.

'이건 내 것이 아니야.' 십중팔구 그런 불쾌한 느낌은 당신에게서 비롯된 것이 아닐 것이다. 이렇게 마음속으로 다짐한다고 해서 그 느낌을 주인에게 되돌려줄 수는 없다. 다만 당신의 것이 아니라는 사실을 확실하게 밝히는 것이다. 다른 사람의 고통을 느끼면 그 사람의 고통을 가져오는 것이라고 생각하는 사람들도 있다. 그건 착각이다. 다른 사람의 고통을 함께 느끼면 정말 함께 느끼는 것에 불과하지 가져오는 것이 아니다.

스스로를 지키는 또 다른 방법으로는 시각화가 있다. 사람이 많은 곳으로 가기 전에 당신이 하얀 빛이 나는 보호구에 들어가 있다고 상상하라. 당신의 힘이 약해진다는 느낌이 들 때마다 튼튼하고 강한 보호구의 모습을 머릿속에 그려보라.

브리짓 크롬은 건강과 번영에 대해 늘 열정적으로 강연한다. 게다가 영양학 분야의 전문가이다. 그녀는 오래전에 어떤 계기로 내면의 길잡이를 믿고 직감을 무시하면 안 된다는 사실을 깨달았다.

비행편 선택

어느 날 브리짓은 여행사를 찾았다. 친구인 글로리아와 애리조나 주 세도나에 갈 비행기 편을 예약하기 위해서였다. 여행사에서는 그녀가 출발 예정일로 잡은 날 아침에 출발하는 비행기가 두 대 있다고 했다. 하나는 오전 5시 55분경에 뉴욕을 출발하고 다른 하나는 오전

10시에 출발할 예정이었다.

브리짓은 원래 나중에 출발하는 비행기를 예약하려고 했다. 일찍 떠나는 비행기를 타려면 최소한 새벽 3시 30분에는 집에서 출발해야 했기 때문이다. 휴가 첫날을 그렇게 보내고 싶지는 않았다. 그래서 10시 비행기를 예약하려고 하는데 갑자기 뱃속이 울렁거리고 기분이 나빠졌다. 이유는 알 수 없었지만 **직감**을 믿어야 했다. 그녀는 새벽에 출발하는 비행기로 예약해달라고 말하면서도 과연 잘하는 짓인지 자신이 서지 않았다.

브리짓은 글로리아에게 새벽에 출발해야 한다고 알렸다. 글로리아는 출발 시간이 도무지 마음에 들지 않았다. 어처구니없는 시간에 출발하는 비행기를 예약한 브리짓에게 내심 짜증마저 솟구쳤다.

그런데 나중에 브리짓은 놀라운 소식을 들었다. 10시 출발 예정이던 비행기의 착륙 장치가 고장이 난 것이다. 그 비행기는 결국 동체착륙을 했고 승객 일부가 부상을 당했다.

글로리아는 브리짓의 결정에 더 이상 짜증을 내지 않았다. 짜증은 커녕 이제 여행과 관련한 예약은 모두 브리짓에게 믿고 맡긴다.

직감(영어에서 직감은 배나 내장을 의미하는 'gut'이라는 단어를 써서 'gut feeling'이라고 표현한다.-옮긴이)을 느끼면 정말로 배가 아플 수도 있다. 이런 직감은 초감각의 훌륭한 예이다.

❖ ❖ ❖

예감은 당신에게 뭔가를 알려주는 창의성이다.

– 프랭크 카프라, 영화감독이자 작가

톰 데이는 A.R.E.에서 제공하는 초능력개발프로그램을 졸업한 사람들이 만든 '웨이쇼워Wayshowers'의 회원이다. 다음은 톰의 경험담이다. 이 이야기를 보면 초감각이 천리안이 보여주는 이미지를 보완하며 그 결과 메시지가 더 명료해진다는 사실을 알 수 있다.

성적표

대학생이었던 톰은 학기 중은 물론 여름 방학에도 정비사와 트럭 운전사로 아르바이트를 했다. 1986년 1월, 필라델피아의 눈 내리고 습한 어느 날, 톰은 사방이 온통 진창인 조차장 한가운데에서 클러치 설치 작업을 하고 있었다. 템플 대학 학생인 톰은 그 무렵 와이드너 대학에 편입 신청을 한 상태였다.

머리부터 발끝까지 진흙을 뒤집어쓰고 작업을 끝냈는데 느닷없이 "와이드너에 얼른 가봐야 한다는 충동이 끓어올라" 주체할 길이 없었다. "제 명치에 매우 강렬한 통증 같은 게 느껴지면서 머릿속에 입학사정 사무실의 모습이 확 펼쳐지는 거예요." 그는 그 느낌을 떨쳐버릴 수 없었다. 무시하려고 하면 할수록 더 강해졌기 때문이다. "느낌이 강해질수록…… 머릿속에서 입학사정 사무실의 이미지는 더 또렷해졌어요."

톰은 편입 지원에 무슨 문제가 생긴 게 틀림없다고 직감했다. 그는 두 번 생각하지 않고 연장이고 고장 난 트럭이고 모두 내버려둔 채 당장 출발했다. 그는 자동차 시트 위에 커다란 비닐을 깔고 온몸이 진흙투성이인 채로 차에 올라타 곧장 와이드너 대학으로 갔다.

사무실의 접수 직원은 톰의 몰골을 보고 기겁을 했다. 머리는 산 빌을 하고 형편없는 옷차림으로 들이닥쳤으니 오죽했겠는가. 분명 늘 보는 학생들의 모습과는 차원이 달랐을 것이다. 몹시 망설이는 것 같았지만 그녀는 결국 톰과 이야기를 해볼 상담 직원을 불러주었다.

잠시 후 상담 직원은 톰이 제출한 서류를 들고 로비로 나왔다. "지금 학생의 지원 서류를 처리 중인 걸 어떻게 알았어요?" 상담 직원은 다짜고짜 이렇게 물었다.

어서 가봐야 한다는 직감은 적중했다! 상담 직원은 톰의 성적이 낮아서 편입 지원을 반려하려 한다고 했다. 천만다행으로 톰은 자신의 성적표에 오류가 있다는 사실을 그 자리에서 확인했다. 그는 당장 오류를 바로잡았고 그 주에 그는 와이드너 대학에 편입했다.

초감각적인 오라

양자물리학은 만물이 진동하는 에너지로 구성되어 있다는 사실을 증명했다. 생물과 무생물, 모든 감정과 사고, 말은 다양한 주파수로 진동하는 아원자 입자의 결정체이다.

당신도 예외가 아니다.

우리는 누구나 자신만의 에너지 주파수를 갖고 있다. 일종의 에너지 지문이라고나 할까. 나와 에너지 지문이 똑같은 사람은 없다. 한편 어떤 사람들은 주파수가 대체로 비슷하다. 초감각을 지닌 사람은 타인이나 사물의 에너지 장을 감지할 수 있다. 처음으로 누군가를 만났는데 그 사람과 잘 통했던 경험은 누구나 있을 것이다. 그 사람도 당신으로부터 비슷한 느낌을 받았을지 모른다. 그 사람은 당신과 쉽게 어울릴 수 있고, 당신은 그 사람과 밤새 이야기를 나눌 수 있을 것 같은 기분이 들었을지도 모른다. 말 그대로 '죽이 맞다'는 기분이 드는 것이다. 과거에 그런 비슷한 상황이 있었던 사실을 떠올릴 수도 있을 것이다. 이 경우에 함께 있으면 편안한 사람들과 당신의 주파수가 비슷할 가능성이 높다.

우리는 앞장에서 오라를 보는 법을 살펴보았다. 여기서는 오라를 어떻게 느끼는지 살펴보자. 이것이 바로 초감각이다. 다음은 우리가 오라를 초감각으로 (혹은 느낌으로) 경험하는 간단한 예이다.

- ◆ 어떤 사람들과 함께 있으면 에너지가 솟거나 흥분된다.
- ◆ 누군가 혹은 어떤 그룹과 함께 있으면 합당한 이유도 없이 기가 빨리는 기분이다.
- ◆ 하루가 끝날 즈음에 에너지가 고갈된 것 같다.
- ◆ 누군가 나를 지켜보는 듯한 기분이 든다.
- ◆ 어떤 방이나 집에 가면 특별한 이유 없이 불편하거나 편안하다.

- 사람들이 모여 있는 방으로 들어가면 불안해지거나, 화가 나거나, 바짝 긴장하게 된다.
- 어떤 사람을 만나자마자 호감이나 비호감을 느낀다.
- 어떤 사람에 대한 첫인상을 무시했는데, 나중에 보니 첫인상이 옳았다.

수행 8: 오라 느끼기

테드 앤드류스는 국제적인 신비주의자이자 스승이며 서른 권이 넘는 책을 쓴 저술가이다. 다음은 테드 앤드류스가 『오라를 어떻게 읽고 볼 것인가*How to See and Read the Aura*』에서 설명한 방법과 캐럴 앤 리어로스가 『쉽게 사용하는 직관』에서 설명한 방법을 조합한 수행 방법이다. 혼자서 해도 되고 짝을 이루어서 해도 된다.

무엇보다 다음을 명심하라. 이 수행의 목적은 자신이나 짝의 오라를 느끼는 것이다.

혼자 하기

1. 의자에 앉아 긴장을 풀라. 마음을 가라앉히고 근육을 긴장시켰다가 힘을 빼는 휴식 과정을 처음부터 끝까지 진행하라. 명상을 해도 된다.
2. 눈을 감은 채 양손을 15~30초 동안 비비라. 그러면 손바닥이 미묘한 에너지를 더 잘 감지할 수 있다.
3. 팔을 앞으로 나란히 펴고 손바닥은 마주 보는 자세로 60센티미

터가량 벌린다. 아주 천천히 양 손바닥을 점점 더 가깝게 붙이라. 이때 손바닥이 서로 닿으면 안 된다.

4. 양손을 서서히 15센티미터가량 벌렸다가 다시 가까이 붙이라. 이 과정을 반복하라. 양손을 가까이 가져갔다가 떼기를 반복하면 손 사이에 에너지가 모여서 점점 커지는 느낌을 더 쉽게 느낄 수 있다.

이 수행을 하면서 어떤 느낌이 드는지 주의 깊게 관찰하라. 손바닥에 온기가 (또는 한기가) 느껴지거나 따끔거릴 수도 있다. 양손을 벌리려고 하면 마치 손목에 고무줄이 감겨 있는 것처럼 손을 되모으고 싶기도 하다. 간지럽거나 맥박이 뛰는 느낌이 날 수도 있다.

어떤 느낌이든 그것이 바로 그 순간 자신의 오라에서 받은 느낌이라는 사실을 잘 기억하라. 어떤 느낌이든 다 옳다. 단지 상상에 불과하다고 생각하면 그건 착각이다. 아무 느낌도 없었다면 다른 날 다시 시도하라.

이 수행법을 기본으로 해서 다양하게 응용할 수 있다.

◆ 인체의 여러 부위의 오라를 느껴보라.

◆ 당신의 몸에서 건강한 부분과 그렇지 않은 부분의 오라를 구별해서 느껴보라.

◆ 자주 쓰는 손의 검지를 반대쪽 손바닥에서 15센티미터가량 떨어지게 들어라. 검지로 원을 그려보라. 그러면 손바닥에 소용돌이 모양이 느껴질 것이다.

이런 수행을 통해 건강 상태가 안 좋으면 신체의 여러 부위가 평소와 다르게 느껴진다는 사실을 알 수 있다. 또한 검지로 손바닥 위에 원을 그리면 손바닥이 따뜻해지거나 따끔거릴 수도 있다. 그것은 에너지가 이동하는 것을 느낄 만큼 예민하기 때문이다.

짝과 함께 하기

앞서 설명한 수행법을 응용해 짝과 함께 할 수도 있다. 양팔을 앞으로 뻗은 채 둘이 마주 보고 편안하게 앉는다. A가 손바닥을 위로 오게 하면 B는 손바닥을 아래로 하고 A의 손 위로 올린다. 두 사람 모두 긴장을 풀라. 일단 눈을 감고 하다가 나중에는 뜨고 하라.

- A는 손바닥을 위로 한 채 가만히 앉아 있는다. B는 파트너의 손바닥과 자신의 손바닥의 거리를 다양하게 바꿔본다. 두 사람이 손바닥 사이의 거리에 따라 변하는 두 사람의 에너지를 확인할 수 있다.
- 이번에는 A가 자신의 양손 가운데 어느 한 손이 뜨겁다고 상상하라. B는 어느 손이 뜨거운지 맞춰야 한다. 이 과정을 반복하라. 어떤 느낌이 드는가? 파트너가 뜨겁다고 생각하는 손에서 열기나 심지어 한기를 느낄 수도 있다.

여러 명이 함께 수행할 때는 짝을 바꿔가며 그때마다 오라가 어떻게 바뀌는지 잘 살피라. 오라가 그 사람의 영적 본질이나 존재를 반영하는, 영혼의 경험의 총합이라면 사람마다 조금씩 다르게 느껴질 것이다. 따라서 차이가 아무리 미미해도 그냥 지나쳐서는 안 된다.

13

명확하게 듣기

사람은 혼자 있을 때 들려오는 속삭임에 귀를 기울일 때에만
뭔가를 출중하거나 훌륭하게 이룩할 수 있다.

– 랠프 월도 에머슨, 저술가이자 철학자

영청력clairaudient이 있으면 또렷하게clair 들을audient 수 있다. 영청력
인상은 실제 소리나 목소리로도 나타나지만 소리가 나는 근원이 보
이지 않아도 나타날 수 있다. 숫자나 구절, 문장으로 감지할 수도 있
다. 반드시 소리로 들리는 것이 아니라 생각으로 나타날 수도 있다.
이를테면, 세탁소에 드라이클리닝 맡긴 옷을 찾으러 가려는데, 느닷
없이 누군가에게 전화를 해야겠다는 생각이 떠오른다. 당장 전화를
했더니 전화를 해서 다행스러운 이유를 알게 되는 경우가 있는데,
바로 영청력을 발휘한 경우이다.

영청력을 키우는 수행을 하다보면 볼이나 얼굴, 심지어는 귀가 따
끔거릴 수도 있다. 톤이 높은 소리나 터널에서 들리는 듯한 소리, 주
파수를 제대로 잡지 못한 라디오 같은 소리도 들린다.

가끔 나만의 세상에 빠져 있을 때면 뭔가가 다가오고 있으니 주의하라는 생각이 퍼뜩 들 때가 있다. 나는 어제 바로 이런 일이 있었다. 어제도 평소처럼 정신없이 바쁜 하루였다. 동틀 무렵에 말 그대로 새벽같이 일어났다. 하루 종일 글을 쓰고, 고객을 만나고, 아들을 방과 후 활동에 데려다주고 데리고 오고, 저녁을 만들고 이런저런 활동을 하다보니 밤 10시나 되어서야 파김치가 되어 집에 왔다. 하루 중 어느 때인가 아들을 차에 태워 데려다주는데, 문득 신호에 주의를 기울이자는 생각이 들었다. 순간적으로 대시보드를 봤는데 내 눈에 '증속구동 꺼짐overdirve off'이라는 글이 확 들어오는 것이 아닌가. 그러자 웃음이 터졌다. 이 얼마나 시의적절한 조언인가. 개인적으로 속도를 늦추고 여유를 찾아야 한다는 사실을 나도 잘 알고 있었던 것이다.

이런 경우도 있었다. 한번은 혼잡한 고속도로에서 자동차의 행렬에 휩쓸려 운전을 하던 중이었다. 나는 추월차선을 달리고 있었는데, 좌우와 앞뒤 모두 차로 에워싸여 있었다. 속도를 내다가 아들이 뒷좌석에 타고 있다는 사실이 떠올랐다. 그때 아이는 한참 걸음마를 배울 시기였는데, 마침 카시트에서 잠들어 있었다. 내 상황에 대해 갑자기 민감해지더니 문득 '속도를 늦춰야겠다'는 생각이 들었다.

가속장치에서 발을 떼 차의 속도를 줄인 순간 오른쪽에서 달리던 차량이 갑자기 내 앞으로 끼어들었다. 정말 아슬아슬한 순간이었다. 심장이 철렁했다. 내가 주의를 기울이지 않았다면 끔찍한 사고가 났을지도 몰랐다. 나는 머릿속에서 들려온 생각을 무시하지 않았다는 사실에 감사했다.

내면의 목소리

린다는 입양아였다. 그녀는 자랄 때는 자신을 낳아준 친부모에 대해 전혀 몰랐다. 어릴 때 그녀는 자신이 항상 뭔가를 **안다**는 사실을 알아차렸다. 어릴 때라 남들도 다 그런 줄 알았다. 린다가 스물여덟 살이 되었을 때 비로소 생모가 그녀를 찾아왔다. 생모로부터 외할머니가 애나 헨리라는 유명한 영매로, 아이젠하워 대통령의 점을 봐주기도 했다는 사실을 알게 되었다. 외가 쪽으로 거슬러 올라가면 계속 그런 혈통이었다는 것도 알게 되었다. 엄마의 이야기를 들어보니 그제야 많은 것이 이해가 됐다. 그녀는 마치내 자신의 직관과 초능력을 온전히 받아들였다.

린다는 자신에게 천리안과 교감 능력이 있다고 하는데, 이것은 자신의 길잡이와 영, 한 차원 높은 자아의 목소리를 잘 '듣고' 싶은 열망의 다른 표현이기도 하다. 그녀는 영청력을 더욱 키우고 싶었다. 그래서 한동안 영청력에 대한 자신감을 키우기 위해 몇 주 동안 듣기를 연습했다.

어느 날 저녁 린다는 세 살이 된 아이를 재운 후 명상까지 끝내고 비로소 잠자리에 들었다. 이미 늦은 시간이었기에 어서 자고 싶었다. 하지만 내면의 목소리는 "얼른 아래층으로 내려가"라고 말했다.

린다는 내려가지 않았다. 내면의 목소리를 집안일을 다 끝내지 못했기 때문에 들리는 성가신 소리로 치부한 것이다. 그녀는 너무 피곤했다. 그저 이불을 덮고 푹 잠들고 싶었다. 그런데 잠이 오지 않았다. 귀찮게 계속 이런 목소리가 들렸다. "아래층으로 내려가!"

그렇게 45분간 뒤척이던 끝에 그녀는 자리에서 일어나 아래층으로 내려갔다. 한밤의 고요한 실내에서 희미한 소리가 들렸다. 졸졸 물이 흐르는 소리였다. 그녀는 재빨리 소리가 나는 곳으로 가 물을 잠갔다. 수도꼭지가 달린 벽 주위에서 물이 쏟아지고 있었다. 아이가 물을 최대한으로 틀어 수도꼭지에 연결된 호스로 물총의 물을 채운 후 잠그지 않은 게 분명했다. 수압으로 인해 벽에 틈이 생겼고 거기서 물이 뿜어져 들어와 물바다가 되던 중이었다.

린다는 그녀가 무시하려고 했던 내면의 목소리에 끝내 귀를 기울인 점을 감사했다. 그녀는 그런 소리는 자신의 목소리가 아니라 낯선 목소리로 들린다고 생각했다. 그녀는 이제 더 잘 알게 되었으며 항상 언제 들릴지 모르는 목소리에 귀를 기울이고 있다.

생각해보면 우리는 자신이 실제로 얼마나 직관적이거나 초능력을 갖추고 있는지 알 수 있다. 내면의 목소리를 들었으면 좋겠다고 빌어본 적 있는가? 아니면 어떤 예감을 기대한 적이 있는가? 랜덤하우스 출판사의 베스트셀러 소설가인 크리스 래디시는 내면의 목소리를 무시한 탓에 낭패를 본 적이 있다. 다음은 그녀가 들려준 이야기이다.

항상 귀담아 들어라

크리스 래디시는 위스콘신 주 출신이라 엄동설한에 익숙하다. 그녀는 그곳에서 캘리포니아 북부로 이사를 갔는데, 혹독한 추위에 익숙하다보니 새너제이의 11월은 유쾌할 정도로 따뜻했다. 물론 그곳 사람들은 낮에는 서늘하고 밤에는 쌀쌀하다고 느꼈지만 말이다.

크리스는 물을 좋아한다. 그래서 서늘한 계절에도 아파트의 수영장에서 몇 번씩 왕복하며 수영을 했다. "수영을 하면 내 영혼의 가장자리를 만지는 느낌이에요. 수영이 제게는 곧 글쓰기와 마찬가지인 셈이죠." 크리스에게 수영은 창작력의 물꼬를 트는 수단이었다. 수영장은 그녀가 궁극적으로 책의 지면을 채우게 될 다양한 아이디어를 끌어내기 위해 가는 곳이었다.

한번은 수영을 하고 있는데 이상한 기분이 들었다. 고개를 들어 물 밖을 보니 어떤 남자가 수영장 근처를 배회하고 있었다. 그 남자는 그녀에게 별로 관심이 없어 보였다. 어쩌면 그것이 단서였을 것이다. "내가 수영을 하면 사람들이 다들 쳐다봐요. 이렇게 추운데 미친 거 아니야! 이렇게 생각하니까요." 하지만 그는 단 한 번도 크리스에게 눈길을 주지 않았다.

크리스는 그저 수영을 계속 하고 싶었다. 그러면서 소설의 새로운 등장인물이 어떤 상황에서 어떻게 반응할지 구상하고 싶었다. 크리스는 이렇게 말했다. "내 영은 얼른 수영장 밖으로 나가라고 했어요. 하지만 수영이 너무 하고 싶었기 때문에 그 목소리에 귀를 막아버린 거죠."

그녀는 수영장을 몇 번이나 왕복했다. 몇 번이나 말이다! 마침내 운동을 마치고 수영장 밖으로 나온 후에야 무슨 일이 벌어졌는지 알고 머리가 멍해졌다.

"내가 수영장의 반대편 끝으로 수영하는 동안 그 남자가 열쇠를 훔쳐서 제 차를 타고 가버린 거예요." 크리스의 마지막 당부는 바로 이것이다. "항상 귀담아 들어요!"

살다 보면 허구한 날 바쁘다. 그래서 우리에게 전해지는 이런 미묘한 메시지에 작정하고 관심을 기울이기가 쉽지 않다. 어떤 메시지가 와도 무시해버린다. 그냥 저절로 든 생각으로 치부하기 때문이다. 설령 그렇다고 해도 왜 자신의 차원 높은 자아를 무시해버리는가? 다음 수행을 계속 하면 삶의 속도를 늦추고 메시지에 귀를 기울이게 될 것이다.

수행 9: 영청력

1. 조용한 곳에 편하게 앉으라. 평소에 명상을 하는 곳이면 더 좋다. 곁에 일기장을 두어도 좋다. 그러면 수행을 하는 동안 일어난 일을 빠짐없이 기록할 수 있다.
2. 이 수행을 하는 목적을 쓰라. 살면서 마주친 특정한 상황을 명확하게 정리하고 싶을 수도 있다.
3. 마음을 가라앉히라. 평소 명상할 때처럼 해도 된다. 긴장을 풀수록 효과는 더 좋다. 어떤 수행이나 명상을 하든 하얀 빛이 당신을 에워싸서 보호해준다고 상상하면 좋다.
4. 긴장이 풀리면 마음속에 당신의 목적을 떠올리고 그 상황을 명확하게 해달라고 요청하라. 다시 긴장을 풀고 통찰력이 나타나

하는 말을 귀담아 들으라.

5. 2분 정도 시간이 흐른 후 반응이 잠잠해지면 어떤 메시지든 감사를 표하고 그 경험을 일기에 쓰라.

당신은 무슨 이야기를 들었나? 아무 소리도 들리지 않았을 수도 있다. 어떤 생각이 당신을 향해 둥실둥실 떠왔을 수도 있다. 그 내용을 기록하라. 속삭이는 소리를 들었을지도 모른다. 그것도 기록하라. 기차나 파도 소리, 여름밤 소리, 아기의 울음소리였을 수도 있다. 무슨 일이 일어났든 다 기록하라. 그리고 자문하라. 이 경험을 통해 마음에 품고 있던 상황이 명확해졌는가? 어쩌면 답을 알게 될 수도 있다. 이 경우에 당신은 직관을 이용한 것이다.

14

명확한 인식

우리의 주관적인 마음의 어느 지점에서는

이 세상에서 일어났던 모든 사건과 접촉할 수 있다.

우리는 이천 년 전에 일어났던 일도 사진처럼 볼 수 있다.

– 어니스트 홈스, 종교과학운동의 창시자

초능력의 매력이라면 시공간의 한계가 없다는 점을 들 수 있다. 때로는 미래에 관한 메시지를 받을 수도 있다. **징조**premonition는 앞으로 일어날 일에 대한 전조나 경고를 의미한다. 한편 **예지**precognition는 미래에 대한 지식을 획득하는 것이며, 과거에 대한 지식을 얻는 것은 **역행인지**retrocognition라고 한다.

예지

2001년 9월 10일 밤, 나는 아들을 재우던 중이었다. 그런데 뭔가가 잘못된 것 같은 기분이 들었다. 아이에게 그림책을 읽어주고 함께 기도하는 평소 잠자리 의식을 끝내자 아들이 이렇게 물었다. "엄마, 전쟁에서 싸우는 사람들을 어떻게 뽑아요?"

그때 나는 일곱 살 된 아이가 어쩌다가 그런 질문을 떠올렸는지 짐작도 되지 않았다. 나는 우리는 전쟁을 하지 않는다고 확실히 말해주었다. 당연히 아이는 내 대답에 만족하기는커녕 내가 **소식**을 모른다는 사실에 점점 더 짜증을 내는 듯했다.

다음 날 아침 TV를 켰는데, 마침 세계무역센터에 비행기가 충돌하는 장면이 방송되고 있었다. '엄마, 전쟁에서 싸우는 사람들을 어떻게 뽑아요?' 그 순간 내 머릿속에서 전날 밤 아들의 말이 메아리쳤다.

내 아들은 어떻게 9월 11일이 되기도 전에 미국이 자국 역사상 가장 긴 전쟁에 돌입하게 될 것이라는 사실을 알았을까? 나는 잘 모르겠다. 하지만 그 아이가 뭔가에 접속했을 것이라는 사실만큼은 확신할 수 있다.

역행인지

의식consciousness의 흐름에 빠져들면 먼 과거로도 갈 수 있다. 그것이 바로 역행인지이다.

나의 두 번째 소설 『세일럼으로』에서 주인공은 전생의 경험, 즉 세일럼의 마녀 재판을 근거로 현대에 벌어지는 미스터리를 풀어야 한다. 이 소설의 등장인물 하나가 마녀인데 나는 레베카 존슨이라고 이름을 붙였다. (6장에서 '존슨'이라는 이름이 내게 떠오른 경위를 설명했던 걸 기억할 것이다.) 소설에서 레베카는 매사추세츠 주의 앤도버라는 곳에 산다. 나는 그녀가 1692년 9월에 벌어진 마녀 재판을 받은 것으로 설정했다. 이 소설의 흥미로운 점 가운데 하나는 독자는 소설이 끝날 때까지 레베카의 운명을 알 수 없다는 사실이다. 독자는 레베카가 교수형을 받았는지, 투옥되었는지 계속 궁금해한다. 레베카는 마녀 사냥에서 과연 살아남았을까?

나는 이 소설을 쓰면서 줄거리를 잡을 때 참조했던 책 몇 권을 다시 살펴보기로 했다. 주인공인 제시 머서는 전생으로 돌아가 자신이 남자였고 레베카 존슨이라는 여자와 결혼도 했었다는 사실을 알게 된 후 다시 현대로 돌아온다. 그녀는 소설의 1장에서 수세기 동안 이어진 사랑의 힘을 간직한 채 현세로 돌아왔다. 더불어 레베카에게 생긴 일을 반드시 밝혀내야 했다. 그녀는 도서관에서 잃어버린 연인에게 무슨 일이 생겼는지 알아낼 단서를 찾기 시작한다.

나는 1장을 쓰면서 소설 속에서 제시가 조사할 때 참고할 자료로 뭐가 좋을지 생각하며 내가 가진 책들을 살폈다. 그러다가 『세일럼의 마녀 티투바』를 찾아냈다. (이 책은 내털리 머천트가 잡지 인터뷰 도중 세일럼의 마녀 재판에 대한 열렬한 관심을 밝혔을 당시 읽었던 책이었다.) 책장을 휘리릭 넘기며 대충 살피는데, 책갈피가 끼워져 있었다. 책을 끝까지 다 읽지 않았던 것이다. 책의 마지막 부분에는 색인과 실제로 마녀 판결을 받은 사람들의 명단이 나와 있었다. 제일 마지막 페이지를 읽다가 나는 다음 내용을 보고 엄청난 충격을 받았다.

성명 - 레베카 존슨

거주지 - 앤도버

날짜(조사) - 1692년 9월

판결, 1692년 - 알 수 없음.

나는 방금 읽은 부분의 의미를 제대로 이해하기 위해 그 페이지를 뚫어져라 바라보았다. 어떤 에너지로 가슴이 부풀어 오르기 시작했다. 어떻게 이런 일이 있을 수 있지? 내가 레베카 존슨이라는 이름을 붙이고 앤도버에 산다고 설정한 가상의 인물이 실존 인물인 것도 모자라 1692년 9월에 마녀 재판을 받았다니!

내가 찾아낸 사실이 내가 만든 미스터리에 딱 들어맞았다. 저자에 따르면 조사 결과 진짜 레베카 존슨의 판결 내용은 '알 수 없음'이었다. 그 명단에는 마녀로 고발된 사람이 레베카 외에도 거의 150명이나 있었지만 재판 결과를 알 수 없는 사람은 레베카밖에 없었다. 나는 내 소설의 독자들이 절정에 이르기 전에는 레베카 존슨에게 무슨 일이 일어났는지 알려주고 싶지 않았다. 내가 알아낸 사실은 내 의도와 일치했을 뿐만 아니라 그 결정이 옳다고 확인해주기도 했다. 나는 올바른 방향으로 가고 있었다.

15

사이코메트리

초능력을 사용할 때 최고의 결과를 내려면
반드시 믿음과 기대를 품어야 한다.

– 어니스트 홈스, 종교과학운동의 창시자

초능력에는 자주 거론되는 천리안과 초감각, 영청력 외에도 다른 능력들이 존재한다. 자주 거론되지 않는다고 쓸모가 덜하다는 말은 아니다. 가령 클래얼리언스clairalience는 실체가 없는 물질의 냄새를 초능력을 이용해 맡는 능력을 말한다. 돌아가신 할머니의 향수나 할아버지의 담배 냄새가 난다고 하는 이야기를 종종 듣는데, 이것이 바로 클래얼리언스의 좋은 예이다.

이 클래얼리언스와 밀접한 초능력이 클레어햄비언스clairhambience(맛 느끼기)이다. 말 그대로 미각을 통해 모종의 메시지를 받는 능력이다. 클래얼리언스와 마찬가지로 사람들은 가끔 별 이유 없이 입안에서 특별한 맛을 느낄 수 있다.

사이코메트리도 사람들이 자주 언급하는 초능력은 아니다. 이것은 물건에서 예전에 그 물건을 소유했거나 사용한 사람에 대한 정보를 염력으로 읽어내는 능력이다. 사이코메트리를 통해 그 사물에 깃든 감정과 감각을 읽을 수 있다. 이런 인상은 시각적(천리안)으로 오기도 하지만 때로는 문제의 물건을 예전에 사용한 사람과 관련된 감정이나 고통, 심지어는 질병(초감각)으로 오기도 한다.

어떤 전문가는 사이코메트리를 시도할 때 정보를 읽을 사물을 이마(제3의 눈)에 대고 있으라고 하는 반면 꼭 손에 들고 있을 필요는 없다는 사람도 있다. 사이코메트리를 할 때는 장신구나 시계, 열쇠처럼 작은 개인 소지품을 선호한다. 또한 사물에서 읽는 기억이 항상 가장 최근 소유자의 것은 아니라는 증거도 있다.

지갑

유명한 영매인 캐럴 앤 리어로스는 점을 봐달라고 그녀를 고용한 의뢰인의 사연을 들려주었다. 그녀가 고객에게 아무거나 개인 소지품을 하나 달라고 하자 그는 지갑을 꺼내 주었다.

캐럴 앤이 말했다. "지갑에 손이 닿자 어떤 여자가 고통에 심장을 쥐어뜯으며 낮은 탁자로 쓰러지는 인상을 받았어요." 그 말을 들은 남자의 표정을 본 순간 캐럴 앤은 해고되겠구나 싶었다. 그런데 놀랍게도 의뢰인은 이런 이야기를 털어놓았다.

그는 엄청난 충격을 받았다. 그도 그럴 것이 지갑은 일본 여행 중에 심장마비를 일으켜 일본식 탁자에 쓰러진 후 사망한 아내의 것이었기 때문이다. 그런데 정말 충격적인 사실은 따로 있었다. 그 아내는 무려 20년 전에 죽은 사람이었다.

펜타그램

샌드라 카트라이트는 자신의 펜타그램 목걸이를 몹시 아꼈다. 그 목걸이가 얼마나 오래된 것인지, 자신의 손에 들어오기 전에는 누구의 것이었는지 전혀 몰랐다. 어쨌든 몇 년 전에 친한 친구로부터 선물을 받았을 때도 이미 새것은 아니었다. 은으로 된 펜타그램 펜던트는 샌드라가 가장 아끼는 장신구가 되었다. 그녀는 어딜 가든 그 목걸이를 했다. 어느새 그 펜던트는 샌드라에게 부적이나 다름없는 존재가 되었다.

어느 날 샌드라는 친구의 딸인 메건을 봐주었다. 아이를 유모차에 태워 산책을 나갔다 왔는데, 오후에 보니 펜던트가 보이지 않았다. 그녀는 메건이 목걸이를 잡아채는 바람에 뜯어졌을 것이라고 짐작했다.

샌드라는 그날 밤 메건의 어머니인 친구 샤론에게 전화를 걸어 목걸이를 잃어버렸는데, 아마도 샤론의 집에 있는 것 같다고 했다. 그러나 샤론은 펜던트를 못 봤다고 했다.

그로부터 일주일 후, 어떤 여자가 샌드라의 펜던트를 가지고 샤론의 집으로 찾아와 이렇게 말했다. "이것(펜타그램)은 아마도 이 집에 있었던 사람의 물건일 겁니다. 아주머니는 아니네요. 하지만 이름이 아주머니와 똑같은 철자로 시작하는 사람일 거예요."

샤론의 성은 캠벨Cambell이었는데, 목걸이가 샌드라 카트라이트 Sandra Cartwright의 것이라는 사실을 알았기에 호기심이 생겨 물었다. "그걸 어떻게 아시죠?"

그 여자는 그제야 자신을 소개했다. "저는 사이코메트리스트예요. 사물에서 정보를 읽는 영매죠. 이 펜타그램을 주웠는데, 여기서 나오는 기가 무척 강렬하더군요. 진짜 부적에 맞먹을 정도예요. 그 파동을 따라서 와보니 이 집이었어요. 이 펜던트는 여러 사람의 손을 거쳤지만 가장 최근 주인이 가장 큰 의미를 부여하고 있다는 걸 알게 되었죠. 주인이 누구인지 아시나요?"

사이코메트리의 핵심은 '기'energy이다. 양자물리학은 만물이 에너지임을 증명했으며 우리 인간도 예외가 아니다. 우리는 만지고 볼수도 있는 육신만큼 밀도가 높은 에너지로 구성되어 있다. 또한 육안으로 볼 수 없는 에너지 장이 존재하는데, 그것이 바로 오라이다. 오라는 진동하는 원자와 분자로 구성되며 육신의 경계를 넘어선다. 에너지 장은 사람마다 고유하며 독특한 에너지 지문이 있다. 우리가 사물을 만지면 우리가 지닌 에너지의 각인이나 지문 같은 것이 남는다. 다른 사람이 그 사물에서 받는 인상은 다름 아닌 사물에 남아 있는 에너지이다. 캐럴 앤의 이야기에서도 알 수 있듯이 이 에너지는 시간이 흘러도 저절로 사라지지 않는다.

16

라이프사인으로서의 숫자

침묵은 의미 없는 말보다 낫다.

– 피타고라스

나는 이 책을 다 쓰고 난 후 이 책의 3부에서 살펴볼 라이프사인 과정을 이용해 나의 내면으로 시선을 돌렸다. 그리고 우주에게 한 가지 질문을 했다. 어느 날 잠자리에 들기 전 나는 원고에 아직도 미흡한 부분이 있다면 내가 놓치지 않도록 신호를 보내달라고 기도했다. 꿈에서 해답을 얻기를 바랐는데, 정작 깨고 보니 아무것도 기억나지 않았다. 대신 새벽에 고양이 때문에 잠에서 깼다. 고양이가 몸이 아팠던 것이다. 시계를 얼핏 봤는데 새벽 3시 33분이었다. 그때 나는 해답을 얻었다.

수비학의 기본

수비학(수를 사용해서 사물의 본성과 특히 인물의 성격·운명이나 미래의 일을 해명·예견하는 서양 고대의 점술. 숫자점이라고도 한다.-옮긴이)은 숫자와 숫자의 의미를 연구하는 학문이다. 그리스 철학자인 피타고라스가 수비학의 창시자로 알려져 있지만 수비학의 기원이 고대 수메르 시대로 거슬러 올라간다는 주장도 있다. 숫자에는 저마다 고유한 의미가 있으며 대응하는 알파벳 철자가 있다.

1	2	3	4	5	6	7	8	9
A	B	C	D	E	F	G	H	I
J	K	L	M	N	O	P	Q	R
S	T	U	V	W	X	Y	Z	

위의 그림을 보면 모든 단어와 숫자는 간단한 계산식을 통해 0에서 9 사이의 숫자로 구할 수 있음을 알 수 있다. 가령 1994년 9월 4일이라는 날짜는 계산을 하면 9가 된다. 이 9에는 특정한 의미가 있다.

$$(1+9+9+4)+9+4=23+9+4=(2+3)+9+4=5+9+4=18=1+8=9$$

게다가 수비학자(혹은 숫자점쟁이)는 당신의 본명(서양에서는 성을 의미한다. 특히 여자의 경우 결혼 전 성을 말한다.-옮긴이)과 생일에는 당신의 운명과 성격, 영혼에 숨겨진 욕망 같은 상당한 정보가 담겨 있다고 본다. 수비학에 관한 책이나 웹사이트에서 이런 정보를 손쉽게 구할 수 있다. 나는 영으로부터 숫자를 통해 메시지를 받을 수 있다고 믿지만 수비학자는 아니다.

의미심장한 수열

우리가 평소에 마주치는 숫자들은 우주의 메시지를 전달하는 도구일 수도 있다. 지금 같은 디지털 시대에는 눈만 돌리면 다 숫자이다. 주소며 전화, 시계, 각종 신호들, 우편물, 전화번호, 주행기록계, 각종 측정기계, 심지어 자동차 번호판까지 이루 셀 수도 없다. 숫자가 가장 흔하고 단순하게 쓰이는 예는 시간을 알려주는 시계일 것이다. 그런데 놀라지 마시라. 그 시간에는 비밀스러운 메시지가 담겨 있다!

별 뜻 없이 시계를 힐끗 봤는데, 며칠 동안 몇 번이나 같은 시간이었다는 이야기를 종종 듣는다. 특정한 시간에 몇 번이고 계속 시계를 본 것은 결코 우연의 일치가 아니다. 뭔가가 시간을 확인하거나, 광고판을 보거나, 자동차 번호판을 읽도록 당신의 마음을 움직인 것이다. 당신이 시간을 확인하게끔 안내한 것은 당신의 직관일지도 모른다. 어쩌면 당신의 머릿속에서 들리는 목소리가 광고판을 보라고 귀띔해준 것일지도 모른다. 당신의 차 앞으로 끼어든 차에 달린 번호판에서 의미심장한 숫자를 보고 모종의 메시지를 읽은 것은 분명 우주의 조화였을 것이다. 어떤 경우든 의미 있는 숫자를 보게 될 때 우연의 일치라며 흘려보내지 마라.

나는 내 인생에서 333과 3333, 111, 1111이라는 숫자들을 보는 횟수가 늘어나면서 숫자에 호기심을 갖게 되었다. 이런 현상을 심사숙고할 무렵 어느 연재 기사를 읽게 되었는데, 그 기사에는 특정한 숫자들이 자꾸 등장했다. 이때 내게 자주 등장한 숫자는 11:11이었다. 일종의 DNA 각성인 것 같았다. 여러 자료에 따르면 11:11은 빛의 사역자Lightworkers를 일깨우는 모닝콜로, 자신이 어떤 존재이며 이곳에 왜 왔는지 기억하게 해준다. 빛의 사역자들은 인류의 영적 진화를 돕는 영혼의 목적을 가지고 이 땅에 인간으로 태어난 이들이다.

에필로그에서도 말했듯이, 나는 사람들이 오늘날 지구에서 벌어지는 영적 전환, 즉 패러다임 전환Paradigm Shift에 참가하고 있다는 생각에 반대하지 않는다. 하지만 굳이 DNA 각성을 떠올리지 않더라도 마주치는 숫자에서 의미를 찾을 수 있다.

숫자를 연구하는 전문가들 중에는 각 숫자의 의미에 대한 견해가 비슷한 사람들이 많다. 물론 의견이 다른 사람들도 있다. 이 때문에 숫자를 불확실한 안내자로 생각할 수도 있다. 하지만 일상에서 숫자가 나타나면 우리는 각자의 삶에 맞춰 그 숫자의 의미를 해석해야 한다. 꿈풀이 책을 활용하는 것처럼, 다른 사람이 해석해놓은 숫자의 의미를 일종의 발판으로 활용할 수도 있다. 꿈풀이 책은 꿈을 해석하는 안내서이다. 하지만 꿈의 진짜 의미는 여타의 안내서가 아니라 대부분 꿈속에 있다. 자신에게 잘 맞는 숫자 해석법을 찾으면 그것을 기준으로 숫자를 해석해도 된다.

나는 숫자에 대해 조사하다가 **라이프사인** 과정을 보완할 수 있는 책을 찾아냈다. 게다가 숫자의 해석을 다룬 이 책의 저자가 나와도 잘 맞았다. 물론 당신에게도 잘 맞으리라는 보장은 없다. 일단 당신에게 잘 맞는 지침이나 자료를 찾으면 그것들을 바탕으로 상징의 의미를 해석하는 당신만의 표준을 만들라. 이런 작업을 시작으로 당신은 영과 소통하는 언어를 확장할 수 있다. 당신에게 맞는 숫자 해석체계를 익히면 우주가 구체적인 수열로 당신에게 전하려는 의미를 풀이할 수 있을 것이다. 이렇게 해석 표준을 만드는 과정에 대해서는 22장에서 더 자세히 다룰 것이다.

숫자 해석은 한 차원 높은 힘으로부터 가장 손쉽게 안내를 받는 방법이다. 이 책의 끝부분에 실린 '수열'의 의미를 참고하라. 여기에는 내가 채택한 숫자 배열도 포함되어 있다. 그곳에 실린 수열의 의미가 당신과도 잘 맞으면 그 의미대로 당신만의 표준을 작성하라. 그러면 그것이 영과의 대화를 즉시 시작하는 출구가 될 것이다.

17

동물과 상징, 동시성

이 세상에 우연이란 없다.

다만 신께서 익명으로 남기를 원하시는 것뿐이다.

– 브렛 버틀러, 영화배우, 코미디언, 작가

이른 새벽 나는 컴퓨터 앞에 앉아 숫자에 대해 설명한 앞장을 완성하던 중이었다. 문득 컴퓨터 아랫부분 근처에서 움직이는 형체에 눈길이 갔다. 뭔가가 기어오고 있었다. 자세히 보니 중간 크기의 시커먼 개미가 내게서 몇 센티미터 떨어진 곳을 당당하게 기어가는 중이었다. 나는 어리둥절했다. 우리 집에는 개미가 거의 없기 때문이다. 나는 휴지로 개미를 살며시 집어 든 채 싸늘한 콜로라도의 아침이 밝아오는 밖으로 나갔다. 밖은 여전히 컴컴하고 조용했다. 나는 휴지를 펼쳐 개미가 새 집으로 갈 수 있게 풀어주었다.

그로부터 한 시간 후 나는 부엌에서 두 번째 커피 잔을 채우고 있었다. 그때 문득 아래를 내려다보라는 내면의 목소리가 들렸다. 아래를 보니 작고 까만 점이 내 슬리퍼 위를 가로질러 가는 중이었다.

이번에도 중간 크기의 개미였다. 그 개미를 다시 밖으로 내보낸 후 집안 작업실로 급히 발걸음을 옮겼다. 이 상황의 의미를 알아보기 위해 동물 상징 사전에서 개미 항목을 찾아보았다. 내가 얻은 메시지는 믿고 인내심을 가지면 영이 이루어주리라는 내용이었다.

숫자와 마찬가지로 살면서 마주치는 동물이나 곤충, 새, 파충류도 의미가 있다. 태초 이래 인류는 동물 상징을 귀하게 여겼다. 그 가운데에는 지금도 인기 있는 것들이 있다. 동양의 12간지와 켈트족의 동물 상징, 미국 원주민의 동물 토템 등이 좋은 예이다. 꿈이나 숫자 해석 사전을 찾아보는 것처럼 동물 상징 사전을 참고해 당신이 본 동물이 어떤 의미를 품고 있는지 해석해볼 수 있다. 물론 사전이 의미를 다 해석해주지는 않는다. 사전은 단지 도구이자 펌프를 작동시키는 마중물일 뿐이다. 우리는 이를 바탕으로 직관적으로 의미를 해석할 수 있다.

꿈에 나오는 상징을 해석하는 것은 익숙할 것이다. 일단 꿈을 꾸면 그 내용을 기록한 후 상징을 뽑아내는 식이다. 꿈풀이 책이 있으면 꿈을 해석하는 데 도움이 되는 상징의 의미를 찾아볼 수 있다. 꿈이나 상징을 해석할 사전이 없다면 하나 장만하는 것이 좋다.

꿈에서든 깨어 있을 때든 상징이 떠오르면 꿈풀이 책으로 의미를 해석하라. 꿈속에서 본 상징을 찾으면서 한계를 둘 이유는 없다. 매일 일상에서 어떤 상징이 나타나든 마음을 활짝 열라. 당연히 우주는 우리가 일상생활을 영위하거나 명상을 할 때도 상징을 보낸다. 동시성을 띤 상징이 나타나면 반드시 기록하라. 일상적이지 않은 상징이 나타나도 반드시 기록하라. 이를테면 개미가 나타날 리 없는 집에 개미 한 마리가 나타나는 것처럼 개연성을 거부하는 상징이 나타날 때 말이다. 이럴 때는 우주가 당신에게 어떤 메시지를 전하려는 것이다.

신시아 목사님의 붉은꼬리말똥가리와 벌새 일화는 영이 상징을 통해 소통하려 했다는 사실을 분명히 보여준다. 패티 루켄바흐 박사님의 경험에서도 깃털은 메시지를 전해주었다. 당신의 삶에서는 어떤 상징들이 목소리를 드높이고 있는가?

다음은 상징이 아주 먼 곳에 살고 있는 어떤 사람에 대해 내게 매우 개인적인 메시지를 전해준 이야기이다.

반지

나는 고작 스물한 살에 결혼을 했다. 곧 이혼했지만 전남편과는 죽좋은 친구로 남을 거라는 생각을 늘 갖고 있었다. 헤어질 때 나는 불쾌한 기분에 결혼반지를 팔아버리거나 빼지 않았다. 오히려 새끼손가락에 옮겨 끼고 다녔다. 헤어진 후로도 나는 전남편과 종종 연락했다. 그의 새 여자 친구와 함께 만난 적도 있었다. 20대 중반의 어느 날, 집에 친구가 놀러 왔는데 (새끼손가락에 끼고 있던) 반지가 별 이유도 없이 쑥 빠지는 것이 아닌가.

"무슨 일이 일어난 거야!" 불쑥 이런 말이 나왔다. 손님이 와 있었고 내가 생각해도 바보 같아서 그때는 그냥 잊고 말았다. 왜 안 좋은 일이 일어났다고 생각했는지는 나도 몰랐다. 하지만 전남편에게 무슨 일이 일어났다는 사실은 마음 깊이 알고 있었다.

이튿날 그로부터 전화를 받았다. "나 어제 결혼했어!" 정말 신기하게도 그는 내 반지가 손에서 벗겨졌을 즈음 식을 올렸다.

몇 달이 지났다. 아파트 뒤 베란다에 놓아둔 유일한 화분에서 풀을 뽑고 있을 때였다. 이번에도 아무 이유 없이 결혼반지가 손가락에서 빠졌다. 뒤이어 '무슨 일이 일어났어!'라는 생각이 불쑥 들었다. 그런데 흙에 떨어졌을 반지가 어디에도 보이시 않았다. 나는 흙을 다 파헤치며 찾고 또 찾았다. 끝내 반지는 나오지 않았다. 나는 기어이 금속탐지기 한 대를 빌려 베란다를 샅샅이 뒤졌다. 그런데도 없었다! 마치 반지가 땅속으로 꺼져버리기라도 한 것처럼 말이다!

며칠 후 나는 전남편으로부터 전화를 받았다. "끝내주는 소식이 있어! 애기가 생겼어!"

반지는 영원을 상징한다. 아마 반지를 잃어버린 일은 우리의 우정을 이제는 손에서 놓을 때라는 뜻이거나 어떤 사이클이 완성되었다는 상징인지도 모른다. 아니면 내 전남편이 우리의 우정을 놓아버렸다는 의미일 수도 있다.

그 후로 그와의 관계는 급속도로 변했다. 그리고…… 나는 그 반지를 결국 찾지 못했다.

18

우리의 내적 능력 키우기

명상은 내면의 직관력을 키우는 데 도움이 된다.

무엇이 당신을 충만하게 채우며,

무엇이 당신이 활짝 만개하도록 도와주는지 명확히 알게 된다.

— 오쇼, 신비주의 사상가

여기까지 읽었다면 내가 들려준 이야기에 공감이 되는 부분도 있을 것이고 지금껏 직관적이고/이거나 초능력적인 사건을 겪은 적이 있다는 사실을 깨달았을 것이다. 지금까지는 그런 사건을 겪어도 기적으로 받아들였을지 모른다. 행운이나 요행, 그저 그런 우연의 일치로 치부했을 수도 있다. 어떤 일을 겪든 당신은 직관적인 존재라는 사실을 명심하라. 당신이 직관을 키우면 그 직관을 우주로부터 통찰력을 받기 위해 사용할 수도 있음을 기억하라.

직관과 초능력 기술은 일종의 도구이다. 도구 상자 속 도구의 가짓수가 많을수록 **라이프사인** 과정은 더 쉬워진다. 물론 우리가 라이프사인을 활용할 때 써먹을 수 있는 기술이 앞서 설명한 두 가지만 있는 건 아니다. 지성과 추론 능력의 힘도 빌려야 한다. 당신은 선택

할 수 있다. 직관이나 초능력을 개발해서 실생활에 적용하기로 마음
먹을 수도 있고 그냥 무시해버릴 수도 있다. 하지만 당신이 직관적
인 존재라는 사실을 스스로 인정하지 않으면 라이프사인 과정을 사
용하기가 힘들다. 삽이 아니라 숟가락으로 땅을 파는 격이기 때문이
다. 땅을 팔 수나 있겠냐고? 팔 수는 있을 것이다. 하지만 생각보다
훨씬 더 힘들지 않겠는가. 차라리 당신의 도구 상자를 활짝 열어 적
당한 도구를 꺼내는 편이 훨씬 더 편하고 빠르지 않겠는가?

당신이 이런 기술을 개발하기로 마음을 먹든 말든 당신이 영적으
로 성장하면 이 기술도 자연히 발달할 것이다. 이런 기술들을 더 키
워보고 싶다면 도움이 될 만한 것들이 몇 가지 있다. 어떤 것이든 사
색이나 심사숙고, 조사를 위한 시간은 필수조건이다.

'예'라고 하라

> 당신을 찾아온 모험에 진심으로 '예'라고 할 수 있는가.
> 그것이 가장 중요한 관건이다.
>
> – 조지프 캠벨, 신화학자이자 작가

간단하게 들리겠지만 뭐든 기술을 키우고 넓혀가는 첫 번째 단계는
'예'라고 대답하는 것이다. 그리하여 자신이 성장할 여지를 주라. 소
소한 우연의 일치나 요행, 행운 뒤에는 정말 뭔가가 있다는 사실을
인정하라. 더 이상 소소한 초능력 사건과 직관적 통찰에 구구절절

변명을 달지 마라. 이것들을 길잡이로 인정하고 당신에게 방향을 알려준 것에 대해 감사하라.

명상하라

명상은 지혜를 가져온다. 명상이 부족하면 무지만 남는다.
무엇이 당신을 앞으로 이끌고, 무엇이 당신의 발목을 잡는지 잘 구별하라.
그리하여 지혜에 이르는 길로 나아가라.

— 부처

우리는 영적인 존재이므로 내면으로 시야를 돌릴 때 영Spirit과 연결될 수 있다. 삶의 속도를 늦추고 영에 관심을 돌리면 우리에게도 기적을 만들어내는 능력이 생긴다. 가장 보편적인 수행이 내면으로 시선을 돌려 영과 명상으로 연결되는 것이다.

나는 명상을 처음 시작했을 때 환상이나 초능력이라도 경험할 줄 알았다. 뭔가를 계속 기다렸다. 그러는 사이 명상으로 경험할 수 있는 진짜 아름다움을 놓치고 말았다. 나는 명상을 하면 생생한 환상이 보이는 줄 알았다. 그랬기에 우리의 삼차원의 삶이 고요한 영에 녹아들 수 있는 조용한 장소를 찾아야 한다는 사실을 간과했다. 명상을 하려면 번잡한 일상에 휩쓸리지 않도록 마음을 가라앉히라. 그러면 스트레스와 일상의 문제를 다룰 수 있는 신선한 시각이 등장할 여지가 생길 것이다.

평소에 명상을 꾸준히 하기란 말처럼 쉽지 않다. 얼마를 하든 꼭 하라. 하루에 단 5분이라도 좋다. 어떤 명상을 하든 끝나면 감사하라.

집에서 명상할 공간을 마련하라. 그때부터 그곳은 당신만의 성소가 될 것이다. 화분을 갖다 놓고 초를 밝히고 근처에 물을 두라. 향을 피워 마음을 안정시켜도 된다. 명상을 할 때는 그 시간이 당신에게 소중하니 방해하지 말아달라고 가족에게 확실히 알려두어야 한다. 명상이 처음이라면 스마트폰 명상 앱이나 명상 CD, 카세트테이프 등을 켜놓고 지시를 들으면서 따라 해보라. 음악이나 자연의 소리(빗소리나 폭포 소리, 심장 박동 소리, 바다소리, 여름밤 소리 등)를 듣는 것도 불안하거나 종잡을 수 없이 널뛰는 마음을 가라앉히는 데 도움이 된다.

나는 어른이 된 후 내가 특별히 명상을 한다는 생각을 해본 적이 없다. 그런데 나는 정기적으로 콜로라도의 산악 지역으로 혼자 하이킹을 갔다. 한번은 친구와 함께 산행을 떠났다. 친구와 즐겁게 산을 오르는데, 평소에 혼자 가던 여행과 사뭇 느낌이 달랐다. 걷는 내내 이야기를 나누었기 때문에 긴장이 풀어지는 기분도 들지 않았고 마음이 차분해지지도 않았다. 나는 하이킹이 어느새 나만의 명상법이 되었다는 사실을 비로소 깨달았다.

조용하고 컴컴한 방에 가만히 앉아 있거나 몸에 쥐가 나고 저린 자세를 억지로 한다고 명상이 아니다. 명상은 마음을 고요하게 만드는 것이다. 속도를 내기 위해 뭔가를 놓아버리고 느리게 만드는 것이다. 가만히 있어 있거나, 요가를 하거나, 성가를 부르거나, 산책 또는 하이킹을 하거나 당신의 마음을 차분하게 할 수만 있다면 그것이 바로 명상이다.

명상의 형태는 다양하다. 최대한 다양하게 접해본 후 당신에게 가장 적절한 형태를 고르라. 어떤 명상을 하든 이것만큼은 꼭 명심하라. 가장 중요한 목적은 내면의 평화에 도달하는 것이다.

마음챙김

마음챙김은 간단히 말해서 현재에 집중하는 것이다. 현재에 충실하고 자신의 행동과 생각, 동기를 명확히 아는 것이다. 자신의 호흡과 존재를 명확하게 인식하는 것이다. 우리가 마음챙김을 실천하면 미래나 과거에 집착하지 않고 경외감과 경이로움을 갖고 삶을 대하게 된다. 앞으로 해야 할 일을 미리 걱정하지 않는다. 지금 이곳에 집중하면 된다.

마음챙김을 하면 인간관계의 질을 높이고 가장 심오한 영적 진리에 도달할 수 있다. 남에게 줄 수 있는 가장 큰 선물은 그들을 위해 현재를 충실하게 사는 것이다. 물론 말처럼 쉽지 않을 것이다. 멀티태스킹을 하는 사람은 더욱 그렇다. 나도 이런 말 할 자격은 없지만 말이다. 누군가와 이야기를 나누면서 마음은 콩밭에 가 있었던 경우가 당신도 있을 것이다. 어떤 생각이 머리를 떠나지 않는 것이다. 이러면 대화를 끝낸 후에도 뒷맛이 썩 좋지 않다. 전화 통화를 하면서 컴퓨터 작업을 하는 경우가 얼마나 많은가? 우리는 이런저런 멀티태스킹을 한다. 그럴 때마다 현재에 충실하기는 힘들다.

명상처럼 마음챙김도 **속도를 내기 위해 속도를 늦추는** 존재 방식이다. 삶을 매순간 의식하다보면 현재의 수준에서 관계를 풍요롭게 이끌고 영적인 품을 더 키울 수 있다.

간단하면서도 효과적으로 마음챙김을 실천하려면 청소를 하라. 청소하면서 그 순간에 하는 일에 관심을 기울이라. 양동이에 물이 쏟아지는 소리며 창문을 뽀드득 닦는 소리에 귀를 기울이라. 거울을 닦으면서 거울에 비친 당신의 모습을 보라. 공기청정기에서 나오는 냄새를 맡아보라. 숨을 들이쉬고 내쉬는 과정을 잘 관찰하라. 심장 박동이 살짝 빨라진 느낌에 유의하라. 자신의 생각에 집중하라.

시각화

시각화는 우리가 이루거나 손에 넣고 싶은 것의 이미지를 마음에 그리는 영적 수행이다. 제일 먼저 이미 이룬 목적을 그려보라. 마음속의 태피스트리에 성취한 것을 채색해 넣어라. 이런 성과와 관련한 감정과 생각을 경험해보고 싶어질 것이다. 물건, 경력, 건강, 기술, 사랑하는 사람 등 꼭 갖고 싶은 것이 있을 때 시각화를 해보면 마음 깊숙한 곳의 욕망을 이끌어낼 수 있다.

하루에 15분만 시간을 내서 시각화로 당신의 목표를 마음에 그려보라. 방해받지 않는 조용한 공간에서 하라. 명상으로 마음을 차분하게 가라앉힌 후 꿈을 이룬 모습을 상상해보라. 어떤 기분이 드는가? 어떤 생각이 앞서는가? 전율을 느꼈는가? 안심이 되는가? 기쁨이 차오르는가? 흥분되는가? 이런 기분을 쏟아지는 대로 다 받아들이라. 억누르지 마라.

시각화를 자극하는 데 도움이 되는 프롬프트를 활용하라. '비전보드'란 원하는 목표와 잘 어울리는 이미지들로 만든 일종의 포스터이다. 잡지에서 오린 사진이나 인터넷에서 찾은 이미지를 모아 큰 종이에 붙여라. 매일 짬짬이 비전보드를 보면서 한 번 더 목표를 다짐하고 시각화하라.

나는 자주 가는 장소에 나의 다짐이나 사진을 붙여놓는다. 거울에 이런저런 이미지를 붙여놓고 하루 종일 목표를 잊지 않도록 한다. 컴퓨터 모니터와 냉장고, 심지어 샤워기에도 나의 다짐을 붙여놓았다.

성취하고픈 욕망이 무엇인지 명확히 하라. 그런 후에 시각화를 훈련하면서 영적으로 각성하고 목적을 향해 전진하도록 노력하라.

비저닝

마이클 벡위드 박사는 '라이프 비저닝Life Visioning'의 창시자이다. 라이프 비저닝이란 창의성과 목적의식, 성취감이 충만한 삶을 함께 일구기 위해 쓸 수 있는 도구이다. 나는 영과 소통하고 싶을 때 이 기법을 활용한다.

비저닝을 할 때는 각자의 의식을 우주에 맞춰야 한다. 시각화를 할 때처럼 원하는 것을 그리거나 드러내려고 해서는 안 된다. 대신 주어진 상황에서 최고이자 최선이 무엇인지 파고들어야 한다. 우리를 위해 우주가 무엇을 계획하고 있는지 궁금하다고 하자. 그러면 우주에게 질문하라. 우리는 영이 우리에게 최고이자 최선인 계획으로 어떤 것을 제시하는지 귀담아 듣고, 보고, 느끼면 된다.

비저닝을 할 때는 인생에서 길잡이가 필요한 분야에 대해 미리 질문을 준비하라. 명상으로 마음을 차분하게 하라. 머릿속에서 하루의 잡다한 일들을 몰아낼 수 있는 곳으로 가라. 그곳에서 지시를 원하는 인생 분야를 떠올려라. 질문을 하라. 대개 3개에서 5개 사이가 적당하다. 질문을 하고 잠시 우주의 반응을 기다리라.

비저닝을 할 때는 우주에게 당신이 원하는 것을 지시하지 마라. 근원이 당신을 위해 '계획해놓은' 것이 무엇인지 깨달을 수 있도록 통찰력을 달라고 하라. 이것이야말로 거대한 영적 진보이다. 그도 그럴 것이 우리가 영에게 원하는 것이 아니라 거꾸로 **영이 우리에게 무엇을 원하는지에** 더 관심을 기울이기 때문이다. 영혼의 목적이 무엇인지 탐색하는 과정은 그 자체로 강렬한 경험이다. 우리가 지금 이 별에 살고 있는 이유에 충실할 때 우리의 삶에 기적을 부를 수 있다. 동시성과 세렌디피티, 설명할 수 없는 사건이 우리를 안내하도록 부를 수 있다.

비저닝이 어떻게 작용하는지 구체적으로 살펴보자. 일단 당신이 전업을 고려하는 중이라고 상상해보라. 궁금한 것도 많고 당신이 추구하는 방향에서 무엇이 최선인지도 알고 싶을 것이다. 일단 다음처럼 질문을 몇 가지 준비하라.

1. 내 경력에 대해 우주가 품고 있는 **최고이자 최선인 아이디어/비전**은 무엇인가?
2. 그 아이디어가 나의 현실이 되기 위해선 어떻게 해야 하는가?

3. 무엇을 받아들여야 하는가?

4. 무엇을 내려놓아야 하는가?

첫 번째 질문을 한 후 우주의 반응을 감지하라. 일순 떠오르는 생각이나 속삭임, 환상, 느낌, 냄새, 맛, 기억 등이다. 아무 느낌이 안 들 수도 있다. 어떤 반응이든 기록하라. 반응이 올 때 일기에 기록하든지 기억해두라. 그리고 비저닝을 마친 후 비저닝 중에 받은 인상을 기록으로 남기라. 반응이 마음에 들면 다음 질문으로 넘어가서 해답을 얻을 때까지 앞의 과정을 반복하라. 반응은 기록하라.

아무 반응을 감지하지 못한 것 같아도 괜찮다. 다시 한번 마음을 가다듬고 집중하라. 어떤 연습을 하든 과정을 다 끝내면 감사하라.

읽기

독서는 단지 지식의 재료를 얻는 수단일 뿐이다.
그 재료를 내 것으로 만들기 위해서는 생각을 해야 한다.
– 존 로크, 영국의 철학자이자 저술가

직관과 초능력 기술을 개발하는 데 도움이 되는 책들은 무궁무진하다. 그러므로 나는 특정한 책을 권하기보다 각자 적합한 책으로 인도될 것이라 믿으라고 말하고 싶다. 이런 주제를 다루는 책을 읽다 보면 당신의 삶에서 벌어지는 일을 더 잘 이해하게 된다. 눈덩이 효과를 기억하라. 직관/초능력 기술을 인정하고 귀하게 여길수록 평소에 더 자주 기적과 만나게 될 것이다. 또한 영적으로 성장할수록 직관과 초능력 기술은 자연히 더 커질 것이다.

훈련하기

훈련으로 못 할 일은 없다. 훈련으로 도달하지 못할 수준이란 없다.
훈련으로 해이해진 기강을 바로잡을 수 있다.
형편없는 원칙을 깨부수어 좋은 원칙을 다시 세울 수도 있다.
훈련으로 사람은 천사가 될 수 있다.

― 마크 트웨인

영성이나 직관, 때로는 초능력 개발에 관한 콘퍼런스에도 참석해보라. 명상 워크숍은 요가나 태극권처럼 관련된 것들을 배우면서 하면 더 유용하다. 비슷한 생각을 하는 사람들을 큰 그룹으로 모으는 일에 대해 말해둘 점이 있다. 지금 하는 이야기와 관련지어 생각해볼 수 있을 것이다.

영성 수련회에 참가해서 그룹의 기운을 느껴본 적이 있는가? 적어도 그 순간만큼은 모두가 가족이 된 듯한 기분이 들면서 각자가 안고 있는 문제들이 눈 녹듯 사라진 것만 같다. 긍정적인 환경에 있으면 우주에서 흘러나오는 에너지의 흐름에 마음을 활짝 열게 된다. 그 결과 당신 안의 창의적인 부분을 자극하기가 더 쉬워진다.

기도

기도란 무릇 마음 없이 말만 하는 것보다

말 대신 마음을 담는 것이 더 좋다.

— 마하트마 간디

기도와 명상은 영적 성장 및 영과의 소통을 위해 꼭 필요한 열쇠들이다. 기도할 때 내면을 바라보면 에너지 장이 변한다. 이 변화로 당신은 더 높은 단계로 올라가고 이 상태에서 당신의 영혼을 통한 자의식과 신과의 대화에 물꼬를 틀 수 있다. 자의식은 당신의 영혼이자 내적 동지로, 당신과 영을 이어주는 매개체이다.

기도하는 방법도 각양각색이다. 긍정적인 말을 하거나 반복적으로 기도하는 사람도 있고 기도다운 방식으로 기도를 올리거나, 회상을 하거나, 깊은 생각에 잠기거나, 조용하게 하거나, 여럿이 모여 하기도 한다. 어떻게 하든 시비를 가릴 문제는 아니다. 어떤 형식을 취하든 개인적인 선택이기 때문이다. 해보고 맞으면 그걸로 된 것이다. 신이 곁에 있다는 기분이 들면 된다. 기도를 하면 어둠에서 나와 빛으로 갈 수 있다. 기도하지 않으면 영혼을 일깨워 신과 대화를 나누도록 하기가 어렵다.

당신이 어떻게 생각하든 **라이프사인**은 영적 수행이다. 왜냐하면 그것을 통해 영적으로 계속 깨어 있을 수 있기 때문이다. 마음을 가라앉히고 삶의 속도를 늦출수록 직관과 초능력 기술은 더 빠르게 성장할 것이다.

제4부

라이프사인 과정

생각이 말이 되므로 긍정적으로 사고하라.

말이 행동이 되므로 긍정적으로 말하라.

행동이 습관이 되므로 긍정적으로 행동하라.

습관이 장점이 되므로 긍정적인 습관을 기르라.

장점이 운명이 되므로 긍정적인 장점을 키우라.

– 마하트마 간디

19

1단계: 의도를 갖고 질문하라

당신은 질문을 할 만큼 중요하다.

그리고 질문의 응답을 받을 만큼 축복받았다.

– 웨인 다이어

라이프사인 과정은 내가 영과 소통하는 방법이다. 또한 내가 오랜 시간 동안 샅샅이 분석하고 연구한 결과물이기도 하다. 내가 중심을 잡고 내게 의미 있는 질문에 대한 통찰력을 알려달라고 우주에게 부탁하는 능동적인 수행법이기도 하다. 이 과정은 다섯 단계로 구성되어 있는데, 누구라도 살면서 마주치는 다양한 문제의 해답을 구할 때 활용할 수 있다. 라이프사인 과정은 간단하면서도 자유롭다. 자 이제 무엇을 준비할까? 필기구와 일기장, 열린 마음이면 충분하다. 그리고 인생이라는 놀이기구를 탈 준비를 하라!

앞으로 설명할 과정은 무척 능동적인 방법이다. 하지만 때때로 우주를 확인하고 영이 우리에게 하고 싶은 말을 들으려면 수동적인 역할을 해야 할 때도 있다. 이 경우에는 1단계를 건너뛰고 2단계부터 끝까지 가면 된다.

라이프사인 과정의 1단계와 기초가 '**의도를 갖고 질문하기**'인 점은 당연하다. 의도는 우리에게 메시지를 전달하고 길을 안내해주는 기적의 씨앗이기 때문이다. 의도는 인생의 좋은 면과 나쁜 면을 만드는 열쇠이다. 우리는 의도를 통해 욕망을 실현한다. 생각은 강력하며 의지 발현의 열쇠이다. 생각이 형태로 나타난다면 당연히 의미 있는 신호, 즉 라이프사인으로도 나타나지 않겠는가.

일단 인생의 한 분야를 선택하라. 그리고 그 분야에서 어떤 방향으로 나가고 싶은지, 무엇을 알고 싶은지 생각하라. 깊이 생각할 준비가 안 된 분야를 무턱대고 고르지 마라. 살다보면 길을 알고 싶은 분야가 많다. 하지만 한 번에 한 분야씩 해야 한다. 다른 분야에 대해서는 나중에 고민할 시간이 있다.

우주에게 묻고 싶은 질문을 깔끔하고 간략하게 정하라. 그 질문은 머릿속에 명확하게 들어 있어야 한다. 애매하게 질문하면 대답 또한 모호할 수밖에 없다. 당신이 우주를 혼란스럽게 만들었기 때문이 아니다. 우주는 당신의 질문에 명확한 해답을 보내준다. 다만 질문이 명확하게 머릿속에 들어 있지 않기 때문에 당신이 우주의 답을 제대로 이해할 수 없다. 예를 들어 당신이 진로 문제로 고민 중이라고 하자. A회사나 B회사의 입사 제의를 받아들이는 것과 창업 중에 무엇이 최선일지 갈팡질팡하고 있다. 이 경우 당신의 의도는 어떤 방향이 최선의 결정인지 안내를 받는 것이다.

우주에게 질문을 할 때는 질문 1처럼 하면 **안 된다.**

질문 1: "A회사나 B회사, 창업 가운데 어디가 경제적으로 보상이 가장 클까요?"

차라리 이렇게 질문하라.

질문 2: "오늘, 저는 이번 생의 지금 이 순간 (당신의 사업 분야)에서 창업을 하는 것이 최고이자 최선인지 안내를 구합니다."

아니면 이렇게 질문해보라.

질문 3: "오늘, 저는 이번 생의 지금 이 순간 A회사에 입사하는 것이 최고이자 최선인지 안내를 구합니다."

질문 2나 3만으로는 묻고 싶은 내용을 충실히 전하지 못했다고 생각할 수도 있다. 그런데 이 경우에는 부족한 게 넘치는 것보다 낫다! 질문 1보다 나머지 질문들이 더 효과적인 이유는 다음과 같다.

◆ 질문 2와 3에서 당신은 **대답을 기대하는 시점을 명확하게 밝히고** 있다. **"오늘,** 저는……." 신호를 구하는 시간의 한계를 설정하면 당면한 문제가 얼마나 중요한지 잘 드러난다. 우주가 효과적으로 반응을 보이고 말고의 문제가 아니다. 오히려 우리가 직면한 문제에 제대로 합당한 주의를 기울여야 한다는 뜻이다. 나는 라이프사인이 나타나기를 하루 정도 기다리는 것이 해답을 기다리는 시간으로 적당하다는 결론을 내렸다. 물론 즉각적인 결과를 얻기 위해 과정을 밀어붙여서 효과를 본 적도 없지는 않다.

◆ 질문 2와 3은 "최고이자 최선"이라고 꼭 집어 말했다. 다시 말해서 어떤 선택이 당신의 본질 혹은 영혼에 최선일지 묻고 있다. 영적으로 볼 때 가장 높은 연봉이나 사업 기회가 최선이 아닐

수도 있다. 내 경험에 비추어 보면 자신에게 "최고이자 최선"이 아닌 분야에서 일하는 사람들은 행복하지 않고, 스트레스를 쉽게 받고, 건강도 좋지 않다.

◆ 질문 2와 3에서는 "이번 생의 지금 이 순간"이라고 정확히 말한다. 당신의 인생을 길게 볼 때 사업을 시작하는 게 "최고이자 최선"일 수 있지만 아직 때가 오지 않았을 수도 있다. 경기가 하락하는 중이거나 잠재돼 있던 다른 외부 요인이 사업의 성공을 방해할 수 있다.

◆ 질문 2에서는 시작하려는 사업을 구체적으로 밝혔다. 부정적인 신호를 받았다면 이튿날 똑같은 질문에 분야를 바꿔서 다른 기회를 물어보면 된다. 아니면 이튿날 A회사에 대해서, 그다음 날은 B회사에 대해서 물어볼 수도 있다. 어떻게 질문해야 할지 이제 감이 잡히는가?

의도를 명확히 하라. 무엇에 대해 길잡이가 필요한가? 질문을 미리 작성해서 확실하게 물어라! 확실하게 질문하는 건 과연 뭘까?

◆ 생각 중에 질문하라.
◆ 명상 중에 질문하라.
◆ 기도 중에 질문하라.
◆ 큰 소리로 질문하라.
◆ 글로 써서 질문하라.

라이프사인 과정 1단계

생각 중에 질문하라.
명상 중에 질문하라.
기도 중에 질문하라.
큰 소리로 질문하라.
글로 써서 질문하라.

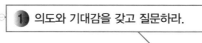 의도와 기대감을 갖고 질문하라.

2. 모든 수준에서 반응을 감지하라.

관심과 기대감

일단 당신의 의도와 질문을 기록하는 것으로 질문을 대신하라. 이 과정을 시작하려면 이른 아침이 가장 좋다. 덕분에 매일 아침을 신선한 기분으로 시작할 수 있기 때문이다. 아침에 차나 커피를 마시는 시간에 할 수도 있다. 아니면 오전 중에 홀가분하게 잠시 여유를 가질 수 있는 시간도 괜찮다. 무엇에 통찰력을 얻고 싶은지 머릿속에 그려라. 그리고 그 의도와 질문을 기록하라.

이것만으로는 메시지가 담긴 신호를 보내달라는 **요구**가 될 수 없다. 왜냐하면 영은 언제나 우리에게 메시지를 보내기 때문이다. 의도, 즉 영적인 의지를 명확하게 세워야 우주에게 **'무엇'**에 대해 정보를 얻고 싶은지 명확히 알릴 수 있다. 이것은 당신이 만드는 영화이다! 당신이 바로 감독이다! 영에게 어떤 도움이 필요한지 직접 말하라. 여기서 동시성이나 세렌디피티, 설명할 수 없는 사건들이 생겨나고 당신은 그 속에서 중요한 정보를 얻을 수 있다.

라이프사인 과정에 더 많은 관심을 기울일수록 라이프사인이나 기적이 더 많이 일어날 것이다. 하루 중 어느 때에 길잡이를 받고 싶다는 의도를 정하라. 그리고 하루에도 두세 번씩 그 의도를 떠올려라. 상기시켜주어야 할 대상은 우주가 아니다. 바로 당신이다! 우리의 생각은 기대만큼 늘 굳건하지는 않다. 아침에 의도를 정해도 잠자리에 들 때에야 다시 떠올리고는 "뭐야, 신호를 하나도 못 받았잖아!"라며 불평할지도 모른다.

하루가 시작되면 온갖 일들에 치여 미묘하게 전해지는 영의 메시지를 자주 놓치게 된다. 서너 시간에 한 번씩 짬을 내어 하던 일을 모두 멈추라. 그리고 그날 아침에 세운 의도를 다시 떠올리고 다음과 같은 긍정의 다짐을 하라. "나는 (어떤 의도든) 이해하는 데 도움이 될 영의 (혹은 가장 높은 이상의) 신호를 보고 이해할 거야."

나는 이 과정을 처음 시작했을 때 매일 하는 활동을 골라서 그날의 의도를 다시 다짐하도록 스스로 떠올리는 표시로 삼았다. 나는 음식과 음료를 택했다. 요즘은 커피를 한 잔 마시거나 밥을 먹을 때마다 그날 내가 어떤 길잡이를 원하는지 다시 떠올린다.

덧붙여서 몇 시간마다 한 번씩 체크를 할 때는 메시지를 보려고 하는 마음이 중요하다. 아무런 기대감도 없고, 두 눈을 뜨고 지켜보아야 할 신호가 있다는 것도 모른다면 기회는 우리를 지나쳐 갈 것이다. 대답을 듣고 싶다면 늘 깨어 있어야 한다! 그렇게 하면 신호는 훨씬 더 또렷하게 보일 것이다. 그러면 더 쉽게 신호를 알아차리고 자신의 질문에 적용할 수 있다.

구하라

라이프사인 과정을 통해 내 질문에 우주가 반응한다는 사실을 깨달았을 때 나는 그 사실이 믿기지 않았다. 정리하자면 이렇게 된 것이나. 구하면 답을 듣게 된다. 내 안의 과학자는 조사에만 반응을 했다. 그렇게 근거를 찾다보니 **구하기**와 관련해 흥미로운 연관성을 찾아냈다.

신약성서에 나오는 예수의 산상수훈을 보면 마태복음 7장 7절에서 예수님은 이렇게 말씀하신다. "구하라, 그러면 너희에게 주실 것이요. 찾으라, 그러면 찾을 것이요. 문을 두드리라, 그러면 너희에게 열릴 것이니." 마태복음 21장 22절에는 이렇게 나와 있다. "너희가 기도할 때에 무엇이든지 믿고 구하는 것은 다 받으리라."

1965년 어느 날 헬렌 슈크먼은 내면의 목소리를 듣고 마음이 움직였다. 그 목소리는 이렇게 말했다. "이것은 기적 수업이니라. 받아 적으라." 그 목소리는 그녀의 내면으로 전해진 메시지였다. 겉으로 드러난 목소리도, 소리도 없었다. 말도 문장도 모두 머릿속에서 전해졌다. 게다가 매우 또렷했다. 그로부터 7년 동안 헬렌은 내면의 목소리를 기록했다. 그녀가 예수 그리스도였다고 주장한 영성의 목소리였다. 그녀는 동료인 윌리엄 T. 테트포드 박사의 도움을 받아 1200쪽에 달하는 기록을 『기적 수업*A Course in Miracles*』이라는 책으로 완성했다. 『기적 수업: 배우는 이들을 위한 학습서』의 제77과를 보면 우리는 기적을 받을 자격이 있지만 먼저 기적을 '**구해야**' 한다고 나와 있다.

> 나는 기적을 받을 자격이 있다.

기적이 당신의 부름을 받을 상황이 될 때마다 기적을 구하라. 그런 상황이 되면 자연히 알게 될 것이다. 자신을 믿지도 않으면서 기적을 찾으러 다니지 마라. 기적을 구할 때마다 당신은 기적을 받을 자격이 충분히 있다.

이 점도 명심하라. 완벽한 질문에 절대 만족하지 마라. 유혹을 받을 때는 재빨리 이렇게 되뇌어라.

나는 기적을 불만으로 바꾸지 않겠다.
나는 온전히 내 것인 것만 원한다.
신은 내가 누릴 자격이 있는 기적을 만들어놓으셨다.

신사고 운동의 일부분인 '마음과 영혼의 과학'을 창시한 어니스트 홈스는 이렇게 썼다. "신은 우리에게 감당할 수 있는 것만 주신다……. 우리는 우리가 믿는 것만 받아들일 수 있다." 또 이렇게도 주장했다. "우리가 뭔가를 구한다면 먼저 그것을 가질 수 있다고 믿어야 한다. 하지만 **삶과 하나가 되는 것에서만 구할 수 있다.**" 홈스는 성공과 행복, 건강은 우리의 삶과 하나가 되는 것들에 포함된다고 설명했다.

우리가 어떤 문제의 길잡이를 구할 때는 삶과 하나가 되는 것과 어긋나서는 안 된다. 우리의 욕망은 타인의 더 높은 선과 충돌해서는 안 된다. 충돌하는지 알아보려면 이렇게 자문하라. "내가 구하거나 욕망하는 것이 어떤 식으로든 남에게 상처가 될까?" 만약 그렇다는 결론이 나오면 당신의 질문은 인생과 하나가 되지 않았다.

해결책은 간단하다. 라이프사인 과정의 기본은 의도를 갖고 질문하는 것이나. 실문할 때의 힘은 믿음의 힘이 주입될 때 가장 강력해진다. **의도를 갖고 질문하라. 질문에 대한 해답을 받을 수 있다고 믿으라. 그리고 인생이 당신에게 주어야 하는 기적을 기다리라!**

로이드 배럿 목사님의 말씀은 언제 들어도 즐겁다. 그분의 박력 있는 음성과 자메이카 억양, 웃음소리는 발끝에서부터 퍼지며 그분의 삶을 가득 채운 기쁨을 보여주는 듯하다. 목사님은 내게 의도에서 비롯된, 우주의 강력한 메시지를 받은 훌륭한 경험을 들려주셨다.

우주의 지성을 신뢰하기

1990년대 중반 로이드 배럿은 캘리포니아 주 엘 센트로와 에스콘디도에서 담임목사를 역임했다. 어느 여름 목사님은 아실로마 콘퍼런스 센터에서 일주일 동안 열리는 콘퍼런스에 참가한 후 요세미티국립공원에서 휴가를 보낼 계획을 세웠다. 목사님은 콘퍼런스에 사모님인 셰키나와 함께 가기로 했다.

목사님은 평소에 신과 대화를 나눈 후 결과를 얻었다고 주장하는 사람들의 이야기를 많이 들었다. 목사님은 사람들의 경험담에 고무됐다. 그래서 아실로마 콘퍼런스 센터로 떠나기 전에 어떤 의도를 세웠다. 그리고 콘퍼런스에 참석하는 동안 신으로부터 메시지를 받고 싶으며 받은 메시지를 기록하겠노라고 기도했다.

목사님은 아실로마 콘퍼런스 센터가 무척 좋았다. 특히 명상실이 마음에 들었다. 평화로운 분위기의 명상실에는 전망 좋은 창문이 있고 그 앞에 바깥 경치를 감상하기에 딱 좋은 의자가 있었다. 아늑한 벽난롯가에 앉아 창밖으로 지나가는 사슴이나 파도가 넘실대는 바다를 감상할 수 있었다. 어느 날 아침 목사님은 글을 쓸 준비를 하고 제일 좋아하는 의자에 앉았다. "나는 내 속에서 놀라운 추진력이랄까 근원을 느꼈어요." 그것이 목사님에게 말했다. "집으로 돌아가라."

논리적으로 생각해보면 되돌아가야 할 이유는 어디에도 없었다. 교회를 비우는 동안 부목사님이 예배를 봐주시기로 했고 키우는 개는 믿을 만한 사람에게 맡겨놓았다. 하지만 어서 가야 한다는 충동이 너무 강렬해서 사모님이 있는 방으로 돌아가 이렇게 말했다. "이런 기분은 정말 처음이야……. 그런데 얼른 집으로 돌아가야 해!"

사모님은 무턱대고 감정적으로 반응하지 않았다. 그녀는 목사님에게 그분의 기도를 믿는다고 말하며 일단 명상실로 돌아가 같은 느낌을 받는지 확인해보는 게 어떻겠냐고 말했다.

로이드 목사님은 그 명상실로 돌아갔다. 얼른 집으로 돌아가야 한다는 충동을 느꼈던 고요한 내면으로 의식을 돌렸다. "정말 놀랍도록 강렬했어요." 그 느낌은 뱃속에서부터 치밀어 오르는 것 같았다. 난생처음 느낀 감정이었다. "정말 낯설고도 강렬했죠." 도저히 거부해서는 안 된다는 느낌이 들었다. 목사님은 당장 방으로 돌아가 짐을 꾸렸다. 목사님 부부는 휴가는커녕 콘퍼런스가 끝나기도 전에 집으로 돌아갔다.

집에 도착한 지 한 시간가량 되었을까. 집 전화기가 울렸다. 자메이카에 있는 가족의 전화였는데, 목사님의 아버지가 돌아가셨다는 소식을 선했다.

"요세미티에 갔다면 그 소식을 못 들었을 거예요."

목사님은 당장 자메이카행 비행기를 탔다. 비행기에서는 글을 쓰면서 위안을 찾았다. 목사님은 가지고 있던 일기장에 길잡이가 된 생각들을 기록했는데, 그중에는 당시 머릿속을 가득 채운 듯했던 성경 구절도 있었다.

시편 37장 37절. 온전한 사람을 살피고 정직한 자들을 볼지어다. 모든 화평한 자의 미래는 평안이로다.

로이드 목사님은 자메이카에 머무르는 동안 추도식에 모인 사람들에게 이 성경 구절을 들려주었다. 식이 끝날 무렵 목사님의 어머님이 다가와 이렇게 말씀하셨다. "애야, 너는 열여덟 살 생일을 앞두고 집을 떠나지 않았니……. 그런데 어떻게 네 아버지가 제일 좋아하는 성경 구절을 알고 있니?"

"전 몰랐어요! 그 구절을 기록하고 사람들에게 말해주라고 인도를 받았을 뿐이에요." 목사님은 이렇게 대답했다.

나는 로이드 목사님에게 그 경험을 처음부터 끝까지 소상하게 들려달라고 했다. 집으로 돌아가야 한다는 기분과 자메이카로 돌아가게 한 가족의 전화. 시편 구절을 쓰고 사람들에게 들려주도록 인도받은 것까지 말이다. 목사님은 마치 "의도와 우주의 지성에 대한 신뢰감이 결합된 듯한 느낌"에 홀린 것 같았다고 대답했다. 목사님은 아실로마 콘퍼런스 센터로 떠나기 전에 의도를 세우고 신에게 답을 구했다. 신의 메시지를 받으면 그것을 기록하고 싶으니 답을 달라고 말이다. 그리고 목사님은 그렇게 했다.

20

2단계: 감지하라

감사하는 마음은 존경심을 주어 매일 깨달음을 얻게 한다.

경외심으로 가득 찬 이 찰나의 순간을 경험함으로써

삶과 세상을 경험하는 우리의 방식은 영원히 변한다.

— 존 밀턴, 시인

일단 우주에게 도움을 구했다면 바로 2단계로 넘어가서 앞으로 무슨 일이 생기는지 감지하라. 이 단계에서는 오감에 주의를 기울여야 한다. 보고, 듣고, 느끼고, 냄새 맡고, 맛을 보라. 우주의 섬세한 맥동을 알아차리라. 행운이나 운, 우연의 일치, 어림짐작, 요행, 논리로 설명하고 싶은 일이면 뭐든 잘 관찰하라. 일상에서 벗어난 것처럼 보이는 일은 주의해서 지켜보라.

이렇게 하면서 일상에 나타나는 패턴을 찾아라. 특정한 단어들이 계속 나타나는가? 아니면 이름? 숫자? 상징? 거리 표지판? 사람들과 나누는 대화나 언쟁의 유형에 주목하라. 만나는 사람들과의 상호관계에 패턴이 있는가?

1단계가 의도를 갖고 질문하는 것이었다면 2단계는 순진무구한 어린이 같은 경외심과 신뢰를 품고 감지하는 것이다. 무엇을 감지해야 할까. 주의해서 관찰해야 하는 것들이 당신에게 어떤 인상을 남기는지 감지하라. 최초의 라이프사인, 즉 우주가 보내준 동시성 신호를 알아차리라. 지나고 보면 우리는 동시성이 목격되는 사건을 겪은 적이 있다. 동시성이 나타났을 때 곧장 알아차리면 그 의미도 몇 년 지나서가 아니라 지금 당장 이해할 수 있을 것이다. 자각하고 주의를 기울임으로써 우리는 에너지를 만들고 동시성을 잇달아 만들어낼 수 있다. 그래서 동시성이 일어날 때 더 예민하게 감지할 수 있게 된다.

다음으로 두 번째 라이프사인인 세렌디피티를 떠올려라. 인생이 뭔가 꼬이는 것 같은가? 잘못된 선택 때문일까? 뜻밖의 일 때문일까? 어떤 것을 찾으려고 노력했는데, 찾고 보니 완전히 다른 것이었나?

마지막으로 일상에서 설명할 수 없거나 기적이라고 부를 만한 일이 일어나는가? 어떤 식으로든 설명이 불가능한 일이 나타나는가? 일상에서 벗어난 일이라면 뭐든 주의해서 지켜보라. 우리는 평소에 대부분 일상에 매몰되어 있기 때문에 우주가 보내준 실마리를 못 보고 지나친다. 어쩌면 집안의 물건이 늘 두던 자리가 아닌 엉뚱한 곳에 있는 걸 보게 될 수도 있다. 분명 껐다고 생각한 가전제품이나 전깃불이 켜져 있을 수도 있다. 문이나 창문을 분명히 닫았다고 생각했는데 열려 있을 수도 있고 말이다. (반대의 경우도 가능하다.)

초능력 인상이나 직관을 무시하지 마라. 예감에 주의하라. 불현듯 떠오른 생각을 예의 주시하라. 환상을 본다면 어떤 이미지인가? 억지로 애쓸 필요는 없다. 그저 느껴지는 대로 관찰하면 된다.

한편으로는 삶이 어느 정도 쉬운지 혹은 어려운지 잘 가늠해보라. 인생이 당신을 이렇게 대하는가? 어쩐지 잘못된 길로 막 접어든 느낌인가? 아니면 우주의 에너지의 흐름에 몸을 내맡긴 기분인가?

명상을 할 때면 그날 세운 의도를 떠올리고 뭐든 느껴지는 게 있는지 주의해서 살펴라.

신호가 나타나면 섣부르게 판단하거나 결론을 내리지 마라. 일단 그 내용을 기록하라. 그 아래에 그날 당신이 세운 의도도 함께 기록하라. 하루 동안 수시로 의도를 떠올려야 한다는 사실을 명심하라. 그리고 우주의 신호를 놓치지 않고 알아볼 것이라고 다짐하라.

이 2단계에서 뭔가 아주 신나는 일이 일어날 수도 있다. 에피파니 Epiphany를 얻을지도 모르기 때문이다.

에피파니

에피파니란 직관적인 이해가 비약적으로 성장하거나 어떤 것의 의미를 느닷없이 알아차리는 것을 의미한다. 에피파니를 실제로 경험할 때는 일반적으로 신체적인 증상이 따르는데, 목덜미에 머리카락이 곤두서거나 소름이 돋거나 심장이 마구 뛰기도 한다. 머리나 손 주위로 얼기나 온기가 에워싼 느낌이 들 수도 있다. 어떤 반응이 옳고 그른지 딱 잘라 말할 수는 없다. 사람들이 에피파니를 체험하는 방식은 다양하기 때문이다.

라이프사인 과정 2단계

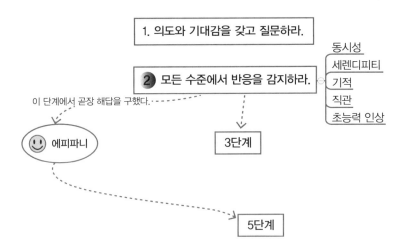

1. 의도와 기대감을 갖고 질문하라.

동시성
세렌디피티
기적
직관
초능력 인상

❷ 모든 수준에서 반응을 감지하라.

이 단계에서 곧장 해답을 구했다.

😊 에피파니

3단계

5단계

2단계에서 에피파니를 경험한다면 질문에 대한 답을 받았다는 의미이다. 그렇게 되면 이 과정을 더 이상 진행할 이유가 없다. 이 단계에서 어떤 깨달음을 얻었다면 당장 그 내용을 기록하라. 질문의 해답을 받았다는 믿음을 주는 에피파니가 어떤 느낌인지 잘 관찰하라. 에피파니를 경험했다고 여기서 그대로 끝낼 필요는 없다. 3단계와 4단계를 건너뛰고 곧장 5단계로 가라.

신호를 기록하라

일단 당신이 아침에 일어나서 이 과정을 시작한다고 해보자. 아직 에피파니를 경험하지 못했다면 하루 종일 당신이 세운 의도를 떠올려야 한다는 사실을 명심하라. 하루를 보내면서 의미 있는 신호가 나타났을 때 알아차릴 수 있을 거라고 기대하라. 신호가 나타나면 그 내용을 기록하라. 라이프사인이 나타나면 하루 일과를 끝낸 후로 미루지 말고 그때그때 기록하는 것이 가장 좋다.

처음에는 너무 사소한 일까지 기록하는 게 아닌가 싶을 것이다. 기록 가운데 상당 부분이 라이프사인과는 관계가 없어 보일 것이다. 적어도 처음에는 그렇다. 하지만 기억하면 되니까 굳이 기록할 필요 없다거나 기록할 만한 가치가 있을 리 없다는 생각으로 이미 일어난 사건을 무시해서는 안 된다.

어떤 일이 의미가 있는지 자꾸 고민하며 경험을 쌓다보면 기록 속도도 더 빨라질 것이다. 그러다 보면 어느새 기록할 만한 일과 그렇지 않은 일을 직관적으로 판단하는 수준에 도달한다. 그런 수준에 도달할 때까지 동시성과 세렌디피티를 빠짐없이 기록하라. '이런 우연의 일치가 있나!' '이게 웬 횡재야!' '논리적으로 이렇게 될 수밖에 없잖아!' 이런 생각이 드는 사건이 일어나면 무조건 다 기록하라. 개연성을 거부하거나 일상에서 벗어난 일이라면 뭐든 기록하라. 초능력이나 직관적 통찰력처럼 스치고 지나가는 상황이나 생각, 감각을 모두 기록하라. 초자연적인 현상이나 그저 이유를 설명할 수 없는 상황도 다 기록하라.

톰 데이 박사의 삶은 대단한 성취와 축복으로 가득했다. 톰은 실력을 인정받은 육상선수로 전 마스터클래스 역도 챔피언이자 권투에서 골든 글러브의 유력한 주인공이기도 했다. 작가도, 박사도, 전기엔지니어도 되기 전에 그는 트럭 운전수였다. 그는 설명할 수 없는 사건이 다름 아닌 그에게 내려진 축복이었던 경험담을 들려주었다.

유령 운전수

1970년대 후반 크리스마스 밤이었다. 톰은 자신의 세미트레일러를 몰고 펜실베이니아 주 턴파이크를 지나는 중이었다. 그가 리하이 터널로 들어갈 때만 해도 지면은 보송보송 말라 있었다. 그런데 터널을 빠져나오자 눈앞을 분간할 수 없을 정도로 강한 눈보라가 휘몰아치고 있었다. 흔한 상황이 아니었다. 원래 그 터널이 통과하는 산줄기는 다가오는 폭풍의 방향을 돌리는 역할을 한다. 그러므로 터널을 빠져나왔을 때 눈보라가 몰아칠 이유가 없었던 것이다. 스크랜턴까지 가는 동안 톰은 자신의 눈을 믿을 수 없었다. 도로에는 눈이 60센티미터가량 쌓여 있었다.

돌아오는 길에도 눈발의 기세가 전혀 수그러들지 않은 모습에 톰은 깜짝 놀랐다. 그는 내게 이렇게 말했다. "그때는 무서웠어요. 고작 스물한 살인 애송이가 그런 악천후에 세미트레일러를 몰아본 경험이 얼마나 되겠어요." 그가 도로를 따라 계속 차를 몰 용기를 낼 수 있었던 것은 역설적이게도 그곳에 고립될지도 모른다는 두려움 덕분이었다. "나는 계속 차를 몰았어요. 잠시 차를 대고 쉴 곳을 찾을 때까지 말이에요." 도로변에는 모텔 한 곳 보이지 않았다. 차를 몰고 가는 수밖에 없었다.

톰은 시야를 확보할 수도 없는 상황에서 굽이굽이 이어지는 길을 따라 차를 몰았다고 당시를 회상했다. "산을 거의 다 넘어갈 즈음에 어찌나 무서운지 미쳐버릴 것만 같더군요." 그는 계속 차를 몰았다. 그런데 앞에서 트레일러의 붉은 불빛 세 개와 붉게 빛나는 브레이크등 두 개가 보이는 것이 아닌가. 악천후 속에서 같은 방향으로 가는 차를 만났을 때 톰의 차와 앞차의 거리는 트레일러 하나 정도의 간격이었다. 톰은 서둘러 무전기를 찾아 앞차의 운전수에게 무전을 보내봤지만 대답이 들리지 않았다.

"나는 리하이 터널에 도착할 때까지 150킬로미터 가까이를 앞차의 불빛만 보고 갔어요. 앞차 운전수의 운전 솜씨는 내가 본 것 중에 최고였어요." 그 불빛을 따라간 덕에 톰은 길에서 벗어나지 않았다.

게다가 버려진 차나 다른 장애물도 무사히 피할 수 있었다. "눈발을 헤치며 앞차가 간 길과 브레이크 등만 따라갔어요. 눈이 깊이 쌓였는데도 우리는 시속 80킬로미터로 칼로 눈을 베듯 달렸죠."

리하이 터널에 거의 다 왔을 때였다. 톰은 터널이 끝나면 나오는 하워드 존슨 식당에서 아침이라도 대접하고 싶어 앞서 가는 트럭을 세우려고 별짓을 다 해보았다. 그런 악조건을 무사히 빠져나오게 해준 노련한 운전수에게 최소한 식사 대접은 해야 할 것 같았다. 그는 앞선 붉은 불빛을 따라 터널로 들어갔다. 그러자 터널 안 조명 덕에 앞쪽이 보였다. "터널로 들어가자 붉은 불빛이 사라졌어요. 그래서 나는 내가 따라갔던 차를 잘 보려고 눈을 부릅떴죠. 그런데 아무것도 없었어요! 아무도 없었다고요!"

깜짝 놀란 톰은 서둘러 차를 세운 후 운전석에서 내렸다. 그는 앞차가 훨씬 앞서갔다고 생각하고 다시 트럭에 올라타 달렸다. 터널을 다 빠져나가면 눈 위에 남은 앞차의 타이어 자국을 발견하리라 생각했다. 그런데 터널을 벗어나자 수정처럼 청명한 밤하늘이 펼쳐져 있었다. 사방이 고요하고 길 위에는 갓 내린 눈이 소복이 쌓여 있을 뿐 타이어 자국은 어디에도 없었다!

톰은 일단 하워드 존슨 식당으로 향했다. 그런데 그곳에서는 지난 네 시간 동안 식당 손님은 톰이 유일하다는 게 아닌가. 웨이트리스가 다가와 그에게 이렇게 말했다. "손님, 유령이라도 본 얼굴을 하고 계시네요!"

이 일화는 우주가 얼마나 경이롭고 대단한지 잘 보여준다. 미친 듯이 몰아치는 눈보라를 뚫고 운전하는 극한의 순간에 톰은 최상의 존재에게 도움을 구했을 것이다. 그는 눈앞에서 붉은 빛을 보자 반가운 기적이 일어났다고 굳게 믿고 그 뒤를 잘 따라갔다. 혹시라도 의심을 품었다면 눈보라 속을 시속 80킬로미터로 달릴 수 있었을까?

21

3단계: 실마리를 풀라

우주에는 남아도는 조각이란 존재하지 않는다. 우리들 한 사람,

한 사람은 채워야 할 공간이 있기 때문에 여기에 있다.

그래서 모든 조각이 거대한 지그소 퍼즐처럼 완벽하게 맞아떨어진다.

– 디팩 초프라

아마 밤일 것이다. 당신은 하루를 끝낼 준비를 하는 중이다. 당신은 흥분되는 하루를 보냈을 것이다. 왜냐하면 당신이 이른 새벽 우주에게 어떤 일에 도움을 받고 싶다는 간략하면서도 명료한 질문을 했기 때문이다. 당신은 하루 종일 그날의 의도를 떠올리며 새롭게 다짐했으며 주의 깊게 우주의 반응을 살폈다. 그날 일어난 신호를 소소한 것까지 일기에 다 적었고 지금쯤 그 일기장은 당신의 무릎 위에 놓여 있을 것이다.

당신은 라이프사인 과정의 세 번째 단계인 '우주의 실마리 풀기'에 다다랐다. 이 단계는 때로 지그소 퍼즐처럼 느껴질 때가 있다. 왜냐하면 우주가 보여준 여러 조각을 요리조리 맞춰가는 단계이기 때문이다. 명상 장소처럼 조용한 곳에 혼자 자리를 잡아라. 그리고 온

마음을 다해 이 과정에 임하라. 그 전에 명상할 수 있다면 명상부터 하라. 명상하면서 당신이 던진 질문을 떠올리고 내면을 바라보라.

긴장을 풀고 편안한 상태로 그날의 일기를 읽으라. 우주가 분명히 뭔가를 들려주었으며 당신은 그 메시지를 이해할 수 있음을 명심하라. 하루하루의 기록은 그런 믿음을 품고 읽어야 한다. 당신의 질문에 대한 해답은 이미 기록 속에 있다고 믿으라. 그 의미가 조만간 또렷하게 머리에 들어올 것이라고 기대하라. 일기를 읽다보면 예전에는 미처 깨닫지 못한 반복적인 패턴이 보일 수도 있다. 이 시점에서 당신은 혼란스러움과 명확한 확신 사이를 오갈 것이다.

가설

> 대담하게 추측하지 않았다면 절대 위대한 발견을 할 수 없었을 것이다.
>
> – 아이작 뉴턴

이 과정을 실행하는 내내 당신은 기분이 좋거나 우주가 준 힌트를 받아 경험에서 우러난 추측을 할 수 있다. 조용한 곳에서 그날 일어난 사건들을 반추하며 어떤 느낌이 드는지 살펴보라. 어떤 패턴이 보이는지, 동시성과 세렌디피티, 설명할 수 없는 사건이 일어났는지 기억을 되짚어보라. 경험에서 우러난 주측을 해야 했다면 그 결과는 어땠는가? 걱정하지 마라. 여기가 끝이 아니다. 가설을 발전시키면서 라이프사인의 다음 단계로 가면 된다.

오리무중

생명력은 포기하고 않고 계속하는 능력이 아니라

다시 시작하는 능력에서 나온다.

— F. 스콧 피츠제럴드, 작가

이 과정을 진행하다보면 오리무중에 빠질 수도 있다. 의미를 읽을 수 있는 사건이 없어 극심한 혼란을 느낄 수도 있다. 그럴 경우에는 이렇게 자문해보라. '내가 작성해서 던진 질문이 간략하면서도 명료했던가?' '아침에 정한 내 의도를 하루 종일 떠올리며 다시 한번 다짐했던가?' '관심을 제대로 기울였던가?' '반드시 해답을 받을 것이라고 기대했던가?' 이런 질문에 모두 긍정적인 대답이 나온다면 아직 해답을 받을 준비가 되지 않았을 가능성도 고려하라.

아직 준비가 되지 않았다면 4단계를 건너뛰고 곧장 5단계로 가라.

더 긴급한 문제

당신은 백만 가지 해답보다 질문 몇 가지를 더 원한다.

질문은 쏟아지는 빛 속의 다이아몬드이다. 평생 동안 공부하라.

그러면 같은 보석에서 다양한 빛깔을 보게 될 것이다.

— 리처드 바크, 작가

당신은 질문에 대답을 못 받았을 수도 있다. 어쩌면 다른 문제에 해답을 받았을지 모른다. 때로 우주는 우리에게 좀 더 긴급한 문제에 대해 귀띔하려고 한다. 당신이 이런 상황에 놓이면 분명히 명확한 패턴이 보일 것이다. 그 신호가 당신이 던진 질문과는 전혀 관계가 없다는 사실도 직관적으로 알 수 있다. 아니면 신호가 너무 또렷해서 전혀 다른 문제와 관련이 있다는 사실을 깨달을지도 모른다. 어느 쪽이든 우주가 좀 더 중요한 문제에 대해 메시지를 보내고 있다고 생각하라.

예를 들어보자. 당신은 우주에게 진로 문제로 길잡이를 구했다. 그 후 당신에게 의사와 약물, 병원, 간호사 등과 관련된 일들이 연달아 일어난다. 의료와 관련된 직업이 맞지 않다면 계속 미루고 있는 건강검진을 얼른 받으라고 우주가 일깨워주는 것일 수도 있다.

우주가 당신의 질문에는 대답해주지 않으면서 자꾸 다른 문제에 대한 통찰력을 제공한다면 4단계를 건너뛰어 최종 단계인 5단계로 곧장 가라. 원래 했던 질문은 다른 날 해도 된다. 영이 당신에게 알리고 싶은 것이 무엇인지 먼저 확인하라.

우주는 수동적으로도 능동적으로도 교감하는데, 항상 더 긴박한 문제에 대한 해답부터 보내준다. 그러므로 수동적으로 전해지는 우주의 미묘한 메시지를 정기적으로 받아들이라. 매일 영에게 질문을 던지기보다 우주와 기꺼이 수동적으로 교감하라.

수동적인 교감을 하려면 질문하는 대신 마음을 열고 뭐든 받아들일 준비를 하라. 무엇보다 일상에서 무슨 일이 벌어지는지 잘 관찰하라. 우주가 당신에게 전하려는 메시지를 잘 풀어보라. 당신에게

라이프사인 과정 3단계

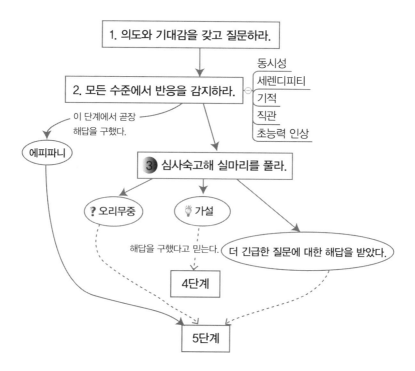

1. 의도와 기대감을 갖고 질문하라.

2. 모든 수준에서 반응을 감지하라.

동시성
세렌디피티
기적
직관
초능력 인상

이 단계에서 곧장
해답을 구했다.

에피파니

3 심사숙고해 실마리를 풀라.

? 오리무중

가설

더 긴급한 질문에 대한 해답을 받았다.

해답을 구했다고 믿는다.

4단계

5단계

나타난 라이프사인을 모두 받아들이고 길잡이가 되어준 우주에 감사하라.

　때로는 인내심을 갖고 기다리라. 더불어 해답을 받을 준비가 되면 반드시 받는다는 믿음도 잃지 마라. 언젠가 나는 어떤 문제에 대해 해답을 구하고 싶었다. 그래서 매일 아침 신호를 보여달라고 갈구했지만 아무것도 보이지 않았다. 그러자 내가 그 신호를 받을 준비가 덜 되었을지도 모른다는 생각이 얼핏 들었다. 그래서 그 후로는 더 이상 해답을 기다리지 않았다. 그랬더니 이윽고 해답이 보였다.

엄마와 퍼지 사탕

나는 어떤 생각에 골몰한 채 마트로 걸어가던 길이었다. 호스피스의 간호사로부터 전화를 받은 지도 한 달이 되었을 즈음이었다. 그때 간호사는 어머니의 상태가 점점 나빠져 모르핀을 투약하기 시작했다고 알려주었다. 마트에 가는데 문득 그 일이 떠올랐던 것이다.

　"얼마나 위독하신가요? 제가 병원으로 가봐야 할까요?" 나는 간호사에게 물었다.

　"모르겠어요. 아침에는 기운을 차리실 수도 있어요. 기껏 여기까지 오셨는데, 아직 **때가** 아니라는 말씀을 드려야 한다면 저도 곤란할 것 같네요."

　나는 진통제의 양을 늘릴수록 어머니가 주위를 잘 인식하지 못하고 반응도 줄어든다는 사실을 알고 있었다. 나는 목이 메어 간호사에게 간신히 대답했다. "장례를 치르기 위해 가고 싶지 않아요. 엄마와 이야기할 수 있으면 좋겠어요."

"그럼 지금 오세요." 간호사가 말했다.

몇 시간 후 나는 아들과 함께 메사추세츠로 향하는 비행기를 타고 있었다. 우리는 자정 무렵에 어머니가 계신 장기요양시설에 도착했다. 도착해보니 너무나 안타깝게도 어머니는 의식이 없었다. 나는 어머니의 손을 잡고 내가 왔다고 말했다. 하지만 아무 반응도 없었다. 다만 눈썹이 조금씩 움찔거릴 뿐이었다. 어머니는 눈을 뜨지도, 대답을 하지도 않았다.

가족들이 한 사람씩 차례대로 어머니와 잠시 둘만의 시간을 가졌다. 개인적으로 작별 인사를 하기 위해서였다. 내 차례가 되자 나는 어머니가 얼마나 좋은 어머니였는지 말씀드리고 감사를 드렸다. 어머니에게 몇 해 전에 했던 부탁을 한 번 더 하는 것도 잊지 않았다. "잊지 마요, 엄마. 돌아가시고 나서 적당한 때가 오면 잘 지내고 계시다고 알려주세요, 네? 어떻게 하면 되는지는 알게 되실 거예요. 그저 제게 신호를 보내주세요."

새벽에 가족들은 잠시 쉬기 위해 집으로 돌아갔다. 하지만 나는 도저히 발길이 떨어지지 않았다. 나는 어머니 곁을 지키며 그날 밤을 보냈다. 새벽 4시 즈음 어머니의 체온이 급격히 올라갔다. 의료진이 할 수 있는 일은 없었다. 어머니는 몇 시간째 의식이 돌아오지 않았다. 간호사 한 명이 어머니의 귀에 대고 이렇게 소리쳤다. "퍼지 사탕 드려요?"

바로 그때였다. 놀랍게도 어머니가 몸을 움직였고 눈썹이 뭔가를 표현하려는 듯 크게 움찔거렸다. 그 모습에 나와 간호사는 웃음을 터뜨렸다. 임종하시는 순간까지 **퍼지**에 흥미를 보이셨으니 왜 아니겠는가. 오, 어머니는 손수 만든 퍼지를 얼마나 좋아하셨던지! 어머니는 퍼지 사탕을 어마어마한 기세로 드시곤 했다. 특히 초콜릿이 들어가 있으면 도저히 먹지 않고는 배기지 못하셨다!

그로부터 대략 열 시간 후 온 가족이 모인 자리에서 어머니는 평화롭게 눈을 감으셨다. 온 가족이 슬픔에 잠겨 있는데, 두 살이 된 조카가 그 애답지 않게 구석에 얌전히 앉아 있는 것이 아닌가. 그러더니 아이가 갑자기 이렇게 말했다. "안녕! 잘 가요! 할머니!"

일주일 후 나는 콜로라도로 돌아갔다. 매일 아침 어머니가 잘 계신지 신호로 알려달라고 간청했다. 하지만 신호는 좀처럼 오지 않았다. 어쩌면 내가 모르고 지나쳤을 수도 있었다.

집 근처 마트에 가던 날이 바로 어머니의 임종 전날로부터 꼬박 한 달이 되는 날이었다. 나는 물건을 담은 카트를 밀고 셀프 계산대로 갔다. 내가 아이스크림의 바코드를 체크하자 셀프 계산대 여섯 개를 담당하는 직원이 내가 계산한 물건을 봉투에 담았다.

"고맙습니다." 나는 인사를 했다.

그는 내가 바코드를 체크한 물건들을 봉투에 넣으며 묘하게 내 곁에 계속 머물렀다.

그는 내 물건을 마저 담기 위해 두 번째 봉투를 꺼내더니 느닷없이 이렇게 물었다. "오늘 밤에 외출을 할까요, 아니면 집에서 퍼지를 만들까요?"

"네, 뭐라고요?"

"친구들과 오늘 밤에 영화를 보러 가는 게 좋을까요? 아니면 집에서 어머니에게 드릴 퍼지를 만드는 게 좋을까요?"

나는 퍼지를 그렇게 좋아하셨던 어머니가 문득 생각나서 잠시 미소를 지은 후 그를 바라보았다. "어머니를 위해서 퍼지를 만드셔야죠!"

"그래요! 손님 말씀이 옳아요! 그분들이 우리와 얼마나 오래 계실지 아무도 모르잖아요……. 그러니까 어머니들 말이에요!"

'이게 바로 엄마가 보낸 메시지일까?' 문득 이런 의문이 들었다.

나는 그 직원이 한 말을 계속 생각하며 신용카드로 계산을 했다. 퍼지—어머니—그분들이 우리와 얼마나 오래 계실지 아무도 모른다. 나는 영수증을 챙겼다.

그런데 그 직원이 대뜸 이렇게 물었다. "생일이세요?"

그날은 내 생일이 아니었다. 하지만 바로 일주일 전에 내 생일이었다. 그 순간 나는 이게 신호로구나 깨달았다. 어머니는 내 생일을 축하해주시면서 당신은 잘 지낸다고 신호를 보내주신 것이다.

22

4단계: 증명하라

진실은 점검과 지연으로 확인되며
허위는 서두름과 불확실성으로 확인된다.

− 푸블리우스 코르넬리우스 타키투스, 고대 로마의 역사가

라이프사인 과정의 4단계에 도착한 것을 축하한다. 여기까지 왔다면 아직 에피파니를 경험하지는 못했다 하더라도 우주가 당신에게 무슨 말을 하고픈지 감을 잡았을 것이다. 당신은 실마리를 풀고 경험에서 나온 추측, 즉 가설도 세웠다. 하지만 중요한 질문을 했으므로 추측만으로는 만족할 수 없을 것이다. 이 단계에서는 확인을 구하고 당신의 가설이 옳은지 증명해야 한다. 그러려면 당신의 가설을 우주로부터 '**그렇다**'나 '**아니다**'의 반응을 이끌어내는 질문으로 다시 만들어보면 된다.

이렇게 가정해보자. 전날 당신은 우주에게 경력 전환에 관해 물었다. 전날 밤 여러 실마리를 골라냈고 라이프사인 과정을 바탕으로

신호를 확인했다. 그리고 이렇게 기록했다.

오늘, 나는 이번 생에서 지금 어떤 경력이 내가 종사하기에 최선이자 최고인지 길잡이를 구했다.

하루 동안 내게 온 신호

- 차를 몰고 직장으로 가는 길에 라디오를 켰더니 빌리 조엘의 노래가 나왔다. '돈 고 체인징Don't go changing'(바꾸지 말라는 뜻–옮긴이)
- 이직을 생각하고 있는 회사의 담당자에게 메일로 보낸 이력서가 전송불가라며 반송되었다.
- 친구가 유튜브에 올라온 새 그룹을 한번 보라고 권해줬는데, 그 그룹 이름이 '현상 유지'였다.
- 프랭크와 다음 주에 만날 장소를 정하는데 그가 '가던 대로 가'라는 표현을 썼다. 프랭크는 내 상황과 전혀 상관없이 그런 표현을 썼지만 내가 그 말을 들었을 때는 묘하게 '내 상황에 맞아떨어지는' 것처럼 들렸다.

일기장에 이런 가설을 적어두었다고 하자. 영은 지금 상황에서 전직은 내게 최고이자 최선의 선택이 아니라고 한다. 하지만 이것만으로는 에피파니가 아니다. 백 퍼센트 확신이 들지 않는다. 그러므로 당신은 가설을 증명하고 싶어진다.

이튿날 당신은 가설을 증명하기 위해 완전히 다른 질문으로 다시 시작한다. 바로 이런 질문이다. "오늘 나는 해답으로 가는 길을 구합니다. XYZ에서 계속 근무하는 것이 제게 최고이자 최선일까요?"

이런 식으로 질문함으로써 당신은 우주로부터 '그렇다' 혹은 '아니다'라는 대답을 끌어낸다. 우주의 대답을 '그렇다'나 '아니다' 중 하나로 결정하는 방법은 다음과 같이 두 가지가 있다.

표준화 접근법

표준화 접근법에서는 '그렇다'라는 반응이 어떤 모습으로 나타날지에 맞추거나 반응을 표준화한다. 이 접근법은 구체적인 질문을 위해 라이프사인을 이용하기 **전**에 시작하면 된다. 나는 이 접근법이 라이프사인 과정을 시험 삼아 해보기에 좋은 질문이라고 종종 말한다. 이 경우에 '그렇다'가 어떻게 보이는지 정해야 한다. 표준화를 하려면 내가 이미 대략적으로 만들어둔 단계를 따르면 된다. 예를 들면 이렇다.

- (의도를 갖고) 우주에게 그렇다는 신호를 보여달라고 청하라. 말은 간략하고 명료해야 한다. 하루 종일 이 일을 떠올리며 우주가 대답해주기를 기대하라.
- (경외심을 갖고) 감지하라. 살피라. 보라. 들으라. 느끼라. 주위에서 벌어지는 일에 관심을 기울이고 관찰한 내용을 기록하라.
- 실마리를 풀라. 일상에서 나타난 것들을 바탕으로 무엇이 '그렇다'는 신호인지 해석하라.

◆ 무엇이 '그렇다'는 신호인지 확인한 후에는 '아니다' 신호가 나타나는 방식을 정립하는 과정에 이용하거나 '그렇다'라는 신호의 부재를 '아니다'라는 신호로 받아들이면 된다.

'그렇다' 신호는 무엇으로든 나타날 수 있다. 내가 아는 어떤 사람은 평소에 코끼리와 관련된 것이 나타나면 '그렇다' 신호라는 걸 알아차리곤 한다. 이 경우에는 코끼리가 나타나지 않으면 대답은 '아니다'인 것이다. 하필 왜 코끼리인지 나는 짐작조차 할 수 없다. 어쨌든 그녀에게는 그게 딱 들어맞는다고 한다.

내 경우에는 특정한 숫자들이 나타나면 대개 내가 제대로 가고 있다는 뜻으로 받아들인다. 우주에게 확인을 구할 때 그런 숫자들이 나타나면 '그렇다'는 대답으로 여긴다. 숫자가 아니면 동시적인 패턴의 경우 긍정적인 대답으로 여긴다.

당신의 '그렇다' 신호는 당신이 영과 대화하는 언어로 결정된다. 이 내용은 28장에서 다루기로 한다. 그런데 이 언어는 때때로 변하기도 하므로 표준화 접근법이 당신에게 잘 맞으면 때로 이 과정을 반복해서 '그렇다' 신호가 여전히 똑같은 형태인지 확인하라.

즉흥적 접근법

표준화 접근법의 반대가 즉흥적 접근법이다. 당신은 우주가 '그렇다'나 '아니다'라는 신호를 보여줄 거라고 믿고 있다. 그리고 신호를 보여준다면 직관적으로 알 수 있으리라고도 믿고 있다. 이 경우 3단계에서 만든 가설을 재구성해서 '그렇다'나 '아니다'라는 대답이 나오도록 질문하라. 평소 주위를 잘 관찰하라. 일어난 일이 긍정적인지 부정적인지 직관적으로 해석하라. 가령, 운전을 하다보면 마주치는 신호등마다 파란 불이 (혹은 빨간 불이) 켜질 때가 있다. 사람들과 대화를 하는데 유난히 긍정적인 (혹은 회의적인) 때가 있다. 교통표지판(진입, 양보, 진입 금지, 정지)이 유독 눈에 쏙쏙 들어오는 날도 있을 것이다. 어쩌면 일상에 특정한 숫자나 상징이 불쑥 나타날 수도 있다.

어쩐지 일이 술술 쉽게 풀린다고 느낄 수도 있다. 당신이 손을 대거나 하는 일마다 충돌도, 장애도, 마찰도 없다. 에너지의 흐름이 모두 긍정적이다. 절대 일이 잘못될 리 없다는 듯이 말이다. 이런 형태의 반응이라면 우주의 대답을 긍정적으로, 다시 말해서 '그렇다' 신호로 보아도 될 것이다. 반대로 어쩐지 운수가 사나워서 잘못될 여지가 있는 일은 죄다 잘못되고 마는 듯한 기분이 들지도 모른다. 발부리를 차이거나, 수표가 되돌아오거나, 가전제품이 고장 나거나, 커피를 쏟거나, 좋아하는 사람과 말다툼을 하거나, 몸이 안 좋은 기분이 들 수도 있다. 이것은 분명히 부정적 대답이거나 '아니다' 반응이다.

라이프사인 과정을 하지도 않는데 뭔가의 개입을 받는 기분이라면 우주가 슬며시 당신의 등을 떠미는 것일 가능성이 크다. 뭔가 다른 것이나 다른 방향으로 관심을 기울여보라고 말이다. 이 문제에 대해서는 27장에서 다시 다루기로 하자.

라이프사인 과정에서 여기까지 왔다면 질문의 해답이 무엇인지

감을 잡고 있으며 이제 증명하는 일만 남았다는 뜻이다. 표준화 접근법이나 즉흥적 접근법 중 하나를 골라 적용했다면 해답을 받을 것이다. 해답을 받으면 5단계로 넘어가라.

결과가 의외라면, 다시 말해서 당신의 가설을 입증할 수 없었다면 앞으로 되돌아가라. 그리고 당신이 우주에게 보낸 질문을 다시 읽어보라. 문장의 의미를 정확하게 표현하고 있는가? 그렇지 않다면 다음 날 다시 하라.

직관을 절대 무시하지 마라. 분명히 신호가 '아니다'로 보여도 직관적으로 '그렇다'로 판단된다면 가설을 세운 처음 단계로 돌아가 재검토하라. 처음과 나중 과정 사이에 다른 점이 있는지 확인하라. 과정을 시작할 때 던진 질문은 명료했나? 과정 자체는 명료하게 진행되었고 그 결과 받은 신호는 증명되지 않았지만 직관적으로 이미 증명되었다는 생각이 들면 증명 과정을 다른 날 다시 하라.

증명 과정에서 명확한 확인을 못 얻었다는 느낌이 들면 모든 과정을 중단하라. 잠시 쉬라. 둥근 구멍에 네모난 못을 억지로 박아 넣는 기분을 느끼면서까지 과정을 계속할 필요는 없다. 증명을 했다면 '아하!' 하고 뭔가를 깨닫는 순간에 바짝 다가간 셈이다. 에피파니만큼 강렬하지는 않지만 어느 정도의 확신을 느낄 수 있을 것이다.

이 단계에서 추측이 증명되었든 아니든 마지막 5단계로 가라.

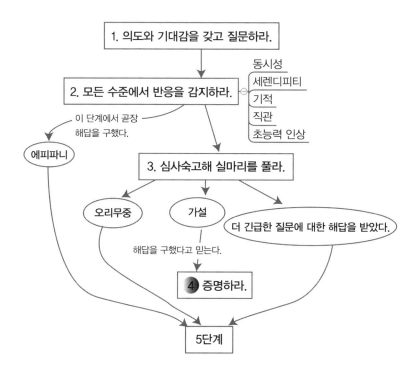

라이프사인 과정 4단계

1. 의도와 기대감을 갖고 질문하라.

2. 모든 수준에서 반응을 감지하라.

동시성
세렌디피티
기적
직관
초능력 인상

이 단계에서 곧장 해답을 구했다.

에피파니

3. 심사숙고해 실마리를 풀라.

오리무중

가설

더 긴급한 질문에 대한 해답을 받았다.

해답을 구했다고 믿는다.

④ 증명하라.

5단계

상복

헬렌은 지금 덴버에 살지만 원래는 남부 지방 출신이다. 어느 해 크리스마스를 앞두고 그녀는 미시시피와 루이지애나에 있는 친지들을 방문할 계획을 세웠다.

어느 아침 여행 갈 짐을 싸고 있는데 어디선가 이런 말이 들렸다. "상복을 챙겨 가." 헬렌은 그 목소리에 크게 신경 쓰지 않았다. 그런데 그날 밤 명상을 하는데 또다시 상복을 챙기라는 메시지를 받았다. 이튿날 아침에도 똑같은 목소리가 들렸다. 헬렌은 가족 중에 아픈 사람이 없다고 알고 있었기 때문에 도무지 이해가 되지 않았다. 하지만 일단 목소리를 믿고 상복을 챙겼다.

헬렌은 미시시피에서 가족과 함께 크리스마스를 보내고 친구들을 만나기 위해 배턴루지로 향했다. 그런데 배턴루지에 도착한 후 미시시피로 급히 돌아오라는 가족의 전화를 받았다. 찰리 삼촌이 돌아가셨다는 것이다.

5단계: 감사를 표하라

감사는 가장 훌륭한 미덕일 뿐만 아니라

다른 모든 미덕의 부모이기도 하다.

— 키케로, 고대 로마의 철학자이자 정치가

당신은 이제 라이프사인 과정의 마지막 단계에 도달했다. 이 단계는 지금까지의 과정 가운데 가장 간단하지만 아마 가장 중요할 것이다. 감사하라! 고맙다고 말하라. 고맙다고 생각하라. 고맙다고 적으라. 대답을 받았든 못 받았든 일단 우주에 감사하라.

감사의 법칙

감사하는 마음을 표현하면 기분이 훨씬 더 좋아진다는 사실을 알아 차렸는가? 만족스러운 기분도 더 커진다. 부정적인 생각은 에너지 의 흐름을 무너뜨리고 저항을 만든다. 반면 긍정적인 생각은 가장

라이프사인 과정 5단계

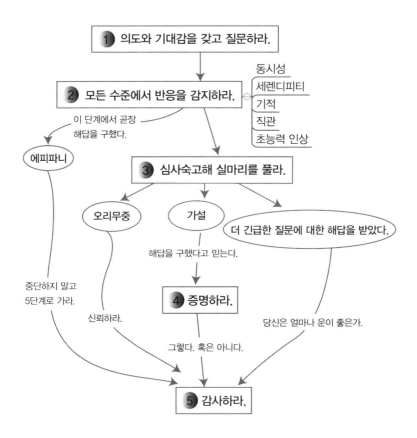

1 의도와 기대감을 갖고 질문하라.

2 모든 수준에서 반응을 감지하라.

동시성
세렌디피티
기적
직관
초능력 인상

이 단계에서 곧장 해답을 구했다.

에피파니

3 심사숙고해 실마리를 풀라.

오리무중

가설

더 긴급한 질문에 대한 해답을 받았다.

해답을 구했다고 믿는다.

중단하지 말고 5단계로 가라.

신뢰하라.

4 증명하라.

당신은 얼마나 운이 좋은가.

그렇다. 혹은 아니다.

5 감사하라.

깊숙한 욕구를 끌어내도록 도와준다. 가진 것에 감사하다보면 당신이 얼마나 축복받은 존재인지 깨닫게 된다. 지금 가진 것만으로도 당신의 삶에서 축복과 충만함이 얼마나 더 커졌는지 잘 알게 된다. 게다가 감사하는 마음은 전염된다. 지금 가진 것에 더 많이 감사하고 감사해야 한다고 생각하다보면 더 많이 받게 된다. 이것이 참된 욕구를 드러내는 가장 간단한 방법의 하나이다.

인기 작가이자 영적 스승인 마이클 버나드 벡위드는 인류가 "진화와 번성에 필요한 것을 모두 가졌다"고 주장한다. 또한 "진화된 사람들은 다른 사람들이 대부분 당연하게 생각하는 것들에 감사할 줄 안다"고도 했다.

여러 연구 결과만 봐도 정기적으로 고마움을 표현하면 더 건강해질 수 있다. 삶에 대한 고마움을 늘 표현하는 사람들은 일반적으로 덜 우울하고 운동도 더 많이 한다. 또 삶을 충만하게 산다. 당신이 가지지 못한 것을 골똘히 생각하기보다 가진 것에 감사할 때 스트레스를 비롯해 삶을 힘들게 하는 것들을 훨씬 더 잘 다루게 될 것이다. 마음에 늘 감사를 품고 있으면 분노와 절망감, 증오, 두려움과 같은 부정적인 감정들이 사라진다. 부정적인 감정은 우리의 자연스러운 에너지 흐름을 파괴한다. 고마움을 표현하면 그러한 부정적 감정이 사라진다. 자, 생각해보라. 고마움과 두려움을 동시에 느낄 수 있는가? 아니면 고마움과 분노는? 절대 아니다. 긍정적인 것은 부정적인 깃을 물리치기 때문이다.

예수님은 말씀하셨다. "범사에 감사하라."(성경, 데살로니가전서 5장 18절) **'존재한다는 사실'**에 감사하라. 삶이 당신에게 무엇을 주든 감사하라. 가난하든 부유하든, 가족이 있든 혼자든, 건강하든 아프든, 세상살이가 순조롭든 시련과 고난의 연속이든 감사하라. 당신의 신체가 완벽한 조화를 이루며 기능하든 아니든 감사하라.

그리스의 철학자 플라톤이 아주 좋은 말을 했다. "감사하는 마음은 결과적으로 위대한 것들을 끌어당기는 위대한 마음이다."

정기적으로 자신의 삶을 되돌아보고 고마워하는 마음을 잊지 않고 자꾸 떠올리는 습관을 기르라. 라이프사인 과정의 장점 가운데 하나가 감사의 실천도 자연스럽게 만드는 영적 수행이다. 주머니에 감사 부적을 넣고 다니면서 그것을 만질 때마다 감사하는 마음속으로 들어간다고 생각하라. 아니면 볼 때마다 잠시 짬을 내어 감사해야 한다는 사실을 떠올릴 만한 것으로 핸드폰의 배경화면을 바꾸라. 아니면 거울을 볼 때마다 당신의 눈을 응시하며 **살아 있다는 사실**에 감사하라.

당신이 평생 동안 한 기도가 '고맙습니다'라면 그것으로 족하다.

– 마이스터 에크하르트

수행 10: 감사의 흐름

하루 날을 잡아서 주위를 잘 관찰하며 하루 동안 당신을 찾아온 기쁨이나 축복, 성취를 기록하라. 그 일이 얼마나 중요한지 혹은 사소한지 신경 쓰지 말고 당신이 거둔 성과를 기록하라. 제일 먼저 당신의 삶이 얼마나 대단한지 새삼 깨닫게 될 것이다. 그러면 당신이 받은 은총을 다 기록할 시간이 없다는 생각이 들 것이다. 이렇게 되면 당신은 감사의 흐름을 경험하는 중임을 깨닫는다.

내려놓기

양자물리학에 의하면 생각은 에너지이다. 우리가 뭔가를 생각할 때마다 우리의 생각은 흔적을 남기거나 에너지를 형성한다. 수행을 하면 에너지 주머니들이 만들어지는데, 그것들이 우리가 자주 머무르는 곳에 남을 수도 있다. 특히나 명상하는 장소는 그럴 가능성이 높다. 오래된 의도들을 치워버리지 않으면 신호가 계속 나타날 수도 있다. 거기에 다른 질문에 대한 해답인 다른 라이프사인 신호가 나타나면 메시지가 뒤죽박죽으로 섞여서 혼란을 야기할 수도 있다.

라이프사인 과정을 마무리 지을 때는 항상 감사하라. 그다음에는 새 의도로 해결된 의도를 정리하라. 지나간 라이프사인 과정의 결과를 내려놓겠다는 의도를 세우라. 그러면 그 의도에 따라 낡은 의도는 사라진다. 감사하라. 온 마음을 다해서 이 과정의 목적도 내려놓으라. 이렇게 말하면서 말이다.

"저는 (당신이 세웠던 의도)에 대해 우수(나 당신이 생각하는 최고의 이상)에게 메시지를 보내달라고 했던 의도를 이제 내려놓습니다. 저는 이 경험에 마음 깊이 감사하며 이렇게 내려놓으려 합니다."

학교

로리 나자르노는 가르치는 일을 생각하면 사명감을 느끼면서 일할 수 있을 것 같았다. 한편으로는 교사의 봉급이 얼마인지도 잘 알았다. 그래서 대학에서는 교육학이 아니라 스포츠 의학을 전공했다. 그녀는 대학을 졸업하고 오하이오의 어느 헬스클럽에서 피트니스 책임자가 되었다. 그런데 취직을 한 후 친구로부터 전화가 왔다. 친구는 그녀에게 이렇게 사정했다. "우리 학교에 배구 감독이 필요해. 너는 감독을 하면서 과학 과목도 맡을 수 있잖아……."

로리는 저항감을 느끼면서도 결국 교직에 투신했고 그 일을 좋아한다는 사실을 깨달았다. 교사가 된 지 10~11년 정도 지나자 그녀는 뭔가 다른 것이 필요하다는 느낌이 자꾸 들었다. 결국 로리는 수석교사 자격증을 따기로 했다. 그녀는 지원금도 받게 되었는데, 시상식에서 교사 그룹의 멤버인 어떤 사람과 알게 되었다. 그녀는 그 인연으로 활기가 넘치는 교사 단체에 가입하게 됐는데, 이들은 자신들의 학교를 만들 꿈을 꾸고 있었다. 그들이 꿈꾸는 학교는 행정 책임자들이 아닌 교사가 이끄는 학교였다.

로리는 언니가 콜로라도로 이사를 가자 몹시 실망했다. 콜로라도는 너무 먼 데다 조카들을 봐줄 수도 없었다. 그렇다고 일부러 플로리다에서 콜로라도로 이사를 갈 생각은 없었다. 다만 그런 가능성을 완전히 배제하지는 않았다. 운명의 장난인지 그녀는 볼티모어에서 열리는 콘퍼런스에 참석하게 되었다. 어차피 그렇게 될 일이었는지, 덴버공립학교 학구의 누군가가 그녀가 콘퍼런스에 참석한다는 소문을 들었다. 두 사람은 만났고 그 결과 로리는 덴버공립학교에서 교편을 잡게 되었다. 당연히 콜로라도로 이사를 가야 했다.

로리는 교사들이 주축이 되는 학교를 여는 꿈을 꾸었다. 덴버에 온 후로 그녀는 레이크우드의 마일 하이 교회에서 마음의 과학 강의를 듣기 시작했다. 첫 강의에서는 참석한 사람들이 돌아가며 개인적인 이야기를 했는데, 로리는 자신의 순서가 되자 이렇게 말했다. "저는 학교를 열고 싶어요." 몇 달 후 그녀는 다른 강의에서 또 학교 이야기를 했다는 사실을 깨달았다. "저는 학교를 열고 싶어요."

3주 후 덴버공립학교는 새로운 형태의 학교를 개발하기 위한 제안서 모집안을 발표했다. 로리는 그 사실이 믿기지 않았다. 그녀는 그 무렵 교직에 투신한 지 20년이 되었으며 새로운 형태의 학교를 여는 것은 그녀의 오랜 꿈이었다. 그녀는 제안서를 작성할 때 도움을 부탁해볼 지인들이 많았다. 그런데 약간의 문제가 생겼다. 예산을 마련해야 하는데, 그 방면에 경험이 없었던 것이다. 그녀는 내면을 바라보며 물었다. "지금 도움이 필요한 거지?"

이 문제를 심각하게 인식했을 무렵 그녀의 친구에게서 연락이 왔다. 그 친구는 예산을 마련할 수 있는 사람을 안다고 했다. 로리는 너무나 빨리 벌어진 '우연의 일치'에 살짝 놀랐다. 그녀는 자신의 내면을 들여다보며 "고마워!"라고 소리쳤다.

덴버공립학교는 평교사들이 이끄는 학교를 열겠다는 그녀의 제안서를 채택했다. 그녀가 제안한 새 학교는 전통적인 학교와 차터 스쿨(공적 자금을 받아 교사·부모·지역단체 등이 설립한 학교-옮긴이)을 절충한 형태였다.

학교를 열 준비를 하다 보니 교사를 충원해야 했다. 로리는 직무설명서를 만들어야겠다고 생각하던 중에 우연히 페이스북에서 옛친구와 다시 연락을 주고받게 되었다. 그리고 그 친구를 통해 뛰어난 재능을 가진 교사가 덴버에서 교사직을 찾고 있다는 소식을 듣게되었다. 교사 모집 공고를 내기도 전에 훌륭한 선생님의 소문을 듣게 된 것이다.

처음에는 새로운 학교를 설립하는 제안서 모집, 그다음은 예산, 그다음은 적임자인 교사……. 그녀는 이를 바탕으로 계획을 실천하기 시작했다. 그녀는 학교에 대한 질문을 던질 때마다 믿고 있으면 대답이 왔다는 사실을 깨달았다. "나는 질문을 하고 주위에서 벌어지는 모든 일에 주의를 기울여요. 그러면 문득 답을 찾을 수 있어요." 로리는 이렇게 말한다.

로리의 이야기는 라이프사인으로부터 질문에 대한 해답을 어떻게구하는지 잘 보여준다. 어떤 신호는 우리가 마음 가장 깊은 곳의 욕구를 어떻게 끄집어내는지 보여주기도 한다. 한편 우주가 우리에게질문의 해답을 보내주며 항상 바로 우리 앞에 있다는 사실도 보여준다. 우리는 그저 해답을 구하고, 주의를 기울이고, 고마움을 표하면된다. 우리는 그저 라이프사인을 실천하면 된다.

24

라이프사인의 적용

우리가 모든 이의 얼굴에서 아름다움을 찾아낸다면
다른 사람들을 가장 지혜로운 자아로 끌어올리고
동시성을 지닌 메시지를 들을 기회도 더 많아질 것이다.

— 제임스 레드필드, 작가

지금까지 나는 라이프사인이 동시성을 띠고, 세렌디피티이며, 설명할 수 없는 사건이나 기적이라고 했다. 이런 사건들은 우주가 우리에게 어떤 정보를 알려주려는 시도이다. 라이프사인 과정(의도를 갖고질문하기, 경외감을 갖고 감지하기, 실마리를 풀기, 증명하기, 고마움을 표하기)은 우주에게 던진 질문의 해답을 얻는 데 사용한다. 라이프사인 과정을 적용할 수 있는 분야는 많다.

일상 수행

우리가 최선을 다한다면 자신의 삶이나 타인의 삶에

기적이 임했다는 사실을 절대 알 리 없다.

— 헬렌 켈러, 작가

라이프사인 과정을 가장 잘 적용할 수 있는 분야는 매일의 일상 혹은 일상 수행이다. 앞에서 언급한 다양한 일화들이 좋은 예가 된다. 매일 이 연습을 하려면 일장일단이 있다. 익숙하지 않은 방식으로 일상의 삶을 관찰하려면 두말할 필요 없이 꽤 많은 에너지가 필요할 것이다. 매번 주의를 기울여 일상을 빠짐없이 관찰하려면 지켜보아야 할 사람들이 어마어마해진다. 당연히 처음에는 쉽지 않다. 하지만 계속하면 어느새 제2의 천성이 될 것이다. 처음에는 관찰한 것을 모두 기록해야 할 것처럼 보일 것이다. 그러다보면 시간은 또 얼마나 들겠는가. 하지만 연습을 하면서 내면에 귀를 기울이고 더 잘 알게 되면 기록으로 남길 만큼 중요한 일을 골라낼 수 있다. 하루에 딱 2분만 시간을 내 통찰력을 발휘한 내용을 기록하라. 관찰한 내용을 녹음기나 핸드폰에 녹음해두어도 좋다. 그날 밤에 녹음한 내용을 받아쓰면 된다.

막상 하려면 꽤 힘들 것 같지만 참고 계속하면 영적으로 깨어 있을 수 있다는 점이 최대 장점이다. 영적인 시각에서 이 수행에 접근하고 근원이 말해주려는 메시지를 찾고 있다는 사실을 명심하면 **실천하기**가 더 쉬워진다. 영적인 방식으로 삶을 꾸려나가려는 마음도 따라서 커질 것이다. 신과 더 많은 대화를 하고 싶어질 것이다.

이 과정을 실생활에 적용하려면 질문을 던져 답을 **구하라.** 그런 후에는 녹음기라도 된 듯이 주시하고, 살피고, 듣고, 감지하라. 동시성을 띤 사건과 세렌디피티, 평범하지 않거나 설명할 수 없는 사건에서 의미를 찾으라. 내면의 목소리나 내면의 지식에 귀를 기울이라. 감정을 무시하지 마라. 그런 후에는 앞에서 대략적으로 살펴보았듯이 실마리 풀기와 증명하기, 감사하기와 같은 라이프사인 과정을 진행하면 된다.

음악을 통한 수행

나는 물리학자가 되지 않았다면 음악가가 되었을 것이다.

나는 종종 음악을 들으며 생각한다. 음악을 들으며 백일몽을 꾸기도 한다.

나는 음악의 관점에서 내 삶을 바라본다.

– 알베르트 아인슈타인

음악 수행만 하든, 일상의 수행을 적용하는 데 더하든 음악은 라이프사인을 활용하는 훌륭한 방법이다. 무작위로 들리는 음악에 특히 주의하라. 차에 타서 라디오나 CD를 틀 때 처음으로 나오는 몇 곡을 유념해서 들으라. 시계가 달린 라디오를 자명종으로 쓸 경우 알람으로 어떤 곡을 사용하는가? 엘리베이터나 가게, 식당, 공항에 있거나 잠시 대기 중일 때 음악을 듣는가? 어떤 음악을 듣는가? 음악을 당신의 질문에 어떻게 적용하는가?

CD나 아이팟, MP3플레이어에서 음악을 랜덤으로 재생시킬 때도 음악에서 의미를 찾을 수 있다. 나는 CD를 60장 넣을 수 있는 CD 플레이어가 있어서 무작위로 음악을 재생시킨다. 그리고 주로 다음과 같은 방법으로 라이프사인 과정에 음악을 활용한다.

1. 아침에 본격적으로 하루를 준비하기 전에 길잡이를 받고 싶은 인생의 분야를 떠올린다. 라이프사인을 활용하는 다른 방법들과 함께 질문을 한다. 때로는 질문을 기록한다. 그리고 CD플레이어에 랜덤으로 음악을 재생시킨 후 큰 소리로 질문한다. 첫 곡의 재생이 끝나기 전에 간단히 말한다. "제게 말해주세요!"

2. 대략 5분에서 10분 동안 그때 연주되는 노래를 유심히 듣는다. 음악이 내 질문에 얼마나 정확히 반응해 해답이나 통찰력을 보여주는지 언제나 놀란다. 처음으로 나오는 몇 곡에 특히 더 주의를 기울인다. 내 질문에 아무런 통찰력을 보여주지 않더라도 그 곡들 사이의 유사성이나 패턴을 찾아본다. 어떤 결과를 얻든 그 내용을 기록하고 감사하라.

꿈을 통한 수행

꿈은 내일의 질문에 대한 오늘의 해답이다.

– 에드거 케이시, 영매

살다보면 때로 중요한 문제에 대한 결정을 잠시 미룬 채 심사숙고하고 하룻밤 묵혀둘 시간을 가져야 할 때가 있다. 이 시간에 우리의 의식은 잠시 휴식을 취하지만 무의식은 문제를 해결하기 위해 분주하다. 그래서 문제를 하룻밤 **묵힌** 후 아침에 일어나면 대개 상황이 좀 더 명확하게 보인다.

일상이나 음악을 통한 수행과 마찬가지로 꿈에서도 정보를 얻을 수 있다. 이런 다짐을 하며 잠을 청하라. "나는 (당신이 지금 길잡이가 필요한 문제)를 이해하는 데 도움이 될 꿈을 꼭 기억해둘 것이다."

이런 다짐이 생각에 힘을 불어넣는다. 그런데 우리는 대개 꿈을 잘 기억하지 못한다. 눈을 떴는데 꿈이 전혀 기억나지 않으면 이렇게 자문하라. "지금 나는 어떤 기분이지?" 가만히 누워서 곰곰이 기분을 살피라. 기분이 좋은가? 슬픈가? 불안한가? 잠을 깼을 때의 기분이 전날 밤 던진 질문과 관련이 있다는 사실을 명심하라.

꿈에서 본 내용이든 아침에 일어났을 때의 기분이든 모두 기록하라. 먼저 질문부터 시작해서 당신의 경험까지 전부 기록하라. 마지막으로 길잡이를 받았다고 느끼든 아니든 고마움을 표하라.

쓰기와 창의력 도구

당신이 작가든, 화가든, 창의적인 여행을 떠나려는 사람이든 라이프사인 과정을 활용해 창의력을 키울 수 있다.

작가인 나는 소실의 줄거리를 발전시키기 위해 필요하다면 온갖 수행을 다 해본다. 특히 꿈을 통한 수행을 즐긴다. 잠들기 전에 글을 쓸 때가 많아서 잠이 들 때는 줄거리가 기억에 선명하다. 설령 잠들기 전에 글을 쓰지 않아도 잠자리에서 머릿속으로 이야기를 다시 검토하면서 잠들기 전에 이렇게 다짐한다. "줄거리가 어떻게 전개될지 이해하는 데 도움이 되도록 꿈을 꼭 기억하자. 줄거리에 최고이자 최선인……." 그렇게 잠이 든 후 깨자마자 가만히 누워서 지난밤 꿈을 떠올린다. 기억이 나지 않으면 일어난 직후의 기분을 잘 더듬어 보고 거기에 어떤 의미가 있는지 생각한다. 마지막으로 줄거리를 떠올린다. 더 정확히 말하자면 내가 지난밤에 쓴 부분과 그곳에서부터 어떻게 이야기를 풀어가야 할지를 생각한다. 그렇게 하면 대개 좋은 방향이 떠오른다.

어떤 수행을 하든 라이프사인을 적용하려면

- 의도를 갖고 질문하라. (아니면 꿈을 이용할 때는 **다짐하라**.)
- **경외심을 갖고 감지하라.** (아니면 꿈을 기억하라.)
- 느낌이나 메시지를 **풀라**.
- 필요하다면 다른 방식으로 (이를테면 일상이나 음악을 통한 수행으로) 확인을 구하면서 꿈의 해석을 **증명하라**.
- **고마움**을 표하라.

명상을 통한 수행

생각을 멈출 수 없는 건 끔찍한 고통이다. 하지만 사람들은
대부분 이것으로 고통받고 있으므로 아무도 알아차리지 못한다.
이런 상태가 정상이라고 여길 뿐이다.

이렇게 정신적 소음이 쉬지 않고 들리면
신과 불가분의 관계인 고요한 내면의 영역을 절대 찾을 수 없다.

– 에크하르트 톨레, 작가

라이프사인 과정을 적용할 수 있는 분야로는 명상도 있다. 꿈처럼 의도를 세우고 이렇게 다짐하라. "이 명상은 …… 이해하는 데 도움이 될 것이다." 명상을 하는 도중에 어떤 신호가 찾아왔든 아니든 명상이 끝나면 그 시간을 되짚어보며 감사를 표하라. 마음을 고요하게 가라앉히고 나면 대부분 상황이 더 명료하게 눈에 들어올 것이다. 대개 명상하는 동안 평소에 하지 못한 생각이 떠오를 것이다. 난데없이 어떤 생각이 펑 튀어나온다. 때로는 오래된 기억이나 감정이 수면 위로 떠오르기도 한다. 어떤 경험을 했든 잘 기억해두고 감사하라. 이런저런 평가는 제쳐두고 그냥 내려놓으라.

시너지 수행

인생은 퍼즐이다. 그러니 풀어라.

– 무명씨

시너지 수행을 하며 둘 이상의 수행에서 나온 결과를 조합하면 답이 떠오를 것이다. 이때 사용한 수행법들을 따로따로 했다면 어쩌면 해답은 빛을 보지 못했을지도 모른다. 하루 동안 둘 이상의 수행법으로 라이프사인 과정을 일상에 적용해보라. 그렇게 해보면 대개 여러 수행법 사이에서 패턴이 나타난다. (일상의 수행과/이나 꿈을 통한 수행, 명상을 통한 수행, 음악을 통한 수행.) 이런 경험들을 기록하면 도움이 된다. 왜냐하면 라이프사인 과정을 적용한 여러 분야 사이에서 발생한 미묘한 상관관계나 동시성을 미처 알아차리지 못할 수도 있기 때문이다.

　　다음 이야기는 우주가 능동적이라기보다 수동적으로 메시지를 전달하려 하는 모습을 잘 보여준다. 게다가 우리가 다양한 수행법으로부터 어떻게 메시지를 알아보고 받아들이는지도 잘 보여준다. 이 일화에서는 음악과 꿈을 활용했다. 다음은 내가 자살을 한 어떤 남자에 대해 혹은 그 남자로부터 어떤 메시지를 받고 홀로 남은 아내에게 그 메시지를 전해줄지 고민하던 중에 우주로부터 이야기를 전해주라고 격려를 받은 일화이다.

장례식

예전에 나는 덴버의 어느 교회에 나간 적이 있다. 신도들은 대런이라는 신자가 오랜 세월 우울증과 싸운 끝에 자살로 생을 마감한 일로 충격을 받은 상태였다. 나는 대런과 그의 아내인 낸시와는 어쩌다가 약간 아는 사이에 불과했다.

　　대런의 장례식 날 아침 나는 생시 같은 꿈을 꾸었다. 꿈속에서도 꿈이라는 사실을 알고 있었다. 이런 꿈을 꾸면 나는 꿈을 꾸는 동안에도 의미를 찾으려고 한다.

그 꿈에서 나는 대런을 보았다. 그는 활짝 웃고 있었고 분명히 즐거워하고 있었다. 그는 평화로웠다. 그를 본 순간 이런 생각이 머리를 스쳤다. '희한하네! 대런의 미소가 너무 아름다워. 생전에 저렇게 웃는 모습을 한 번도 못 봤는데. 저렇게 평화로운 모습을 본 기억이 없어!'

'음, 이게 무슨 의미일까?' 나는 꿈속에서도 곰곰이 생각했다.

내게 온 메시지를 해석해보면 '대런은 잘 지내고 있고 그의 영혼은 영생을 하며 무척 평화롭다'는 뜻이었다.

그날 아침 나는 파트너와 함께 대런의 장례식에 참석하려고 교회로 향했다. 나는 파트너에게 대런이 나온 꿈 이야기를 들려주었다.

"낸시에게 이야기를 하는 게 좋지 않을까." 그녀가 말했다.

나는 절대 그러고 싶지 않았다. 영원한 안식을 취하도록 남편을 보내는 날 아침에 그런 꿈 이야기를 들려주어 낸시를 힘들게 하다니, 그런 건 상상도 할 수 없었다.

바로 그때였다. 자동차 오디오에서 셀린 디옹의 '마이 하트 윌 고온My Heart will go on'이라는 노래가 나오는 것이 아닌가. 이 노래는 꿈속에서 떠나간 연인의 모습을 보고 마음의 평온을 구하며 사후에도 여전히 그대가 내게 와서 우리는 함께한다는 내용이었다.

그 노래를 듣자마자 나는 더 이상 고민할 필요도 없었다. 게다가 연달이 나온 두 곡도 꿈에 관한 노래들이었다. 꿈에 대해 말해주는 것만 세 개였다. 나는 우주가 그 메시지를 낸시에게 전하라고 한다는 것을 알아차렸다.

우리가 도착했을 때는 교회가 이미 조문객들로 가득 차 있었다. 안내하는 사람이 내게 입석으로 가라고 했다. 자리가 없어서 벽감에 혼자 서 있었다. 아마도 설교단까지는 8미터가량 되었을 것이다.

낸시가 죽은 남편에 대한 추모사를 읽으려고 일어섰는데, 얼마나 기운이 소진되었는지 한눈에 보였다. 우리의 몸은 일곱 겹의 에너지로 싸여 있다. 나는 에너지를 보는 것보다 느끼는 쪽이 더 강하지만 때로는 사람을 에워싼 빛이나 칙칙한 회색이나 흐릿한 기운을 볼 때도 있다. 그런데 낸시에게선 그런 에너지가 거의 보이지 않았다.

낸시가 설교단에서 말을 시작했다. 앞줄에 앉은 낸시와 대런의 아이들이 보였다. 바로 그때 아이들의 자리와 회중 앞에 낸시가 서 있는 곳 사이에서 에너지가 뭉쳐진 덩어리 같은 것이 보였다. 처음에는 내가 헛것을 보는 줄 알았다. 하지만 눈을 몇 번이나 깜박거리고 지긋이 바라보았더니 그곳의 빛이 점점 더 환해졌다. 내가 사람들 주위에서 흔히 보는 오라나 빛 같은 에너지처럼 보였다. 하지만 그곳에는 아무도 없었다. '어떻게 이런 일이 있을 수 있지?' 그 빛은 그 자리에서 꿈쩍하지 않았다. 빛의 둘레는 1미터가 조금 넘는 듯했고 낸시와 아이들로부터 각각 2.5미터가량 떨어져 있었다.

어느 순간 낸시의 목소리가 갈라지더니 쉽사리 말을 잇지 못했다. 그녀는 눈물을 삼켰다. 저러다가 쓰러질 것 같다고 생각한 순간 아이들과 낸시 사이에 있던 빛이 낸시를 향해 재빨리 움직였다. 그 빛이 그녀를 감싸자 어느새 그녀의 오라가 강해졌다. 어느덧 어느 것이 낸시의 오라이고 어느 것이 내가 본 기묘한 빛인지 구별할 수 없을 정도가 되었다. 그 순간 낸시가 심호흡을 하더니 진정하고 추모사를 계속 읽었다. 그녀는 완전히 평온을 되찾아 감정을 주체하지 못하는 일 없이 무사히 장례식을 끝냈다.

우리는 교회를 빠져나와 대런의 재가 안치된 곳으로 들어갔다. 그런데 어떤 신도가 다가와 추모사를 읽는 동안 "내내 환하게 빛나던 것"을 보았냐고 물었다.

잠시 후 나는 마침내 상주와 인사를 나누는 줄의 맨 앞에 서게 되었다. 나는 낸시를 포옹하며 그녀에게 이렇게 속삭였다. "대런이 당신에게 보낸 메시지가 있어요. 잘 지내고 있고 영생을 얻었다는 사실을 알리고 싶어 해요."

그녀는 나를 꼭 안고 흐느껴 울었다. 그렇게 한동안 나를 꼭 안고 있었다.

나중에 그녀에게 내 꿈을 들려주었다. 그 이야기를 다 들은 후 그녀는 마음의 안식을 얻었다.

25

라이프사인의 다양한 예

평소에 우연의 일치와 그 의미를 제대로 이해하면

그 아래에 있는 무한한 가능성의 영역과 연결될 수 있다.

— 디팩 초프라

빛

우리가 각자의 빛을 환하게 밝힐 때는

자신도 모르게 다른 사람들도 각자의 빛을 밝히도록 도와준다.

— 메리앤 윌리엄슨

1990년대 후반에 『가면』을 쓸 때였다. 소설의 줄거리를 어떻게 풀어갈지를 놓고 일종의 갈림길에 서게 되었다. 등장인물 하나가 작사가 겸 가수였다. 게다가 곡도 썼다. 나는 두 곡의 가사를 썼는데, 각각이 소설에 다른 의미로 주제를 심어주었다. 한 곡의 제목은 '빛'이었다. 이 곡은 소설에 형이상학적인 함의를 제공했다. 다른 곡은 동기를 좀 더 보강해주었다.

이 대목에 이르기까지 소설에는 영적인 뉘앙스가 전혀 없었다. 그러므로 소설에 어떤 색채를 부여할지에 따라 두 곡 가운데 한 곡을 선택해야 했다. 잠자기 전 밤마다 치르는 나만의 의식을 하기 전에 우주에게 내 소설의 방향을 보여달라고 했다. 그날 밤 나는 어떤 곡을 소설에 골라 넣어야 할지 판단하는 데 도움이 될 신호를 보여달라고 했다.

한밤중에 나는 침실의 불이 이유 없이 켜지는 바람에 잠에서 깼다. 나는 약 2.5미터 정도 떨어져 있는 서랍장 위의 전깃불을 실눈을 뜨고 보았다. 파트너는 누운 자리에서 몸을 뒤척이며 자신이 켠 게 아니라고 했다. 나는 침대에서 일어나 불을 끈 후 다시 잠을 청했다. 잠시 후 또다시 방 안에 불이 환하게 켜져 있는 탓에 눈을 떴다. 나는 주위를 두리번거렸지만 불 근처에는 아무도 보이지 않았고 내 파트너는 무슨 영문인지 의아해하며 침대에 누워 있었다. 나는 다시 불을 껐다.

그날 밤 침실의 '불'은 까닭 없이 세 번이나 켜졌다. 그것이 내가 받은 신호였다. '빛' 말이다. 이유는 설명할 수 없었지만 나는 해답을 받았다. 나는 '빛'의 가사를 소설에 넣기로 했다. 이 곡의 가사는 그 소설 전반에 영적인 뉘앙스를 더해주는 장치였다.

이 이야기에서 알 수 있듯이 나는 일단 의도를 정했고 어떤 곡을 책에 넣어야 할시 물었다. 이유를 설명할 수 없는 초자연적인 현상을 통해 나는 내 소설의 방향을 결국 완전히 바꿀 해답을 받았다.

이 소설에 실린 '빛'의 일부분이다.

해답은 간단해 – 사랑을 보여줘.

우리의 손에 달렸어. 너와 나.

변명은 그만해. 남 탓도 그만.

모두가 어둠 대신 빛을 보낸다면 지복은 현실이 될 거야.

앵크 십자

당신이 『가면』이나 『세일럼으로』, 『정도의 문제』를 읽었다면 책마다 공통으로 나오는 상징도 보았을 것이다. 특별히 계획한 것은 아니지만, 결코 우연이 아니라는 것을 나는 잘 안다. 내가 말하는 상징은 앵크 십자로, 고대 이집트에서는 이것이 영생을 상징했다. 당시 상황을 돌이켜서 어떻게 앵크 십자가 내 소설에 들어오게 되었는지 생각해보면 우주가 메시지를 어떻게 보내주는지 잘 알 수 있다. 내가 작가로 성숙해지고 영적으로 성장하면서 앵크 십자는 각각의 작품에서 더 새롭고 심오한 의미를 지니게 되었다.

1999년 2월경 우주는 또다시 내게 뭔가를 알리려 했다. 집 주변에서 초자연적인 현상이 연달아 일어났다. 하지만 그 어떤 사건도 합당한 이유가 없었다. 그러니 나는 영이 내 주의를 끌려는 중이라고 추측할 수밖에 없었다.

그 무렵 나는 A.R.E.에서 직관과 초능력 개발 훈련을 받고 있었다. 게다가 첫 번째 소설의 초교를 완전히 뜯어고치는 중이기도 했다. 어느 날 원고를 다듬고 있는데, 알파벳 'A'로 시작하는 단어를 사전에서 세 번이나 찾았다. 그런데 그 세 번 다 앵크 십자(ANKH)의 정의가 실린 페이지를 펼쳤다. 그 페이지에 실린 앵크 십자 그림에 유난히 눈길이 갔다. 왠지 낯이 익었지만 예전에 어디서 봤는지 좀처럼 기억나지 않았다. 그때는 그냥 어렸을 때 그런 십자가를 가지고 있었나보다 생각하고 말았다. 지금은 결코 그런 게 아니라는 걸 알지만 말이다.

같은 날 내 파트너가 읽고 있던 신문에서 고대 이집트의 상징물에 대해 보게 되었다. 나는 그 신문을 힐끔 보고는 어떤 그림을 가리키며 말했다. "저게 앵크 십자라는 거야." 그녀는 내가 안다는 사실에 더 놀라는 것 같았다. 실은 나도 내가 놀라웠다.

이튿날 아들에게 『이집트의 왕자』를 읽어주던 중이었다. 책장을 넘기자 눈앞에 커다란 앵크 십자가 그려져 있는 게 아닌가. 그 그림을 빤히 보고 있자니 가슴과 목구멍에 열기가 퍼지는 것 같았다. 갑자기 혼란스러웠다. 왜 십자 그림을 다시 보자 내 몸이 반응을 보일까?

그렇게 또 며칠이 흘렀다. 그동안 나는 앵크 십자가 나타나는 꿈을 두 번이나 꾸었다. 꿈은 너무 생생했다. 한 꿈에서 나는 무지개색을 한 앵크 십자가 하늘에 떠 있는 모습을 보았다. 다른 꿈에서는 식민지 시대 뉴잉글랜드의 복장을 한 여자가 나왔는데, 그녀의 주머니에 커다란 앵크 십자가 꽂혀 있었다.

이런 사건들이 연달아 벌어지던 두 주 동안 나는 초능력 개발 콘퍼런스에 참석했다. 그곳에서 들은 여러 강좌 중 어느 수업 시간에 나는 눈을 감았다. 그러자 나의 제3의 눈에서 앵크 십자가 번쩍 빛났다. 나는 환상을 잘 보는 편이 아니다. 하지만 그때만큼은 눈이 번쩍 뜨이지 않을 수 없었다. 게다가 그날 오후 몇 달 만에 만난 친구가 내게 앵크 십자 반지를 선물해주었다. "이유는 잘 모르겠어…….반지를 보니까 이건 네가 임자다 싶더라고." 친구는 이렇게 말했다. 다음 날 쇼핑을 하는데, 우연히 금으로 된 아름다운 앵크 십자 펜던트를 보게 되었다. 그건 누가 뭐래도 내가 가져야 했다. 그래서 두 번 생각하지 않고 사버렸다.

콘퍼런스를 끝내고 떠나기 전에 점을 봤는데, 고대 이집트에서 두 번의 생을 살았다는 점괘를 들었다. 한 번은 교사였는데 어떤 사실을 알 가치가 없는 사람에게 뭔가를 가르쳐주었다가 그 결과 목숨을 잃었다고 했다. (몇 년 후 이 책을 쓸 때 나는 당시 녹음해두었던 점괘를 다시 들었다. 세 번째 책인 『정도의 문제』에서 비슷한 설정이 나왔다는 사실에 화들짝 놀라고 말았다.)

그 점을 본 후 나는 첫 소설에 앵크 십자를 쓸 운명이었다는 생각이 문득 들었다. 왜 동시에 여러 일들이 벌어졌는지, 그 상징을 내 책의 어디에 집어넣으면 소설의 영적 뉘앙스를 더 강화할 수 있을지 다 알고 있었다. 앵크 십자를 소설에 넣은 후 그 상징과의 조우는 멈췄다……. 한동안은.

약 1년 후 나는 두 번째 소설 『세일럼으로』를 집필 중이었다. 나는 등장인물을 전생으로 돌아가게 하는 매개체로 무엇을 사용하면 좋을까 고민했다. 등장인물이 전생인 300년 전에 소유했다는 설정이 전혀 무리가 없는 물건이어야 했다. 나는 책상머리에 앉아 무엇이 좋을지 머리를 굴렸다. 그런데 그때 목에 걸고 있던 앵크 십자 펜던

트가 느닷없이 줄에서 툭 떨어졌다. 나는 펜던트를 주워 들고 잃어
버리지 않아 다행이라고 가슴을 쓸어내리며 목걸이 줄을 살폈다. 목
걸이 줄은 끊어진 게 아니었고 걸쇠도 멀쩡했다. 어떻게 걸쇠가 풀
리지도 않았는데 그런 일이 일어났는지 여전히 미스터리이다.

설명이 불가능한 사건이 또 일어난 것이다. 또다시 우주가 내게
메시지를 전하려는 게 틀림없었다. 약 1년 전에 꾼 꿈에서 식민지 복
장을 한 뉴잉글랜드 여자의 옷에 달린 주머니에서 앵크 십자가 비죽
나온 모습을 봤던 기억이 떠올랐다. 우주는 소설 속 등장인물이 전
생으로 돌아가는 매개체로 앵크 십자를 사용하길 원하는 것 같았다.
그래서 나는 그렇게 했다.

첫 번째 소설의 등장인물들 중에는 '아나스타샤'라는 인물이 있
다. 이 이름은 1995년에 처음으로 이 소설을 구상했을 때 염두에 두
고 있었다. 소설 속 아나스타샤는 가수였다. 1999년에 나는 하워
스 프레스와 출간 계약을 맺었고 소설은 2000년 9월에 발매되었다.
2001년 7월에 나는 소설의 독자로부터 이메일 한 통을 받았다. 이런
내용이었다.

작가님은 혹시 아나스타샤라는 이름의 가수가 실제로 있다는 사실을
아시나요? 그녀는 정말 소설 속 인물과 (생김새까지) 똑같아요! 알고 쓰신
건가요? 아니면 실제 아나스타샤에 대해 전혀 모르셨나요? (중략) 실제
아나스타샤와 소설 속 아나스타샤의 유일한 차이라면 이름의 영문 철자
가 다르다는 것뿐이에요.

몹시 놀라운 사실이었다. 너무 신기한 나머지 당장 음반 가게로 달려가 그녀의 CD를 구입했다. 집으로 돌아와 케이스를 열었을 때 나는 또다시 놀랐다. CD의 앞면에 앵크 십자가 새겨져 있었던 것이다. CD를 물끄러미 보고 있으니 내 얼굴과 목, 심장으로 뿜어져 나오는 어마어마한 에너지가 느껴졌다. 아나스타샤는 앵크 십자와 개인적으로도 관계가 있었다. CD에 새겨놓은 것뿐만 아니라 허리에도 앵크 십자 문신을 새긴 상태였다.

이 사건은 마치 개연성을 거부하는 것처럼 보였다. 내 등장인물은 아나스타샤로, 가수였으며 앵크 십자와 개인적인 관계가 있었다. 나는 세 번째 소설인 『정도의 문제』를 집필하던 중이었다. 그 책에서 앵크 십자는 훨씬 더 강력한 상징이 되었다.

리즈

2000년 4월에 나는 두 번째 소설인 『세일럼으로』를 교정 중이었다. 첫 소설 『가면』은 그해 하반기에 출간이 예정돼 있었다. 그해 봄 나는 콜로라도 스프링스에서 열린 작가 콘퍼런스에 참석했다. 참석의 주된 목적은 첫 소설을 영화 제작자에게 홍보하려는 것이었다. 이 제작자는 소설 판권을 영화계에 판매하는 과정에 대해 프레젠테이션을 할 예정이라, 나는 그의 워크숍에 꼭 참석하고 싶었다.

그러니 그 워크숍 직전에 들은 강연이 예정보다 길어지자 내가 얼마나 속이 탔겠는가. 나는 어떻게든 워크숍이 시작하기 전에 도착하려고 복도를 미친 듯이 뛰었다. 그리고 막 닫히려는 강의실의 앞문을 간신히 비집고 들어갔다. 실내는 사람들로 발 디딜 틈이 없었고 뒤쪽으로는 벽까지 참석자들이 몇 겹으로 늘어서 있었다. 주위를 눌러보니 앞쪽 줄의 중간 즈음에 빈자리가 있었다.

그 자리 옆에는 길고 검은 머리의 여자가 앉아 있었다. 나는 그녀의 시선을 끈 후 옆자리를 가리키며 물었다. "거기 빈자리인가요?"

"네." 그녀가 웃으며 대답했다.

나는 몇 사람을 지나 그 자리로 갔다. 그러다가 옆자리에 앉은 여자와 눈이 딱 마주쳤다. 그녀의 시선은 이내 아래로 살짝 내려갔다. 마치 내 목 주위를 살피듯이 말이다. 나는 그녀를 지나 자리에 앉았다. 제시간에 맞춘 것도 모자라 앞줄의 좋은 자리까지 차지했으니 이게 꿈인가 생시인가 싶었다.

연사가 재빨리 강연을 시작했다. 한 5분이 지났을까, 어디선가 요란한 소리가 들렸다. 화재경보기 소리였다.

'젠장. 내가 가장 고대했던 강연이 이제 막 시작됐는데.' 그저 이런 생각뿐이었다. 아직 쌀쌀한 봄날이었던 그날 오전 참석자들은 모두 소지품을 챙겨서 브로드무어호텔을 서둘러 빠져나왔다.

밖에서 서성거리고 있는데, 내 옆에 앉아 있던 여자가 다가와 말을 걸었다. 그녀는 자신을 리즈라고 소개했다. 우리는 금세 친해졌다. 시간이 순식간에 지나갔고 경보기 소리가 멈춰서 다시 콘퍼런스장으로 돌아가야 하는 게 아쉬울 성노였다. 강연장에 모두 자리를 잡자 연사는 중단된 강연을 다시 시작했다.

강연이 끝나자 사람들은 각자 관심이 있는 강연을 이어 들으려고 뿔뿔이 흩어졌다. 그런데 리즈가 내게 커피나 한 잔 하자고 했다. 다음 강연 그룹이 그다지 끌리지 않았기에 나는 선뜻 그러자고 했다.

우리는 음료를 사서 조용하게 이야기를 나눌 만한 곳을 찾아갔다. 자리를 잡자 리즈의 분위기가 일순 싹 변했다. 몹시 진지해진 것이다. "내 말을 어떻게 생각할지 모르겠어요. 하지만 당신에게 꼭 말해야 한다고 그랬어요." 그녀가 이렇게 말문을 뗐다.

'그러다니, 누가?' 나는 이렇게 생각하며 주위를 둘러보았다. 그녀와 나 외에는 아무도 없었다. "뭘 말해야 한다는 거죠?" 내가 물었다.

리즈가 심호흡을 했다. "당신이 처음 강연장에 들어와 내 앞을 지나쳐 갈 때 당신과 눈이 마주쳤어요……. 그리고 당신의 앵크 십자 펜던트에 시선이 끌렸죠." 리즈는 말을 멈추고 내 목에 걸린 십자 펜던트를 슬쩍 보았다. "그때 나는 알았어요. 내가 다른 생을 살 때 당신과 나는 아는 사이였어요."

사실 나는 살아오면서 기묘한 경험을 많이 했다. 하지만 그중에서도 최고는 바로 그때였을 것이다. 그녀는 무엇보다 앵크 십자, 즉 내 펜던트를 본 후 다른 생으로 다녀왔다고 했다. 그녀는 세상이 얼마나 달랐는지, 내 펜던트를 본 순간 주위가 천천히 사라져가던 모습이며, 우리가 엘리자베스 시대에 조약돌이 깔린 오솔길을 걸었던 이야기를 들려주었다.

그제야 나는 강한 흥미를 느꼈다. 그도 그럴 것이 전생 여행을 다룬 소설을 한창 교정 중이었기 때문이다. 역설적이게도 리즈와 만나기 고작 몇 달 전에 나는 내 등장인물이 전생에 자신의 것이었던 앵크 십자를 본 후 전생으로 돌아가는 장면을 썼다. 리즈와 만난 순간

이야말로 내가 소설에서 썼던 사전 인지 경험이라는 사실을 깨달았다. 다시 말해서 누군가의 미래를 슬쩍 보고 그 이야기를 기록했을 뿐인데, 그 미래가 마침내 내 앞에 펼쳐진 것이다.

내가 만난 사람이 리즈라는 사실이 얼마나 놀라운 세렌디피티이자 동시성을 지닌 사건인지 새삼 깨달았다. 하필 바로 전 강연이 늦게 끝나서 마지막 남은 자리에 앉았을 뿐인데, 그 옆에 리즈가 앉아 있었던 것이 아닌가. 그리고 이내 화재경보기가 울려서 우리가 이야기를 나눌 기회가 생겼다. 마치 우주가 우리의 만남을 주선한 것처럼 말이다.

나는 리즈를 보고 그녀로부터 뭔가를 알게 되리라는 사실을 깨달았다. 직관적으로 말이다. 나는 주말에 열린 콘퍼런스에서 예상하지 못한 좋은 소식을 알게 되기를 기대했다. 리즈가 우리가 만난 이유가 설명이 되는 말을 해주기를 기대하며 잠시 기다렸다. 그러나 그녀가 들려준 이야기에 나는 몹시 난처해졌다. 그리고 방금 그녀가 한 말이 우리가 만난 이유일 리 없다고 단정했다.

리즈의 이야기는 얼토당토않아 보였다. 그녀는 **우리들 사이에 외계인이 있다**고 했다. 하지만 우리는 누가 외계인인지 모르고 대개 그들도 자신이 외계인인 줄 모른다는 것이다. 나는 이런 이야기를 잠자코 고개를 끄덕이며 들어주고 논평을 삼갔다.

나는 세 번째 소설 『정도의 문제』의 단초를 떠올린 채 콘퍼런스를 떠났다.

제5부
라이프사인: 영으로 인도하는 생명줄

양자물리학 101

존재는 당신의 믿음으로부터 안내와 제약을 받는 당신의 생각이 융합된

것이라 정의한다. 미래는 당신의 믿음이 바뀔 때 당신이 경험하는 것이다.

시간은 당신의 생각이 바뀔 때 당신이 얼마나 많은 에너지나 노력을

손에 넣는지 혹은 신구 믿음 사이의 충돌의 정도로 측정한다.

그러므로 우주는 지금 당신의 생각을 그대로 보여준다.

그리하여 당신은 보편적이고, 불변하고, 모든 것을 통합하는 하나의

방정식에 도달하는데, 물리적이고 형이상학적인 것은 모두

'사고는 실체화된다' 라는 문장으로 요약할 수 있다.

당신은 바로 이 방정식만 알면 된다.

TBT, 우주

추신. 물론 시간 여행은 가능하다. 지금 당신이 하고 있지 않은가.

- © 마이크 둘리, www.TUT.com

26

에너지

사랑이 당신 속에 불을 피우면 당신은 자아가 불타올라 모든 에고,

즉 당신이 '나'라고 부르는 모든 것을 집어삼킨다고 느낄 것이다.

– 야콥 뵈메, 신비주의자이자 신학자

양자물리학은 만물이 진동하는 입자 혹은 에너지로 구성되어 있음을 증명했다. 모든 생물과 무생물은 물론 모든 감정과 생각, 말은 아원자 입자로 이루어져 있는데, 이 입자들이 다양한 주파수로 진동한다.

우리는 인체처럼 밀도가 매우 높은 것에서부터 고주파수로 진동하기 때문에 대개는 보거나 느끼기 힘든 여러 체體까지 다 아우르는 에너지로 구성되어 있다. 우리의 육체는 바깥으로 일곱 겹의 에너지 체體에 둘러싸여 있다. 앞에서 이런 에너지 체를 오라라고 했다. 다양한 의식의 수준이라고 일컫는 사람들도 있다.

에너지가 자연스럽게 흐르면 가속도가 붙는다. 그리하여 삶은 질서 있게 반응한다. 에너지가 어딘가 막히면 부작용이 생긴다. 개인의 에너지든 지구의 에너지든 마찬가지다. 우리의 신체는 에너지가

흐르는 곳마다 소용돌이가 생긴다. 이 소용돌이들은 더 높거나 낮은 차원으로 건너가는 다리이다. 그런데 이 소용돌이가 막히면 우리는 어딘가 꽉 막힌 것 같고 어떤 경우에는 병으로 발전하기도 한다. 앞에서 나는 천리안과 관련된 제3의 눈 혹은 이마 차크라에 대해 설명했다. 차크라에는 우리의 영적 발전에 열쇠가 되는 것도 있는데, 바로 심장 차크라이다.

심장 차크라

영성을 한 차원 높은 수준으로 끌어올리려면 머리로 덜 생각하고 가슴으로 더 많이 느껴야 한다. 어떤 사람들은 차크라로 흘러 들어가는 에너지를 빛이라고도 한다. 기도나 명상을 하면 심장 차크라로 집중력을 모아서 그곳을 자극할 수 있다. 심장에 에너지 소용돌이가 있다는 사실을 알면 시각화를 통해 빛을 촉발시킬 수 있다. 마음의 눈으로 빛 에너지가 당신의 가슴에서 소용돌이치는 모습을 상상하라. 초감각 능력이 있다면 호흡이 빨라지는 현상이나 주로 가슴에서 시작해 목을 향해 위로 올라가는 열기를 느낄 것이다.

심장 차크라를 활짝 열고 인생을 경험하면 사람은 동정적이고 직관적이 된다. 심장 차크라가 활성화되면 에고가 작아지는 것도 느껴진다. 이것이 바로 영적 성장의 핵심이다. 게다가 심장 차크라가 열려 있으면 초감각 능력도 커지는 것이 일반적이다. 반대로 닫혀 있으면 몰인정하고 절망적이어서 타인에게 마음을 닫은 사람이라는 인상을 주게 된다.

수행 11: 심장 차크라 자극하기

명상할 때 심장 부위를 자꾸 의식하라. 가슴을 열고 무한한 사랑을 맛보는 장면을 마음의 눈으로 그려보라. 숨이나 맥박이 빨라지거나 열기를 느낄 수도 있다. 속으로 고대 불교의 가르침을 암송하라.

마음에 자비가 가득 차면

나는 평안해질 것이다.

내가 평화롭고 평안하면

나는 행복해질 것이다.

수행 12: 미소

미소는 기쁨을 불러일으키는 힘이 있다. 미소를 지을 때 이렇게 자문하라. "내가 정말 행복해서 웃는 걸까? 아니면 웃으니까 행복해진 걸까?"

미소의 에너지는 아무리 강조해도 부족하다. 미소는 타인에게 대단한 위로와 기쁨을 안겨줄 수 있지만 미소 짓는 이의 감정도 바꾼다. 앞으로 이틀 동안 다른 이유 없이 당신이 이곳에 살아 있고 당신이라는 존재에 감사한다는 이유만으로 미소 지으라. 그렇게 하면서 사람들이 당신을 대하는 태도를 잘 살피라. 또한 미소를 지으면 당신의 기분이 어떻게 바뀌는지도 잘 관찰하라.

때로는 기뻐서 미소를 짓는다. 하지만 미소를 지어서 기쁠 때도 있다.

– 틱낫한, 스님이자 작가

나는 예전에 콘퍼런스에서 알게 된 어떤 이로부터 그의 영혼의 목적을 들은 적이 있다. 그는 자신이 무한한 사랑을 보여주려고 이 땅에 왔다고 했다. 어떻게 그 목적을 실현할 생각이냐고 묻자 그는 이렇게 대답했다. "미소를 짓고 누구에게나 친절을 베풀면 되죠."

이 모든 것이 얼마나 훌륭한지 깨닫는 순간의 감정이 기쁨이다.

– 메리앤 윌리엄슨

에너지 정화하기

나는 현실적인 사람이다. 그래서 기적을 기대한다.

– 웨인 다이어

부정적인 에너지는 순식간에 집안에 쌓인다. 당신이 스트레스를 받거나, 분노하거나, 슬퍼할 때마다 그런 에너지의 잔여물을 흘리고 다니는 셈이다. 당신이 아프거나 우울하면 부정적인 에너지의 잔유물이 남게 된다. 부정적인 사고는 모두 부정적인 에너지를 만든다. 이런 에너지와 마주치면 당연히 우리가 느끼고, 행동하고, 사고하는 방식에 영향을 받을 수밖에 없다. 우리가 부정적으로 생각하거나 말하면 스스로 덫에 갇힌 꼴이 된다. 이런 상황이 일어나면, 그 상황이 어느새 편안하게 느껴져 깨고 밖으로 나가기 어려워진다. 남의 말을 하기 시작하면서 우리의 에고는 팽창하며 만족스러워한다. 부정적인 면을 살찌우는 습관은 깨기 어렵다.

이런 악순환의 고리에서 벗어나기란 여간 어렵지 않다. 특히 주위에 부정적인 사람들뿐이거나 당신이 모은 부정적 에너지에 둘러싸여 있으면 더욱 그렇다. 다른 사람이 발산하는 부정적인 에너지를 모두 제거하기란 불가능할지 모른다. 그렇다고 우리가 그런 에너지에 늘 둘러싸여 있을 필요는 없다. 집이나 개인적인 공간에 고여 있는 부정적인 에너지를 없애려면 이런 에너지를 축복하고 그대로 보내주면 된다. 수세기 동안 사람들은 신비한 의식을 하든 안 하든 이런 일을 해왔다. 어떤 사람은 집을 축복하고, 어떤 사람은 닦기도 한다. 이런 행동을 정화라고 부르는 사람이 있는가 하면, 몰아내기나 제거라고 부르는 사람도 있다. 뭐라고 부르든 기본적으로 부정적인 에너지를 몰아내는 것이다.

에너지를 정화하기 위해 어떤 도구를 사용하는지도 중요하지 않다. 나는 정기적으로 샐비어나 단맛이 나는 풀로 집을 닦는 사람을 알고 있다. 향초나 향을 피우는 사람도 있다. 어떤 사람은 수정을 사용한다. 밤새 식초를 부은 그릇을 놓아둔다는 이야기도 들었다. 단지 창문을 열어 온 집에 신선한 공기가 퍼지도록 한다는 사람도 봤다. 어떤 방법이나 도구를 쓰든 상관없다. 왜냐하면 에너지를 정화하는 것은 당신의 의도이지 연기나 향, 물, 식초가 아니기 때문이다. 의도의 힘은 부정적인 에너지도 사라지게 할 수 있다.

우리는 양자물리학 덕분에 생각이 에너지이며 그 에너지도 매우 강력하다는 사실을 알게 되었다. 우리에게 더 이상 도움이 안 되고 고여 있는 부정적인 에너지를 정화하겠다는 의도를 품으면 그 에너지는 사라질 것이다. 그렇다면 이런 의문이 든다. 의도만으로 충분하다면 왜 양초나 향, 허브가 필요한가. 필요 없다. 하지만 그런 도구들은 묵주와 같은 것이다. 묵주가 없어도 우리는 기도를 드릴 수 있다. 하지만 묵주를 보면 해야 할 일이 자꾸 떠오른다. 어쩌면 이런 보조 도구들은 우리의 지성이 에너지를 정화하기 위해 뭐라도 했다고 자족하는 데 필요한 것일지도 모른다.

언젠가 나는 집에서 부정적인 에너지를 정화해야 한다는 사실을 특정 물건 덕분에 떠올린 적이 있다.

보일러

몇 해 전 우리 집의 가전제품과 붙박이 세간들에 정말 묘한 일이 일어난 적이 있다. 욕실의 선반이 벽에서 떨어지는 사건이 일어나더니 그 직후에 그 욕실의 거울이 벽에서 떨어져 산산조각이 났다. 식기세척기가 고장 났고 보일러가 계속해서 고장이 났다. 그때마다 나는 AS센터에 전화했다. 그런데 수리기사가 오면 보일러는 멀쩡하게 돌아갔다. 이런 상황이다 보니 문제점을 찾아내기가 점점 더 어려워졌다.

다섯 번째로 보일러가 고장이 나자 수리기사가 내게 이렇게 물었다. "이거 혹시 초자연적인 현상은 아닐까요?"

농담으로 한 말이었는지 모르겠지만 그때 나는 한 방 얻어맞은 것 같았다. 나는 집을 정화해야 했다. 오랜 친구와 별로 좋지 않은 내용을 메일로 주고받은 후 퍼뜩 그런 생각이 들었다.

나는 집을 축복하고 부정적인 에너지를 정화했다. 내 집은 무척 기분이 좋아졌다. 그래서 어떻게 되었을까? 그로부터 한 달 동안 보일러며 가전제품이나 붙박이 가구들은 멀쩡했다. 처음 정화를 한 후 6주가 지났을 때 나는 그 오랜 친구와 다시 메일을 주고받았다. 걱정과 부정적인 에너지가 내 마음속으로 되돌아온 것이 느껴졌다.

다음 날 보일러가 또 고장 났다. 그날 저녁 나는 명상을 하면서 이 친구의 의견을 인정하고 그녀를 축복했다. 또한 내 상상 속에서 그녀와 우리의 상황에 대해 부정적인 생각을 말끔히 씻어냈다. 나는 부정적인 에너지 대신 무한한 사랑을 받아들였다.

그 후로 내 보일러는 몇 년이 지나도록 고장 한 번 나지 않았다.

27

개입

인생은 현재에만 일어난다.

그러므로 현재를 잃으면 인생을 잃는 것이다.

– 부처

때로 사는 게 정말 즐겁다는 사실을 새삼 깨달은 적이 있는가? 이럴 때는 하는 일마다 잘 풀린다. 행운의 연속인 것 같다. 그래서 이런 운이 끝까지 지속되기를 간절히 바란다. 이럴 때면 아마 이런 생각이 들 것이다. '내가 뭘 했다고 이렇게 좋은 기운이 팍팍 들어오는 거지?' 당신은 정말 좋은 기운을 끌어당기도록 행동하고 있다. 당신은 우주의 긍정적인 에너지 흐름과 혼연일체가 되어 있다. 이런 상태를 지속하려면 계속 긍정적으로 생각하고, 긍정적으로 다짐하고, 긍정적으로 말하고 행동하라. 우주의 긍정적인 기운을 받아들이고 당신이 받은 축복에 대해 감사하라. 그러면 그 축복은 계속 이어질 것이다.

한편 무슨 일을 하든 꼬인 적은 없는가? 어느 방향으로 가든 충돌이 일어나거나, 청구서가 날아오거나, 실망할 일이 생긴다. 그게 아니면 집이 공사 중일 수도 있다. 어쩌면 오해를 받거나 감기에 걸리거나 병이 날 수도 있다. 꿈속에서조차 인생의 내리막길을 걷고 있거나 화장실을 박박 닦고 있을지도 모른다. 이 불운이 언제면 끝날까 싶을 것이다.

많은 사람들이 위의 두 경우를 '끌어당김의 법칙'으로 설명한다. 하지만 이런 상황을 설명하는 다른 법칙이 있다. 일이 꼬이거나 우리가 하는 일이 최고이자 최선의 상태와 조화를 이루지 못한다면 이것은 우주가 개입을 하는 것이다. 나는 이것을 '개입의 법칙'이라고 부른다. 이런 개입은 우리에게 해를 끼치지 않는다. 오히려 우리가 한 선택이 최선이 아닐 수 있으며 아직은 재고할 시간이 있다고 일깨워준다. 이 법칙을 좀 더 살펴보기 위해 먼저 응용운동학부터 알아보자.

응용운동학

응용운동학은 주로 척추지압사의 분야지만 물리치료사와 치과를 비롯해 여러 분야의 의사들도 활용한다. 대체의학으로 인정받아 의학적 진단을 내리고 치료법을 결정하는 과정에서 근육을 테스트할 때 이용된다. 응용운동학에서는 신체가 자극에 반응하는 정도를 측정하기 위해 근육 테스트를 한다. 자극은 물리적인 것일 수도 있고, 주입된 생각이나 감정처럼 심리적인 것일 수도 있다. 그런 후에 관찰자의 반응과 알려진 사실들 사이의 상관관계를 알아본다.

웨인 다이어는 강연회에서 응용운동학을 시범으로 보이는데, 사람의 근육 강도를 측정한다. 시범에 참가한 사람은 먼저 좋은 것(예를 들면 천연 비타민 C)을 들고 있다가 나중에는 나쁜 것(예를 들면 사카린이나 인공 감미료)를 드는데, 이때 각각의 근육 강도를 측정한다. 이런 테스트를 해보면 인공 감미료를 들고 있을 때 근육이 확연히 약해지고 천연 비타민을 들고 있을 때 강해진다.

이처럼 사람이 부정적인 생각(증오나 분노, 죄책감)을 하면 긍정적인 생각(무조건적인 사랑)을 하고 있을 때에 비해 근육의 강도가 확연히 약해진다. 이것은 다 에너지와 관계가 있다. 긍정적인 생각과 감정이 바이오에너지의 흐름을 바꾸기 때문이다.

눈을 가린 채 사카린처럼 몸에 좋지 않은 것을 들고 있으면 몸이 약해진다. 그 결과 에너지가 바뀐다. 우리에게 최고이자 최선인 것과 조화되지 않는 행동을 할 때 에너지의 기운이 바뀐다. 이 경우 우리는 우주의 에너지와 혼연일체가 되지 않았으므로 그 반응으로 우주가 우리의 삶에 개입한다.

우리의 일상에서 이런 개입은 소소한 문제나 병, 충돌, 꼬여만 가는 일 등으로 나타날 수 있다. 꿈자리가 뒤숭숭한 기분일 수도 있다. 우리가 엉뚱한 방향으로 가고 있거나 잘못된 선택을 하려 한다는 것을 알려주려고 우주가 슬쩍 옆구리를 찌르는 것일 수도 있다. 때로는 운명적인 행동처럼 느낄 수도 있다.

개입처럼 보이는 사건이 일어나면 일단 멈추라. 당신에게 최고이자 최선이 아닐지도 모르는 변화를 꾀한 것이 아닌지 다시 한번 살피라. 어떤 변화가 생겼는지 확인했다면 직관을 발휘해 우주가 이 변화나 다른 것에 대해 우리의 관심을 끌려는 것이 아닌지 곰곰이 생각하라.

어쩌면 아직 아무것도 바뀌지 않았는데 우주가 개입했을 수도 있다. 이 경우에는 삶에 변화를 줄 시기인지 고민하라. 인생에서 서둘러 다시 시작해야 할 부분을 직관적으로 찾아낼 수 있는지 살펴보라. 영적으로 당신을 망가뜨리고 있는 일에 종사하고 있는가? 인간관계가 정체되어 있는가? 충돌을 회피하고 있는가? 상황과 대면해야 한다는 사실을 아는가?

개입은 연이은 불운이 아니라 우주가 당신에게 메시지를 전하기 위해 사용하는 작은 축복이다. 개입은 **라이프사인**이 될 수도 있다.

질문을 멈추지 않는 것이 중요하다.

호기심은 존재할 만한 이유가 있기에 존재한다.

사람은 영원과 삶, 경이로운 현실의 구조를 고민할 때

경외감에 휩싸이지 않을 수 없다.

매일 이런 소소한 미스터리를 하나씩만 이해한다고 해도 충분하다.

신성한 호기심을 절대 잃지 마라.

– 알베르트 아인슈타인

이사 가는 날

그리 오래전 일은 아니다. 나와 내 파트너는 우리의 관계를 새로운 수준으로 끌어올릴 때가 되었다고 생각했다. 그녀는 나와 내 아들과 살림을 합칠 생각이었다. 나는 그 결정이 무척 마음에 들었다. 물론 그녀가 라이프사인으로 우주의 확인을 얻었는지 가끔씩 물어보기는 했다.

나는 우주에게 신호를 구하지 않았고 그럴 생각도 없었다. 직관적으로 옳은 결정이라는 것을 알았기 때문이다. 옳지 않았다면 우주가 벌써 알려주지 않았겠는가. 그래서 나는 내 주위를 잘 관찰했다. 어떤 개입도 보이지 않았다. 우리가 이사를 앞두고 의논하고 준비하는 동안에도 만사는 순조로웠다. 우리는 외출도 하지 않고 그 시간에 트럭을 빌려서 각자의 집을 체계적으로 비워나갔다. 이사 날짜도 정했다. 우리가 함께 사는 이야기를 꺼낸 지 약 석 달 후였다. 이사 날이 다가왔다. 나는 여전히 우주에게 확인을 구하지 않았다.

이사 당일 아침에 나는 차를 몰아 그녀의 집으로 가던 중이었다. 라이프사인 과정으로 이 책의 제목을 정하자고 마음먹었다. 이 책을 붙잡고 있은 지 벌써 반년이 다 되었고 이제 마무리 작업을 앞둔 상태였다. 책의 제목이 필요한 때가 된 것이다. 그래서 우주에게 제목으로 적당한 신호를 보여달라고 했다. 그것도 이사 날 아침에 말이다! 나는 아주 구체적으로 말했다. 심지어 내가 원하는 것은 신호가 아니라 에피파니라고 했다. "제게 에피파니를 주세요! 이 책의 제목에 일말의 망설임도 없기를 바랍니다."

이렇게 신호를 구하자마자 퍼뜩 제목이 떠올랐다. '라이프사인!'

'어디서 이런 생각이 떠올랐을까?' 나는 속으로 물었다. '그게 뭐 중요한가? 딱 맞는 제목이면 됐지.' 순식간에 제목이 정해졌다.

잠시 후 나는 파트너의 집에 도착했는데, 이삿짐 트럭이 와 있었다. 파트너는 베란다에 있었다. 그녀와 이야기를 나누는데, 이삿짐 인부 책임자가 집 안에서 뭔가를 해체하는 모습이 보였다. 어디선가 본 듯한 느낌이 들었다. 나는 이내 그를 어디서 봤는지 기억해냈다. 그는 5년 전 다른 이삿짐센터를 고용했을 때 왔던 직원이었다.

오전이 끝나갈 무렵 그 직원은 내 파트너의 소파에서 다리를 분해하려고 낑낑거리고 있었다. 그가 가져온 스크루드라이버 중에 나사에 닿을 만큼 긴 것이 하나도 없었다. 내 파트너의 필립스 헤드 드라이버들로도 해봤지만 소용이 없어서 이웃집에서 빌려오기까지 했다. 하지만 빌려온 공구도 소용이 없었다. 그 소파는 다리를 분해하지 않으면 도저히 집에서 빼낼 방도가 없었다. '혹시 우주의 개입일까?' 문득 그런 생각이 뇌리를 스쳤다.

그때 내 파트너가 이렇게 물었다. "자기 집 파우더룸에 길고 가느다란 스크루드라이버가 있지 않아? 그거 필립스 헤드 아니야?"

나는 무슨 드라이버를 말하는지 금세 알아차렸다. 그것이 일주일째 세면대 옆에 놓여 있었기 때문이다. "그건 **내 게** 아니야. 난 자기 건줄 알았는데." 내가 대답했다.

그녀가 고개를 가로저었다. "나는 자기 건 줄 알았어!"

그 순간 우리는 수수께끼의 기다란 스크루드라이버가 내 집에 있다는 사실을 깨달았다. 정작 누구 것인지는 알 길이 없지만 어쨌든 그거라면 되지 않을까 싶었다.

작업 감독은 일단 내 집으로 이삿짐 1차분을 옮기기로 했다. 가는 길에 그 공구도 챙겨 와 시험해보기로 했다.

그 드라이버는 필립스 헤드가 맞았다. 게다가 놀랄 정도로 길어서 **작업에 딱 좋았다!**

아직도 그 스크루드라이버가 어디서 왔는지 잘 모른다. 다만 그날 동시적으로 일어난 사건들이 내가 구하지는 않았지만 마음속 어딘가에 숨어 있는 질문의 해답을 주었다는 사실은 잘 알고 있다. 나는 내 파트너가 우리 집으로 들어오기로 한 결정이 옳았다는 걸 알았다. 그 스크루드라이버는 지금 우리 공구함에 잘 들어 있다. 물론 어디서 왔는지는 끝내 알아내지 못했다.

28
언어 발전시키기

우연의 일치란 신이 기적을 행하되 익명으로 남기로 한 일을 말한다.

— 무명씨

우주는 항상 당신이 잘되기를 바란다. 그래서 메시지와 기적을 보낸다. 근원은 당신의 질문에 해답을 보여주고 일을 잘 풀어나갈 방법을 보여주기 위해 당신을 향해 끊임없이 실마리를 보내고 있다. 이런 메시지들은 몹시 미묘할지도 모른다. 경외감과 경이로움을 품고 감지하지 않으면 실마리를 잡지 못한 채 허송세월만 보낼 것이다.

영의 메시지를 잘 받으려면 모든 수준에서 일어나는 일들을 확인하면서 지각을 일깨워야 한다. 귀를 기울여야 한다. 평소에는 쓰지 않는 수준에서 느껴야 한다. 다른 사람들은 당신을 어떻게 대하는지 잘 살펴라. 에너지가 긍정적으로 흐르는가? 아니면 계속해서 고군분투 중인가? 어떤 꿈을 꾸고 명상을 할 때 어떤 일이 일어나는지 잘 관찰하라.

의식을 더 높은 수준으로 끌어올리고 민감성을 키우라. 누구나 다할 수 있다. 섬세하고 세련된 도구가 필요한 게 아니다. 광범위한 훈련을 받을 필요도 없다. 특정한 학문적 배경도 필요 없다. 그저 마음을 열면 된다. 이 과정을 기꺼이 시험해보며 당신만의 도구를 개발해 우주가 당신에게 어떤 메시지를 보여주려는지 보고 싶다는 열린 마음만 갖고 있으면 된다.

우리의 해석 - 다른 누구의 것도 아닌

천사들은 천상에서 쓰는 언어에 너무나 매료돼 있어서 쉭쉭거리고
음악적이지 않은 인간의 언어로는 입을 벌려 말하려 하지 않는다.
그러고는 천사들의 언어를 이해하는 사람이 있든 말든
오로지 그들의 언어로만 이야기한다.

– 랠프 월도 에머슨, 작가이자 철학자

우주가 당신에게 어떤 메시지를 보낸다면 그것은 선물이다. 당신을 위한 선물이다. 그러므로 다른 사람이 해석할 수 없다. 라이프사인 과정을 하기 시작하면 당신도 우주의 노력을 눈으로 보게 될 것이다. 당신의 삶은 고양될 것이고 당신은 영이 당신과 이야기를 나누려는 모습을 보게 된다. 그러면 그런 경험을 남들에게도 알리고 싶어질 것이다. 당신의 삶에서 일어난 일을 남에게 알리는 것은 당연한 일이며 대단한 일이기도 하다. 하지만 흥분에 찬 경험을 들려주

면서 그때 본 신호의 의미를 **해석**해달라고 하지는 마라. 우주가 다름 아닌 **당신**과 교감하고 그러므로 오직 당신의 해석만이 중요하다는 사실이 이 과정의 핵심이다. 다른 누구도 아닌 당신의 직관에 기대서 해석하라.

우리 모두에겐 각자의 편견과 선입견으로 만들어진 독특한 필터가 있다. 게다가 우리는 자신의 삶이 다른 누구보다도 낫다는 사실을 안다. 그러니 왜 당신의 신호에 대해 다른 사람의 해석을 받아들이겠는가? 당신의 의견을 만들고 더 깊이 파고들라. 내면의 목소리를 들어보라. 직관이 뭐라고 하는가? 이 신호가 영의 메시지라는 점에 주의하라. 당신의 상황에 잘 맞는지 적용해보고 어떤 느낌인지 살펴보라. 어떤 일이 일어나는가? 기분이 좋은가? 편안한가? 무슨 일이 생기든 잊지 말고 기록하라.

언어 장벽 수행들

때로 일상에서 그다지 의미심장해 보이지 않는 패턴을 동시에 보게 될 것이다. 여기서 핵심 단어는 '~해 보이는'이다. 설령 의미심장해 보이지 않아도 의미심장하다. 또 어떨 때는 세렌디피티라고 할 만한 사건들이 일어나 당신의 관심을 끌 것이다. 그런가 하면 모든 설명을 거부하는 것처럼 보이는 상황이 발생할 수도 있다.

이런 종류의 사건들이 느닷없이 벌어질 때는 영이 메시지를 보내고 있다고 생각하라. 그러니까 그 사건들이 **라이프사인**이다. 이런 사건들이 벌어지기 시작하면 일단 삶의 속도를 늦추라. 주의하고 알아차리라. 주위에서 벌어지는 일들을 분석하라. 동시에 벌어진 사건이나 패턴을 기록하라. 개연성을 거부하는 사건이 벌어지면 주목하라. 소소한 세렌디피티를 기록하라. 뭔가 일을 꼬이게 만드는 사건들과 느닷없이 찾아온 어려움도 기록하라. 그것들 안에 의미가 있다는 사실을 명심하라. 우주의 에너지의 흐름을 잘 살피라. 일이 쉽게 술술 풀리는가? 개입을 받고 있는가?

실마리 풀기 단계(라이프사인 3단계)는 퍼즐을 맞추거나 점을 잇는 작업처럼 느껴질 수도 있다. 한편으로는 엄청나게 재미있고 신나는 과정이지만 달리 보면 너무나 혼란스러울 수도 있다. 당신이 무엇을 선택하든 잘 해내리라는 걸 명심하라. 즐겁게 하고 싶다면 즐겁게 될 것이다. 대단한 것이 되기를 원하면 그렇게 될 것이다.

우주와 대화할 수 있는 언어를 개발하고 키우는 데 도움이 되는 간단한 팁들이 있다. 이 언어를 잘 구사하게 되면 라이프사인 과정도 더 쉬워진다. 우주의 신호를 더 쉽게 알아차리고 그 의미를 풀이할 수 있다. 그러면 메시지는 덩달아 더 빨리 나타날 것이다.

1. **사용하라. 그러면 잃어버리지 않는다!** 라이프사인을 자꾸 활용할수록 신호와 메시지를 더 쉽게 알아볼 수 있다. 수행을 계속 하면 해석도 더 쉬워진다. 인체의 근육과 마찬가지다. 근육을 자꾸 사용하면 강해지지만 사용하지 않으면 약해진다.

2. **일관성** 라이프사인 수행은 한결같아야 한다. 라이프사인으로

실험을 하기로 했으면 하라. 일단 한 번에 한 가지 변수씩 바꾸라. (나의 과학자로서의 본성이 여기서 드러난다.) 변수를 하나만 바꾸면 바꾸어야 할 것과 그대로 둬야 할 것을 구별하는 데 도움이 된다.

3. **우연의 일치인가, 동시성인가?** 영적 지도자들 중에는 우연의 일치는 없다고 주장하는 이들이 많다. 동시에 일어난 사건들은 의미가 있다. 내 뇌는 늘 그 수준에서 기능하지는 않는다. 내가 처음으로 우주의 라이프사인을 알아차렸을 때만 해도 나는 상황에 약간 압도되어 있었다. 시선을 돌릴 때마다 우연한 일들이 벌어졌다. 누구나 이런 경험을 하는 건 아니라는 걸 알지만, 내가 처음에 의미가 있는 사건과 없는 사건을 구별하기 위해 사용했던 규칙을 알려주려고 한다. 다시 한번 강조하지만 이 규칙은 일상에서 우연의 일치가 너무 잦은 상황에 약간 압도된 사람들에게만 권한다. 우연히 일어난 사건들이 의미가 있는지 구별하기 힘들면 나의 삼세번 규칙을 활용하라.

어떤 사건과 다른 사건이 동시에 일어나면 우연의 일치일 수 있다. 반면 그 상황에서 에피파니를 얻는다면 말할 것도 없이 어떤 신호이다. 여기에 세 번째 사건(세 번째로 동시에 일어난 사건)이 일어나면 나는 모종의 의미를 지닌 우연의 일치라는 신호, 즉 동시성이라고 단언한다.

4. **'그렇다'와 '아니다' 사인** '그렇다' 혹은 '아니다'의 라이프사인

상징을 더 잘 알아차리면 영의 언어를 더 빨리 익힐 수 있다. 당신은 우주에게 이런 의문의 해답을 구할 수 있다. "내가 그 사람과 결혼해야 할까요? 그 일자리를 잡아야 할까요?" "……이 제게 최고이자 최선일까요?" 질문 목록은 끝이 없을 것이다. 누구나 '그렇다'와 '아니다'를 잘 구별할 수는 없다. 어떤 사람은 '그렇다'(혹은 '아니다')가 매번 다를 것이고 삶이 이어지면서 상황에 따라 다르게 표현될 수도 있다. 반면 특정한 단어나 상징, 사물, 동물, 숫자 등으로 '그렇다'나 '아니다'를 알아차릴 수 있는 사람도 있다.

나는 그렇다/아니다로 답을 받을 질문을 하고도 아무 답도 얻지 못한 때가 많다. 이런 경우엔 대개 '아니다'로 해석한다. 반면 동시성 패턴을 또렷하게 확인할 때도 많다. 물론 동시성이 어떤 상황에서 벌어졌는지에 따라 다르지만, 이 경우는 대개 그 자체로 긍정적인 반응이다.

알다시피 그렇다/아니다 반응은 다양하게 나타날 수 있다. 그렇기 때문에 반응이 긍정적인지 부정적인지를 구별하기 위해 직관을 동원해야 한다. 이 수행의 핵심은 어떤 것이 당신에게 잘 맞는지를 찾아내는 것이다.

5. **해답을 느끼기** 라이프사인 과정의 2단계인 '감지하라'에 대해 살펴본 20장에서 이야기했던 직관적 도약, 즉 에피파니의 느낌에 익숙해지라. 에피파니는 종종 신체 반응으로 이어지기도 한다. 가령 심장 박동이 빨라지거나 뒷덜미의 털이 솟거나 온몸

에 소름이 돋는 것 등이다. 당신은 이런 상황을 단지 **있을 법한 일**로 받아들일지 모른다. 나는 내가 옳은 방향으로 가고 있다고 확신할 때마다 심장 차크라가 열리는 느낌이 든다. 이럴 때는 가슴에 온기가 퍼지는 것 같다. 당신이 어떤 '느낌'을 받든 메시지가 전해질 거라는 실마리를 주는 것이 분명하다.

6. **기록하라.** 이것은 일종의 과학이다. 시행착오를 거치면서 어떤 것이 당신에게 효과적인지 살피기 때문이다. 당신의 실험 내용을 기록해두지 않으면 라이프사인 과정을 적용하면서 시험해본 여러 수행 사이에 어떤 경향이 흐르고 있는지 포착할 수 없다. 어떤 사람은 이런 반응을 받지만 또 어떤 사람은 그와 정반대의 반응을 받는다. 그러므로 당신이 던진 질문과 관찰 내용, 해석, 경험을 꼼꼼하게 기록하는 것만이 뭔가를 깨달을 수 있는 최고의 방법이다.

29

현실에서의 영성

내가 씨를 뿌리면 그 씨가 자라 꽃을 피우고,

내가 지식을 나누면 그 지식은 다른 사람의 지식이 되고,

누군가에게 미소 지으면 그 미소를 되돌려받는다는 사실은

내게 끊임없이 이어지는 영적 수행이다.

— 레오 버스카글리아, 작가

라이프사인을 잘 활용하는 데 꼭 필요한 전제조건이 있다. 그 조건을 지키지 못하면 라이프사인을 제대로 쓸 수 없다. 그 조건이란 영적인 삶이다. 반드시 종교를 가져야 한다는 말이 아니다. 영적으로 늘 깨어 있으라는 뜻이다. 통합의식Unity Consciousness 상태나 계몽된 상태에서 살아야 한다는 말도 아니다. 물론 최종적인 목표는 그렇다. 어쨌든 내가 하고 싶은 말은 분별력 있게 행동하고 현실에서 영성을 실천하라는 뜻이다. '언행일치'의 노력을 멈추지 마라. 정기적으로 당신이 믿는 차원 높은 힘과 교감하라. 그 힘이 신이나 예수, 무한한 지성, 절대적인 것, 당신이 최고의 이상이라 여기는 것 등 뭐든 상관없다.

영적인 행보를 벗어나고 있다는 사실을 보여주는 표식에 주의하

라. 어딘가에 분노나 억울함, 비난, 증오, 걱정, 두려움, 수치심처럼 저급한 감정 에너지가 쌓여 있을 것이다. 이런 감정들을 계속 경험하면 라이프사인 과정을 진행하기 힘들다. 왜냐하면 모든 것을 소모해버리는 저에너지 감정들에 매몰되는 경향이 있기 때문이다. 주파수가 낮은 에너지에 휩싸여 있으면 주위에서 경외심과 경이로움을 불러일으키는 것들을 감지할 수 없으며 결국 우주의 메시지를 놓칠 것이다.

사람은 누구나 분노나 두려움을 느끼고 걱정을 한다. 인간은 원래 이런 감정을 겪기 마련이다. 하지만 이런 감정을 느낄 때 그 사실을 명확하게 직시해야 한다. 그래야 그런 부정적인 감정에 먹히지 않을 수 있다. 지금 영적인 각성을 방해하는 감정을 경험하고 있다는 사실을 의식하는 것이야말로 올바른 방향으로 내딛는 발걸음이다.

이런 감정에 휩싸였다는 사실을 받아들이면 시선을 내면으로 돌리고 더 고차원의 감정의 진동을 일깨우라. 다음은 영적인 각성을 유지하는 실용적인 방법들이다.

내면을 응시하라

이 책에서 나는 속도를 높이기 위해 속도를 낮추는 수행법들을 꾸준히 설명했다. 명상이나 기도, 시각화, 비저닝을 하거나 더 차원 높은 힘과 교감하라. 수도승이 되어서 몇 시간이고 명상이나 기도를 하라는 말이 아니다. 명상이나 기도, 명상 산책, 하이킹을 하면서 늘 내면으로 시선을 돌리라.

사랑을 보내라

걱정이나 분노, 증오 같은 하급 에너지를 경험하면 자연스러운 에너지 흐름이 무너진다. 일이나 사람에 대해 부정적인 생각이 들기 시작하면 일단 멈추라. 자신을 통제하라. 어떤 행동을 하다가 갑자기 멈추기는 쉽지 않지만 크게 내딛는 한 걸음이다. 다음으로는 이런 부정적인 감정을 불러일으킨 대상에게 사랑에 찬 생각을 보내라. 그 생각이 사람을 향한 것이라면 그에게 뭐든 친절을 베푼 것이라고 생각하면 된다. 만약 돈 문제로 걱정하는 중이라면 이렇게 긍정적인 다짐을 계속 하라. **나는 매일 조금씩 더 부유해질 거야. 그리고 그 점에 감사해.**

동정심을 키우라

누군가 아파하는 것 같다면 등을 돌리지 말고 다가가라. 그저 마음을 열고 기꺼이 그 사람을 도우라. 시간을 가지고 그의 이야기를 귀담아 듣고 그 순간을 온전히 함께하라. 우리가 타인에게 동정심을 품으면 그 사람의 삶뿐만 아니라 우리 자신의 삶에도 행복을 불어넣게 된다. 타인을 함부로 판단하거나 비난하지 마라. 사람들은 대개 자신의 단점을 잘 안다. 그러므로 다른 사람이 나서서 굳이 지적할 필요는 없다. 아파하는 사람이 있다면 그는 지금 비난이 아니라 희망과 격려, 치유의 힘이 간절할 것이다.

받기 위해 주라

마일 하이 교회의 로저 틸 목사님은 이런 말씀을 하셨다. "돈을 통화通貨라고 부르는 데는 다 이유가 있죠!" 말 그대로 돈은 쌓이지 말고 흘러서 통해야 한다. 시간이든 돈이든 재능이든 그냥 주라. 보편적인 순환의 법칙에 따르면 당신은 언젠가 돌려받을 것을 주는 셈이다. 게다가 준 것보다 더 많이 받는다! 누군가에게 뭔가를 주면 이자까지 쳐서 돌려받기 마련이다. 당신의 삶에 결핍을 부르는 흐름을 멈추려 하기보다 끊임없이 베풀라. 대가를 바라지 말고 주라. 그리고 누군가로부터 뭔가를 받을 때 그 선물을 기꺼이 받으라.

매일 대가를 바라지 말고 남을 도우라. 기대어 울 어깨가 필요한 친구를 찾아가라. 차를 얻어 타야 하는 사람이 있으면 태우라. 프로젝트에서 동료를 도우라. 낯선 사람이 지나갈 수 있게 문을 잡아주라. 주차할 곳을 다른 운전자에게 양보하라. 지나가는 사람에게 미소를 짓거나 남에게 자리를 양보하라. 돈은 한 푼도 안 드는 일들이다. 한번 해보라. 그 결과 당신의 세상이 어떻게 변하는지 잘 지켜보라. 단지 당신의 에너지를 바꾸는 것에서 모든 변화가 시작된다.

감사하고 감사하라

예수님은 말씀하셨다. "범사에 감사하라." 지금 가진 것에 감사하다 보면 당신이 얼마나 은총을 받았는지 알게 된다. 지금 가진 것에 감사하고 자꾸 고마운 마음을 가지려고 할수록 드러나는 은총은 커질 것이며 삶이 충만해질 것이다. 인생의 모든 면에 감사하라. 그러면 크나큰 기쁨을 맛볼 것이다.

매일 감사할 일 다섯 가지를 꼽으라. 직장이든 집이든 주위 사람들에게 늘 감사하라. 누군가를 비난하고 싶어질 때마다 그 사람에게 감사해야 할 이유를 찾아보고 고마움을 표하라.

용서

용서하지 않고 분한 마음을 품고 있으면 그것도 남을 비판하는 것과 마찬가지다. 당신이 상대의 잘못을 용서하면 결국 그 문제를 더 높은 차원의 존재에게 보내버리는 것이다. 당신이 과연 옳고 그름을 정확하게 판단할 수 있는 사람인가? 물론 용서는 말보다 행동으로 옮기기가 훨씬 어렵다. 하지만 용서가 영적 성장에 꼭 필요한 요소임에는 틀림이 없다.

당신은 쉽게 사랑받을 수 있는 사람들을 사랑한다. 친절하고, 기쁨을 주고, 봉사하고, 사랑할 줄 아는 사람들 말이다. 하지만 사랑하기 쉽지 않은 사람들도 사랑하는가? 이런 사랑은 일종의 투쟁이 될

지도 모른다. 자신의 영성을 키우려고 애쓰는 사람들은 어쩌면 용서라는 도전과 맞서야 할지도 모른다.

신비주의자와 현자, 위대한 웨이쇼워인 예수님도 용서하라고 했다. 예수님은 일흔 번씩 일곱 번이라도 용서하라고 했다. 『기적 수업』에는 "용서는 천국의 문을 여는 열쇠"라는 말이 나온다. 간디는 이렇게 말했다. "약한 자는 절대 용서할 수 없다. 용서는 강한 자의 특징이다." 알렉산더 포프는 "실수는 인간이 하지만 용서는 신이 한다"고 역설했다.

용서는 영과의 분리와 이원성을 촉진하는 우리의 성질을 길들이기 위해서라도 꼭 필요하다. 자신에게 상처를 준 사람을 비난해봤자 자신과 영과의 거리만 더 멀어질 뿐이다. (자신만이) '옳다고' 믿는 대로 행동하면 영혼을 잃는 대신 에고만 커지게 된다.

삶을 존중하라

삶은 신성한 선물이다. 신성함 그 자체이다! 아기의 눈을 들여다보라. 그 안에 담긴 신성이 보이지 않는가. 주위에 아기가 없다면 아이나 사랑하는 이의 눈을 보라. 우리의 목적은 적을 비롯해 모든 사람에게서 신성을 발견하는 것이다. 그러므로 걸음마를 배우는 아기처럼 서둘시만 한 걸음씩 시삭해보라. 떠오르는 태양과 높이 솟은 산줄기, 꽃의 아름다움과 경이로움을 경험하라. 생명이 선사하는 기쁨을 맘껏 누리라.

저급한 에너지의 감정이 밀려온다는 기분이 들면 언제라도 이렇게 하라. 그런 감정에 압도되거나 뭔가 기계적으로 행동하고 있다 싶으면 **라이프사인** 과정을 할 때가 아니다. 어차피 신호를 알아차리지도 못할 것이다. 왜냐하면 삶을 경외감과 경이로움으로 감지하지 않기 때문이다. 대신 내면을 응시하라. 영적으로 다시 각성하면 라이프사인 과정에서 안식을 구하라.

30

끌어당김

법칙은 매우 간단하다.

1. 사고는 창의적이다.

2. 두려움은 분노를 끌어들인다.

3. 사랑은 어디에나 있다.

- 닐 도널드 월시, 작가

끌어당김의 법칙

의도를 갖고 질문하는 것은 라이프사인 과정의 토대이다. 이 과정이 제대로 작용하게 만드는 매개체는 바로 생각이다. 당신의 생각이 기적을 일으킨다. 이 기적에는 라이프사인도 포함된다. 과학은 만물이 진동하는 에너지로 구성되어 있다는 사실을 밝혀냈다. 모든 감정과 생각, 말, 무생물, 생물은 다양한 주파수로 진동하는 아원자 입자로 만들어진다.

우리는 각자 에너지 진동이 다르다. 진동이 똑같은 사람은 아무도 없다. 다만 어떤 사람들은 서로 전체적인 진동수가 비슷할 수 있다. 진동수가 비슷한 사람을 만나면 종종 친숙한 기분이 들기도 한다.

그런 사람과 있으면 편안하고 공감도 잘 된다. 함께 어울리기도 쉽고 언제까지나 계속 이야기할 수 있을 것 같다. 그런 사람의 에너지 지문은 위협적이지 않고 평화롭다.

우리는 비슷한 생각 혹은 비슷한 윤리의식, 신념, 성격을 가진 사람에게 끌린다. 서로의 에너지 지문이 비슷하다고 생각하면 끌리는 게 당연해 보인다. 이런 생각을 바탕으로 영적인 '유유상종' 개념이 나온다. 우리가 발산하는 주파수가 사물뿐 아니라 사람을 끌어들이고 결국 라이프사인을 부른다는 개념이 '끌어당김의 법칙'의 핵심 사상이라는 사실은 너무나 당연해 보인다.

원하지 않는 것보다 열망하는 것에 생각을 집중하라. 기쁨과 풍요로움, 번영을 자꾸 생각하고, 느끼고, 표현하다보면 어느새 에너지 지문이 비슷한 사람들을 끌어당긴다. 기쁨과 풍요로움, 번영을 가져다줄 사물과 상황도 끌어당긴다. 한편 실직이나 다음 달 주택담보대출금 걱정만 한다면 (저주파 에너지인) 두려움이 생각지도 못한 청구서를 끌어당긴다고 해도 놀라운 일이 아니다. 가난 의식을 지닌 사람이 번영 의식을 지닌 사람과 있으면 대개 불편하게 느끼는 것도 바로 이런 이유 때문이다. 두 사람의 에너지 지문이 충돌하는 것이다.

그렇다고 반대되는 성질이 서로 끌어당기지 않는다는 말은 아니다. 분명히 반대되는 성질이 서로를 끌어당기는 상황도 있다. 에너지의 차이는 신비롭다거나 별나다는 감정을 이끌어낸다. 서로 다른 성질이 자꾸 끌어당기면 앞에서 설명한 감정이 매개체인 경우가 많다.

그런데 좋기도 하고 나쁘기도 한 소식이 있다. 우리는 타고난 에너지 지문을 다이어트로 바꿀 수 있다. 흔히 말하는 다이어트는 아니지만 분명 다이어트는 다이어트다. 생각과 우리가 내뱉은 말, 감정, 즉 우리가 마음에 먹이는 것들은 영혼을 살찌우는 영양분의 근원이다. 그런데 이 영혼은 우리의 주파수에 영향을 미친다. 우리가 생각을 바꾸어 고주파수의 감정, 즉 사랑과 기쁨, 동정심, 번영, 풍요로움, 창의성, 건강 등을 전하면 비슷한 진동수를 가진 사람들을 끌어당길 수 있다. 게다가 사랑이나 기쁨, 동정심, 번영 등 우리가 마음을 살찌울 수 있는 것이라면 뭐든 가져다줄 상황도 끌어당길 것이다.

사람은 영적으로 성장하면 생각도 바뀐다. 이 과정에서 사랑하는 이로부터 멀어지고 있다는 사실을 깨닫기도 한다. 그렇다고 무작정 관계를 정리할 필요는 없다. 오히려 영적으로 성장하면 사랑하는 사람에게 보여주고 함께 일구어가도록 그런 상태를 대비하고 염두에 두어야 한다.

성장하기 위해 관심을 기울이는 것. 확장에 대해 생각하는 것. 당신이 어떻게 하면 삶이 더 풍요롭고 번영할지를 생각하고 늘 감사한다면 번영을 가져다주는 상황과 감사해야만 하는 이유가 저절로 나타날 것이다.

한번은 마일 하이 교회의 영적 지도자이자 담임목사인 로저 틸 박사님과 뜻깊은 시간을 보낸 적이 있다. 그때 목사님은 끌어당김과 기도의 힘, 최고이자 최선을 바라는 기도의 중요성, 상황이 어떤 결과를 낳아도 집착하지 않는 태도의 중요성에 대해 매우 흥미로운 이야기를 들려주셨다.

결과 내려놓기

그날은 월요일이었다. 바로 전날 로저 틸 목사님은 임시 교회에서 마지막 설교를 하셨다. 목사님은 손에 빈 상자 두 개를 들고 임시로 쓰던 건물로 들어갔다. 6주 동안 얼마 되지 않는 신도들은 그들이 모인 교회 건물을 구입하기 위해 8만 달러를 모금하려고 고군분투했다. 그곳에 설치된 모금 현황판을 보면 신도들이 모은 돈은 6만 달러였다. 소규모 회중이 거둔 결과치고는 결코 적은 액수가 아니었다. 하지만 목표액에서 2만 달러가 부족했다.

틸 목사님은 당장 갈 곳이 없었지만 일단 소지품을 정리하기로 했다. 문득 종교과학 포틀랜드 교회로 오기까지의 일들이 떠올랐다.

1976년에 신학교를 갓 졸업한 스물네 살의 틸 목사님은 소규모 회중을 이끄는 목회자가 되기 위해 오레곤 주 포틀랜드로 왔다. 신도 수는 25명이었는데, 체계도 없고 자신들이 무엇을 하는지도 잘 몰랐다. 목사님은 자신에게 딱 알맞은 곳이라고 느꼈다. "저도 신학교를 막 졸업했기 때문에 아무것도 모르기는 매한가지였거든요. 그래서 내 사람들을 찾았구나, 우리 모두 다 같이 성장할 수 있겠구나, 이런 생각이 들었죠!"

그 무렵 그들은 프리메이슨 사원을 빌려서 매주 일요일마다 예배를 올렸다. 틸 목사님이 목회를 시작한 지 1년도 안 돼서 프리메이슨 사원이 일요일에 건물을 개방하지 않기로 정책을 바꾸었다. 한편 교회는 신도수가 80명에 육박했고 점차 체계가 잡혀 잘 운영되고 있었다. 어차피 새로운 장소를 찾을 때였던 것이다.

일단은 포틀랜드주립대학의 강의실을 예배소로 쓰기로 했다. 그곳은 춥고 삭막했다. 한마디로 불편하기 짝이 없었다. 그곳에서 임시로 예배를 보면서 신도들은 새 교회를 마련할 비전을 버리지 않았다.

그로부터 3개월 후 운영위원회에 있는 신도 한 명이 크리스천 사이언스교의 교회에 대해 이야기를 꺼냈다. 그는 교회 건물이 매물로 나왔다고 말문을 열었다. 수리를 해야 하지만 신도석이 500개나 되고 파이프오르간도 있으며 성장할 여지가 많은 곳이라고 했다. 소유주는 25만 달러를 불렀는데, 만약 교회가 6주 안에 8만 달러를 만들 수 있다면 부동산 권리증서를 내주겠다고 했다는 애기를 전했다. 게다가 모금을 하는 6주 동안 그 교회에서 예배를 봐도 된다는 솔깃한 제안까지 했다는 것이다.

"좋아요, 한번 해봅시다!" 틸 목사님이 말했다.

신도들은 뒤도 돌아보지 않고 그 교회로 옮겼다. 그리고 모금 현황판부터 세웠다. 시간이 흐르면서 모금액이 목표액에 점점 다가갔다. 곧 자신들만의 교회가 생긴다는 기대감에 매주 신도들 사이의 열기는 점점 더 뜨거워졌다.

모금을 시작한 지 5주째로 접어들었다. 아직도 목표액에서 2만 3000달러가 부족했다. 하지만 마지막에 피치를 올려 모금액은 딱 6만 달러를 채웠다. 틸 목사님은 경이로운 결과라는 사실을 부인할 수 없었다. 하지만 역부족이라는 사실 또한 처음부터 알고 있었다.

내일이면 정해진 6주가 다 끝나는 마지막 토요일 저녁이었다. 틸 목사님은 도저히 목표액을 채울 수 없으리라는 사실을 깨달았다.

"그분들과 함께 보내는 시간 동안 좋은 일이 참 많았어요. 우리는 성장하는 중이었죠. 신도는 점점 늘어났고 이미 100명을 넘어섰죠." 신도들 사이의 유대감이 두터웠고 무엇보다 교회를 찾는 젊은 사람들의 발길이 끊이지 않았다. 틸 목사님은 그저 기도할 따름이었다. "저는 제 슬픔부터 극복해야 한다는 사실을 깨달았어요. 무엇보다 순수한 마음으로 모은 모금액의 액수에만 연연했던 거예요. 정작 우리가 적재적소에서 교회의 성장세를 이어나가고 싶어 한다는 더 큰 사실은 미처 보지 못했던 거죠."

이튿날 신도들을 마주한 자리에서 목사님은 시원섭섭한 감정을 느꼈다. "여러분 모두가 승리자입니다! 이 놀라운 액수를 보세요!" 목사님이 말했다. 100명이 채 안 되는 신도들이 6만 달러를 모았을 뿐만 아니라 그 과정에서 신도들의 유대감과 결속력은 더 강해졌다. "저처럼 여러분도 우리 노력의 결과물이 이 건물이라는 사실을 놓아버려야 합니다. 그리고 우리 앞에 최고이자 최선의 미래가 펼쳐질 거라는 사실을 믿으세요. 해답은 우리이지 이 교회 건물이 아니라는 사실을 믿으십시오!"

그날 틸 목사님의 설교는 감동적이었다. 목사님과 신도들은 벅차오르는 기쁨에 눈물을 흘리며 그 교회는 물론 앞으로 그곳을 쓸 사람들에게 축복이 있기를 빌었다. "모두 얼싸안고 눈물을 흘렸어요. 사랑이 넘쳤죠." 목사님은 환한 미소를 지으며 그 당시를 추억했다. 그들은 모든 과정을 함께 해왔다는 사실을 축하했다. 결과에 상관없이 그들의 교회는 계속 커나갈 것이라고 굳게 믿었다. 물론 어떤 결과가 나오든 그에 감사하겠다는 마음도 잊지 않았다.

이튿날 틸 목사님은 교회에 홀로 서 있었다. 예배소와 모금 현황판을 마지막으로 둘러보았다. 소지품을 챙겨 가기 위해 빈 상자를 들고 있던 목사님이 마침내 발걸음을 옮기기 시작했다.

사무실 문에 도착한 순간 바닥에 떨어진 봉투가 눈에 들어왔다. "봉투를 주웠는데, 아무런 표시도 없었어요. 일단 봉투를 열었죠. 그 순간 저는 제 눈을 믿을 수 없었어요! 익명의 기부자가 종교과학 포틀랜드 교회 앞으로 보낸 2만 달러짜리 수표였거든요."

"우리는 끝내 그 익명의 기부자를 알아내지 못했어요. 거액의 기부금이 들어왔거나 그 교회를 산 건 기적이 아닙니다. 진짜 기적은 성령에 대한 믿음으로 돌아간 것이죠. 우리 앞에 선함이 이루어진다는 믿음이자 우리가 답이라고 생각한 것을 내려놓는 것이죠. 진짜 기적은 언젠가 최고이자 최선의 해답이 찾아오리라는 믿음이었어요. 그런데 그 기적이 정말 일어난 겁니다!"

틸 목사님의 일화에서 목사님과 그분의 신도들은 의도를 가지고 해답을 구했다. 모금액을 다 채우지 못할 것 같은 상황에서도 감사하는 마음을 잊지 않았다. 그들이 이룬 결과를 내려놓음으로써 그들은 최고이자 최선의 해답을 얻으리라 믿었고 정말 그렇게 되었다.

31

실현

우리는 우리가 생각하는 대로 된다.

우리의 모든 것은 생각과 함께 일어난다.

우리는 생각으로 세상을 만든다.

– 부처

욕망을 실현하기 위해서는 생각이 무척 중요하다. 그런데 중요한 요소는 이 외에도 더 있다. 바로 '카르마'라고도 하는 인과응보의 법칙이다. 이 법을 간단히 설명하자면 이렇다. "뿌린 대로 거두리라!" 아니면 이건 어떤가. "주는 대로 받는다!" 한마디로 이런 것이다. 우리가 뭔가를 주면 그대로 돌려받는다. 사랑과 친절을 보여주면 우리도 사랑과 친절을 받는다. 이와 마찬가지로 상대에게 분노나 적개심을 보이면 우리도 분노나 적개심을 받게 된다. 인과응보는 작용과 반작용의 법칙과 밀접한 관계가 있다. "어떤 행동을 하든 작용과 반작용이 존재하는 법이다."

끌어당김의 법칙과 **인과법칙**이 함께 작용하면 말 그대로 시너지효과가 발생한다. 이 두 법칙을 이용하면 욕망을 더 빨리 실현시킬 수 있다. 사고와 행동이 일치하면 욕망은 더 빨리 실현된다. 당신이 사랑을 찾고 있다면 당신은 온통 사랑을 생각해야만 하고(끌어당김의 법칙) 누구를 만나든 사랑과 친절한 마음으로 대해야 한다(인과법칙). 이 두 법칙이 조화를 이룰 때 마음에 품은 뜻이 더 빨리 이루어질 것이다. 의도를 자꾸 생각한다고 해서 꿈이 이뤄지는 것은 아니다. 이것은 행동의 문제이기도 하다.

여기에서 이런 문제가 비롯된다. "그렇다면 어느 쪽이 더 힘들까?" 일관되게 한 가지 생각을 하는 것이 더 힘들까? 아니면 직접 행동에 나서고 '원인과 결과'에서 원인을 제공하는 것이 더 힘들까?

꿈을 이루는 또 다른 열쇠는 꿈과 운명을 일치시키는 것이다. 열망이나 의도가 이 땅에 온 소명, 다시 말해서 영혼의 목적과 일치할 때 그 열망은 쉽게 이루어질 것이다. 그러므로 이 땅에 온 목적을 이루기 위해 살면 늘 크나큰 기쁨 속에서 살 수 있다. 이렇게 생각하면 이 땅에 온 이유인 운명을 거역하지 않고 이 땅에 온 목적을 이루면서 사는 것이야말로 행복하게 사는 지름길이다.

영은 생명이다. 마음은 건축주이다. 육체는 그 결과물이다.

– 에드거 케이시

앞에서 새로운 형태의 학교를 세우고자 했던 교사 로리 나자르노는 자신이 이 땅에 온 목적을 위해 일하게 하려는 우주의 의도를 처음엔 이해하지 못했다. 그녀가 생각의 힘을 깨닫고 영의 길잡이를 받으며 봉사하는 운명을 따르게 되기까지 수많은 '우연의 일치'가 있었다.

2000년 봄, 나는 순조롭게 두 번째 소설 『세일럼으로』를 집필했다. 그 무렵 책에 그랜드캐니언에서 하는 래프팅 장면을 집어넣기 위해 자료를 좀 찾아볼 일이 생겼다.

래프팅 여행을 실현하다

『세일럼으로』의 클라이맥스는 닷새에 걸친 래프팅 투어 중에 일어난다. 이 여행에서 등장인물들은 그랜드캐니언을 지나 콜로라도 강을 타고 이동한다. 나는 소설을 쓰는 동안 그랜드캐니언에서 래프팅을 하면 어떤 일들이 일어나는지 계속 궁금했다. 이런 의문을 제대로 풀지 못하면 소설의 개연성이 크게 떨어질 것은 분명했다.

그해 봄 나는 그랜드캐니언 래프팅 투어를 하는 여행사 몇 곳에 문의를 했다. 아쉽게도 대부분 1년에서 1년 반 전에 예약을 해야 했다. 나는 그렇게 기다릴 수 없었다. 그래서 다른 방법을 찾기로 했다. 어퍼 캐니언보다는 하류 쪽에서 적당한 곳을 물색했다. 그런데 하류는 물살은 약한 반면 패들래프팅(가이드가 보트 뒤에 앉아 노를 이용하여 방향을 잡고 보트에 탑승한 사람들이 전부 가이드의 지시에 따라 노를 젓는 방식-옮긴이)을 할 만한 곳이 없었다. 내가 알기로 패들래프팅은 배에 탄 사람들 모두가 노를 저어야 하는데, 그랜드캐니언에서는 이런 방식으로 래프팅을 잘 하지 않았다. 그곳에선 주로 오어래프팅(숙련된 가이드가 적은 힘으로 쉽게 조종할 수 있도록 양쪽으로 샤프트의 한 부분이 보트에 고정되어 있는 긴 노를 보트 가운데에서 젓는 방식—옮긴이)을 했다.

'망했네. 이걸 왜 이제야 알았지?' 나도 내가 의아했다. 그때까지 래프팅 여행을 중심으로 소설을 전개했기 때문이다. 그랜드캐니언에서 패들래프팅 투어를 조직하는 전문 여행사는 몇 군데 되지도 않았고 그나마도 연말까지 예약이 다 찬 상태였다.

나는 전문 여행사 한 곳에 전화를 해서 대기명단에 넣어줄 수 있는지 물어보았다. '내가 이 여행을 꼭 하고 싶어 하면 누군가 취소하는 사람이 나올지도 몰라.' 그때 나는 이런 생각이 들었다.

하지만 돌아온 답변은 이랬다. "죄송합니다! 100분까지만 대기를 받습니다."

"그럼 벌써 대기자가 100명이 다 찼다는 거예요?"

"네, 그렇습니다."

그때가 3월 말 혹은 4월 초였다. 나는 적어도 여름을 넘기기 전에 래프팅을 할지 말지 결정해야 했다. 시간은 쏜살같이 흐르는데 나는 발만 동동 구를 뿐이었다. 나는 타협해서 다른 강에서 래프팅을 하거나 오어래프팅을 하는 쪽으로 방향을 바꾸었다. 어느 금요일 저녁에 친한 친구와 전화를 하다가 래프팅은 다른 강에서 하거나 오어래프팅으로 할 생각이라고 말했다.

친구의 목소리에서는 실망한 기색이 역력했다. "알렉스, 그런 타협은 안 돼! 너도 알잖아. 네가 원하는 방식으로 래프팅을 할 수 있을 거야. 그런 타협일랑 생각도 하지 마!"

친구의 '명령'과 같은 이 말을 듣기 전에는 나는 시도조차 제대로 하지 않았다. 그래서 나는 의도를 세웠다. 그랜드캐니언 상류로 래프팅을 가기로 했다. 소설 속 등장인물들과 똑같이 말이다. 솔직히 말하자면 완전히 똑같지는 않았지만. 나는 이렇게 다짐하고 늦지 않게 책에 필요한 자료를 검색했다는 사실에 감사했다. 그 주 일요일에 친구들이 우리 집에 놀러 왔다. 나는 친구들에게 계획 중인 여행에 대해 들려주었다. 친구 한 명이 내게서 열의와 자신감을 느꼈는지, 자신도 가고 싶다고 했다.

월요일 아침에 나는 래프팅 전문 여행사에 전화를 걸었다. 내가 책을 쓰면서 소설에 들어갈 래프팅 부분에 대한 자료를 많이 구한 웹사이트가 있었는데, 바로 이 여행사의 홈페이지였다. 전화를 받은 여직원의 목소리가 귀에 익었다.

"안녕하세요, 바버라! 저는 알렉스 마쿠예요. 요즘 어떻게 지내세요?"

바버라는 내게 예약 명단이 다 찼다고 알려줬던 직원이었다.

그날 아침은 지난번 통화 때와 방법을 달리해봤다. "그 여행사에서 올해 닷새 일정으로 어퍼 캐니언 투어를 하지 않나요?"

"안녕하세요, 알렉스! 딱 맞춰서 전화를 걸어주셨네요. 제가 닷새 짜리 어퍼 캐니언 투어의 예약을 취소한다는 어떤 커플의 전화를 방금 받았거든요. 그런데 5월 투어라 몇 주밖에 남지 않았어요. 혹시 두 자리 예약하시겠어요?"

나는 너무 흥분해서 내 귀를 믿을 수 없었다. "당연하죠!" 나는 신용카드로 두 자리를 당장 예약했다.

"아, 한 가지 더 말씀드릴 게 있어요."

그 말을 듣는 순간 가슴이 철렁했다. 차마 입이 떨어지지 않았지만 무슨 일인지 묻지 않을 수 없었다.

"이 두 자리는 패들래프팅 상품이에요. 한 대만 패들래프팅을 하고 나머지는 오어래프팅을 하는 투어가 몇 개 있거든요. 비용이 조금 더 들어요. 혹시 패들래프팅에 관심 있으신가요? 아니시면 이번 투어 참가자들 중에 관심을 보일 사람들이 있어요."

직접 듣고도 도저히 믿을 수 없었다. 어떻게 순식간에 내 계획대로 모두 이루어졌을까? 소설 속 등장인물은 어퍼 캐니언에서 닷새 동안 패들래프팅으로 래프팅 투어를 떠났다.

시각화는 우리의 열망을 이루는 핵심 요소이다. 스스로 꿈을 이루려고 고군분투하는 모습을 보면서 우리는 생각에 힘을 불어넣는다. 내 경우에는 래프팅 투어에 관한 글을 쓰면서 등장인물이 배에서 래프팅하는 모습을 계속 머릿속에 그렸다.

내 친구는 우리가 무한한 가능성의 세상에 살고 있으며 그 결과 우리는 모두 강력한 힘을 지니고 있다는 사실을 다시 한번 일깨워주었다. 나는 소설 속 등장인물들과 똑같은 여행을 떠나겠다는 생각에 에너지를 불어넣기로 결심했다. 내 등장인물들이 강을 따라 노를 젓는 이미지와 어떤 일에도 포기하지 않겠다는 생각, 내 소설에 안성맞춤인 여행을 분명히 떠날 수 있다는 믿음에다가 소설을 쓰는 일이 내 영혼의 목적과 일치한다는 믿음을 바탕으로 한 열망이 일치한 결과 주말 동안 떠나는 내 래프팅 여행이 마침내 실현되었다.

32

현대의 신비주의자

신학자들은 논쟁을 할 수도 있다.

그러나 이 세상의 신비주의자들은 같은 언어로 말한다.

– 마이스터 에크하르트

캐럴라인 미스는 자신의 저서 『성에 들어가기*Entering the Castle*』에서 이렇게 썼다. "평범하게 사는 대부분의 사람들은 자신을 신비주의자라고 여기지 않는다. 왜냐하면 신비주의가 뭔지 모르기 때문이다." 어니스트 홈스는 또 이렇게 말했다. "신비주의자는 직관적으로 진실을 깨닫는 사람이자 정신적 과정 없이 '영적인 깨달음'에 도달하는 사람이다."

신비주의자는 보이지 않는 진리의 장소에서 비롯되었으며 이 진리와 신이 이어져 있음을 안다. 이러한 영적 깨달음이 바로 하나됨 Oneness이다. 예수님은 말씀하셨다. "나와 아버지는 하나이니라." 신비주의자는 이런 예수님의 말씀의 땅에서 비롯되었다. 신비주의자는 이 세상에 하나의 삶, 하나의 에너지, 하나의 마음이 있으며 따라서 만물은 이 '하나의 신의 본질'로 구성되었다는 사실을 안다. 신비주의자는 모든 사람과 동물, 식물, 사물에서 신성을 찾아낸다. 왜냐하면 그들 모두 모든 것이 신인 곳에서 비롯되었기 때문이다.

하나됨은 우리가 '~와 같다'라거나 하나의 생명, 즉 신의 일부라고 정의하는 통합된 상태를 의미한다. 하나됨은 우리와 영은 서로 다르지 않으며 그러므로 우리는 신의 임재성Divine Presence이 한 명, 한 명 드러난 것임을 잘 아는 상태라고도 할 수 있다.

사람들은 정신적으로 하나됨의 개념을 받아들이지만 신비주의자는 마음과 영혼으로 진리를 포용한다. 당신은 오랜 세월 동안 이러한 형이상학적이고 영적인 개념들을 연구해서 이성적으로 이해하고 믿을 수도 있다. 하지만 마음을 열지도 이성을 배제하지도 않고 영혼이 자신의 시야를 가리는 베일을 찢어버리지 않으면 결코 빛을 보지 못할 것이다.

현대의 신비주의자는 더 심오한 차원에서 신을 안다고 여겨지는 사람이다. 당신은 진화하는 신비주의자이다. 영과 직접 이야기를 나누고 싶은 사람은 발전하는 신비주의자이다. 그런 점에서 라이프사인 과정은 이 영과 소통하는 방법의 하나이다.

당신이 경험해보았을 만한 신비 현상은 결국 당신이 이 땅에 태어난 목적을 깨닫고 싶은 갈망이다. 이런 질문을 해보았을 것이다. "나는 누구인가?" "나는 왜 여기에 있을까?" "나는 무엇을 위해 여기에 왔을까?" 이런 질문들은 근원과의 관계를 너 깊게 만들라는 영의 부름이다. 현대의 신비주의자가 되기 위해 특별한 학위를 딸 필요는 없다. 신학자가 되거나 목회자가 될 필요도 없다. 순결이나 가난, 고행을 맹세할 필요도 없다. 은둔자의 삶을 살 필요도 없다.

현대의 신비주의자는 모두를 동정하고, 포용하고, 사랑하는 삶을 살기 위해 노력한다. 신비주의자도 가끔은 중심을 잃고 비틀거린다. 하지만 언제나 긍정적이든 부정적이든 생각과 행동, 내뱉은 말에 책임을 지려 한다. 현대의 신비주의자는 우주와의 관계가 더욱 깊어지기를 갈망한다. 또한 영이 그의 삶을 위해 준비해놓은 차원 높은 비전을 기꺼이 탐색하고자 한다.

누구나 신비주의자가 되기를 희망하는 건 아니다. 신비주의자가 되고 싶다고 말하는 사람도 있을 것이다. 하지만 그런 사람도 신비주의자가 되는 데는 희생이 따르고 삶의 우선순위를 바꾸어야 할지도 모른다는 사실을 잘 알고 있다. 여기에서 의심이 비롯된다. 과거에 나는 영성을 탐구하기보다 경력을 쌓는 일을 더 중시했다. 나는 그 시절을 지금도 잘 기억한다. 어떤 사람들은 상황이 변한다. 또 어떤 사람들에게는 현상 유지가 그리 나쁜 대안이 아니다.

이 별에 온 목적이 직함이나 사회적 지위, 부를 얻으려는 욕망을 넘어서는 뭔가라는 사실을 깨달을 때 비로소 에고를 길들일 수 있다. 온 마음을 다해서 이곳에 태어난 진짜 목적을 고민하고 마침내 그 이유를 깨달을 때, 당신은 현대의 신비주의자로 살아가는 길 위에 무사히 도착한 것이다.

우리는 모든 사람이 인류의 진화에 없어서는 안 되는 이 별에서 어마어마한 시대를 살고 있다. 당신이 바로 지금 이 별에 온 것은 절대 우연의 일치가 아니다. 당신은 바로 지금 이곳에 필요한 사람이다. 우리는 준비 단계에 살고 있다. 그러므로 모두의 도움이 필요하다. 모두에게 그만의 고유한 역할이 정해져 있다. 우리는 인간성이 다음 단계로 올라설 수 있도록 토대를 닦고 준비한다. 다시 말해 자연스러운 상태로 존재할 수 있도록 말이다. 그것은 우리가 지금의 상태가 되기 이전으로 돌아간다는 뜻이다. 하나됨으로의 귀환이다. 당신이 이곳에 온 목적이자 한 차원 높은 소명을 일깨워주는 내면의 목소리에 귀를 기울이라.

당신은 이곳에 빛을 밝히기 위해 태어났다. 당신은 하나의 생명이라는 인식을 일깨우는 데 도움을 주려고 왔다. 당신은 바로 그 하나의 생명, 즉 신이 저마다 발현한 모습임을 알리기 위해 이곳에 태어났다. 당신은 우리 지구의 의식을 키우기 위해 여기에 왔다.

당신도 다른 사람들과 비슷하다면 이런 질문을 할 것이다. "하지만 내가 뭘 어떻게 봉사하지? 내가 어떻게 세상을 밝힌다는 걸까?"

이렇게 자문하라. "무엇이 나를 부르고 있을까?"

분명 당신은 한 번도 스스로를 저항 세력이라고 생각해보지 않았을 것이다. 그런데 당신은 저항 세력이 맞다. 당신은 어마어마하게 중요한 과업을 이루기 위해 이곳에 왔다. 우리 모두는 궁극적으로 신을 알기 위해 애쓴다. 그러므로 당신은 터를 닦고, 의식을 키우고, 이곳에서 벌어지는 의식의 전환에 참여하고 있다.

현대의 신비주의자란 뭘까? 신비주의자들은 이곳에 온 목적을 탐색하고 소명에 응하기로 한 사람들이다. 그들은 밝게 빛나서 다른 사람들도 똑같은 다짐을 하도록 격려하는 영적인 존재들이다. 그들은 이 지구의 의식을 키우고 인류의 영적 진화를 이끌어내는 촉매이다.

그렇다면 당신이 이 땅에 온 목적과 라이프사인 과정 사이에 무슨 관계가 있을까? 기도나 명상, 그 외 다양한 영적 수행처럼 라이프사인 과정도 영적으로 각성하는 방법이다. 이것이야말로 **영에 가닿는 생명줄**이다. 우주와 교감하는 또 하나의 도구이다.

사건

최근 내게 기쁜 일이 있었다. 브로드웨이 연출자이자 뛰어난 사업가이며 영성 부문에서 여섯 권의 베스트셀러를 낸 작가인 월터 스타크를 소개받았기 때문이다. 이 현대의 신비주의자는 내게 인생을 바꾼 믿기 힘든 경험을 들려주었다. "가능한 한 최대한 많은 목소리로 이야기해야 해요."

원래 유체이탈은 자연적이거나 본능적으로 일어나는 현상이기는 하지만 그런 현상을 촉발하는 기술들이 있다. 그래서 월터는 30대 초반에 이에 대해 닥치는 대로 연구했다.

그는 이렇게 인정했다. "나는 끝내주는 경험을 했죠. 두 번이나. 그런데 내면의 가이드 한 명이 이러더군요. '자, 이제 원칙을 확실히 배웠겠군. 그러니까 다시는 하지 마!'"

그는 자신이 하던 대로 계속 유체이탈을 하는 건 잘못이라는 사실을 깨달았다. 계속 그러다간 "에고 여행이나 개인적인 힘을 얻기 위한 여행"으로 전락할 테니 말이다. 결국 그는 갖가지 기술로 유체이탈을 일으키는 짓을 그만뒀다.

그로부터 35년이 흐른 어느 날, 월터는 끔찍한 사고를 당했다. 말에 깔려서 골반과 갈비뼈가 으스러진 것이다. 그는 병원에 입원했다. 엄청난 통증이 찾아왔지만 수면제나 진통제를 먹지 않으려고 해서 의사들을 당황하게 만들었다.

"왜 진통제를 쓰지 않았죠?" 내가 물었다.

"내가 금욕주의자거나 형이상학적인 마법을 부려서가 아니었어요. 내가 깨달았던 교훈들이 나도 모르게 다시 돌아왔기 때문이었죠."

월터는 뼈가 으스러지는 고통을 느끼는 동안 몸을 스르르 빠져나왔다.

"말 그대로 내 몸 위에 둥둥 떠 있었어요. 그때 깨달았죠. 나는 육체를 가진 의식이지 그 반대가 아니라는 걸요."

월터는 인간의 경험을 가진 영적인 존재로서 자신이 시간이나 공간, 육체에 제한받지 않는다는 사실을 깨달았다. 그는 고통을 선택할 필요가 없었다. 그는 자신의 신성神性을 선택했다. 그는 어딘가에 하나의 생명이 존재한다는 사실을 깨달았다. 자신과 그 밖의 다른 모든 것이 분리되지 않은 상태에서 비롯되어 살고 있다는 사실도 알게 되었다.

현재 90대인 이 멋진 노신사는 지금도 여전히 강연을 한다. 그는 우리에게 육체가 우리를 규정하지 않는다고 가르친다. 그의 지혜는 우리의 신성과 인간성을 잇는 다리이다.

신은 공명정대하다

누군가를 비난한다면 그건 그를 사랑할 시간이 없었기 때문이다.

― 테레사 수녀

신은 공명정대하다. 영은 그 누구도 차별하거나 편애하지 않는다. 우주는 어느 쪽을 더 좋아하고 말고가 없다. 철저하게 공명정대하다. 다시 말하자면 아무도 특별하지 않고 동시에 모두가 특별하다.

신은 이렇듯 중립인데 왜 수많은 사람들이 편견과 비난으로 고통받는지 종종 의문이 든다. 왜 어떤 종교는 단지 다르다는 이유만으로 타인을 억압할 권리를 정당화하는가? 비판과 편견은 인간의 특징이다. 우리의 장점은 우리가 인간적인 존재가 아니라 영적인 존재라는 사실이다. 하지만 비판과 편견 같은 저급한 에너지의 특징을 내보이면 보일수록 우리는 영과 더 멀어질 뿐이다.

신비주의자는 모두를 동정하고, 포용하고, 사랑하는 삶을 살기 위해 노력한다. 신비주의자는 모든 사람을 사랑한다. 상대가 어떤 길을 걷든, 피부색이 뭐든, 성별이 뭐든, 성적 취향이나 경제적 계급이 뭐든 상관없다. 신비주의자는 모든 사람에게서 신성을 찾아낸다. 당장 샤워가 절실해 보이는 행색을 하고 후들거리는 마트용 카트를 밀고 가는 노숙자에서부터 성스러운 달라이 라마까지 가리지 않는다.

자신이 남보다 특별하다고 생각할수록 신과의 연결이 약해진다. 에고가 커지는 순간 우리와 우주 사이에는 텅 빈 공간이 생긴다. 그로 인해 모든 것을 포용하는 영의 능력을 잃게 된다. 나는 이 상황을 간단하게 정리한 웨인 다이어의 말을 무척 좋아한다. "생각이나 행동이 우리를 양분한다면 그것은 신의 것이 아니다. 생각이나 행동이 우리를 하나로 모은다면 그것은 신의 것이다."

우리가 어떤 이유로든 타인을 차별하거나 배척하면 영과의 연결은 약해진다. 영과의 관계가 밀접할수록 우리는 영의 무한한 힘을 더 많이 사용할 수 있으며 영이 보내는 라이프사인을 더 잘 알아볼 수 있다.

피부색이든, 성별이든, 장애 여부든, 성적 취향이든 나와 어딘가 다른 사람을 볼 때마다 나는 이렇게 생각한다. 아무도 특별하지 않고 동시에 모두가 특별하다고. 나는 사람들을 만나면 그들에게서 내 모습을 찾고 모든 비판은 배제하려고 한다.

신의 공명정대함은 아마도 모든 것을 포용하라고 설득하기에 가장 훌륭한 논거일 것이다.

33

영으로 인도하는 생명줄

당신과 나는 본질적으로 무한히 선택한다.

살아 있는 동안 우리는 매 순간 모든 가능성의 영역에 있다.

이 영역 안에서 우리는 무한한 선택지에 다가갈 수 있다.

— 디팩 초프라

꿈을 실현할 수 있는 열쇠는 이미 우리 손에 있다. 영은 우리가 성공적이고 행복하고 목적에 충실한 삶을 살기 위해 필요한 것을 모두 준다. 우리는 평소에 삶에 너무 매몰되어 있다. 그래서 우주가 보내는 섬세한 실마리를 그냥 지나친다. 우리는 우리에게 도달한 영의 부추김과 메시지를 무시해버린다. 이런 이야기를 하고 있으면 예전의 내가 떠오른다.

젊었을 때 나는 내게 전해진 신호를 무시했다. 그럴수록 내 인생은 점점 혼란에 빠졌다. 사람들과 충돌하고, 아프고, 소중한 것들을 잃고 심지어 우울증도 왔다. 하지만 신호에 관심을 기울이기 시작하자 충돌은 풀리고 인생은 더 쉽고, 즐겁고, 목적의식이 생겼다.

그때까지의 나는 초능력 현상이나 직관에 회의적이었다. 그런 나를 영은 난생 처음 초능력 콘퍼런스에 참석하게 하고 그곳에서 우리 모두 초능력자이며 직관을 지녔다는 사실을 깨닫게 해주었다. 이런 경험을 한 나는 얼마나 행운아인가. 아무것도 믿지 않았던 나는 일주일 만에 인생이 바뀌었다. 이 세상을 아이와 같은 눈으로 경외감과 경이로움을 품고 보게 되었다. 여기서 착각해선 안 되는 사실이 있다. 초능력은 라이프사인이 아니다. 초능력은 라이프사인을 눈여겨보도록 도와주는 도구일 뿐이다.

우주가 내게 보이는 관심을 어떻게 알아차렸을까? 그것은 내 삶에서 경이로운 일들이 느닷없이 벌어진 덕분이었다. 영은 동시성을 띠고, 세렌디피티이고, 설명할 수 없는 사건들을 통해 메시지를 전했다. 그전에는 이런 메시지를 놓쳤지만 더 이상 그러지 않았다. 나는 라이프사인을 통해 내 소설의 줄거리를 보았다. 그 결과 우주의 이야기를 글로 옮기는 매개체가 된 것이다. 이런 과정을 거치며 예전의 나는 사라졌다. 내 안에서 진정한 과학자가 나타났고 진짜 실험이 시작되었다.

나는 시행착오를 겪으면서 라이프사인이야말로 영이 내 질문에 보여준 해답이라는 사실을 깨달았다. 그때부터 나는 어떤 문제가 정말 중요하다 싶으면 질문을 던졌다. 인간관계나 돈 문제, 취업 같은 문제에 대해 질문했고 어김없이 답을 받았다. 나는 내면으로 시선을 돌렸다. 라이프사인 과정을 활용하면 내 영성을 확장하고 인생의 목적을 깨달을 수 있다는 사실을 알게 되었다.

라이프사인은 내가 살아길 길을 보여주는 인생의 신호를 보고 참뜻을 깨닫는 과정이다. 영으로 인도하는 생명줄이다. 동시성과 세렌디피티, 기적의 마법과 힘을 이용해 영으로부터 의미 있는 정보를 받아들이는 과정이다.

라이프사인의 과정은 이렇다.

1. 기적을 꽃피우는 토양에 씨를 뿌리겠다는 **의도를 갖고 질문하라.**
2. 경외감과 경이로움을 품은 눈으로 삶을 바라보고, 주의를 기울이고, 고양된 의식 수준에서 삶을 **감지하라.**
3. 이런 메시지를 깊이 생각해 **실마리를 풀 수 있다.**
4. 가설을 세우고 경험에서 나온 추측을 **증명**하기 위해 영에게 물어보라.
5. 마지막으로 영과의 교감에 **감사하라.**

우리는 각자 다른 길을 간다. 각자에게 주어진 영적 과제를 풀어나가는 추진력은 이 땅에 온 목적을 알아내려는 갈망이다. 나는 이번 삶에서 뭔가 다른 것을 하도록 정해진 기분이 들었다. 시간은 점점 흘러갔다. 자신에게 이런 질문을 해본 적이 있는가? "나는 누구인가? 나는 왜 여기에 있는가? 내 인생의 목적은 무엇인가?"

우리는 각자 특별한 목적을 가지고 이 세상에 온다. 시대를 뛰어넘어 영적으로 가장 뛰어난 스승이나 지도자들에 비해 당신이 이곳에 온 이유가 사소할 것이라고 섣불리 판단하지 마라. 그런 사람들은 이 세상에 태어나 자신의 삶을 통제하기로 선택했을 뿐이다. 그리고 자신의 운명을 따르기로 한 것이다.

우리는 누구나 자신을 통제할 수 있다. 이곳에서 살며 세상을 환하게 빛내자고 선택할 수 있다. 우리는 기쁨으로 충만한 삶을 살기로 선택할 수 있다. 당신이 이 땅에 온 목적과 운명을 알아내는 실마리 중 하나가 영감과 기쁨이라는 사실을 명심하라. 무엇이 당신을 자극하고 기쁨을 주는지 알아내라. 왜냐하면 생각과 의도가 인생의 목적과 일치할 때 당신은 꿈을 이룰 수 있기 때문이다.

대전환이 일어나고 있다. 인류의 영성은 진화 중이다. 그러므로 지금 이 시대에는 모든 사람이 이 영적 진화에 참여하는 것이 중요하다. 이 지구의 의식을 높이고자 열망하는 사람들과 그런 열망을 억누르려는 사람들 사이에 의식 투쟁이 벌어지고 있다. 많은 이들이 이곳에서 이러한 패러다임 전환에 참여하기로 선택했다. 많은 이들이 구체적인 목적이나 진실을 널리 알리고 의식을 키우려는 소명을 가지고 인간의 모습으로 이 땅에 왔다. 어떤 이는 이 사실을 각성하고 지구에 흔적을 남기기 시작한 반면, 어떤 이는 아직 기억을 떠올리지 못했다. 이런 사람들은 확신할 수는 없지만 이 땅에 뭔가를 하기 위해 왔다는 생각을 떨치지 못한다. 당신도 기억이 희미하게 떠오르지 않는가?

패러다임 전환

더 낮은 진동은 물리적 현실에 존재하고,

더 높은 진동은 신비적 현실에 존재한다.

그리고 낮은 것에서 높은 것까지

모든 진동을 아우르는 곳이 확장된 현실이다.

— 밸러리 헌트 박사, 작가

어떤 식으로 진화하든 그 전에 먼저 혁명이 있다. 우리는 영적 혁명의 와중에 있다. 여러 생각을 가진 무리가 의식 충돌을 벌이는 한가운데 말이다. 게다가 수많은 사람들은 각자의 **내적인** 의식 혁명을 겪고 있다.

의식consciousness은 자각awareness이다. 다시 말해 우리가 영적 수준에서 주변에 대해 얼마나 각성하고 있는지 보여주는 것이다. 삼차원인 이 세상을 넘어서는 다른 뭔가가 있다는 사실을 알아차리는 사람들이 많다. 이들은 의식의 전환과 뭔가 거대한 것이 일어나고 있다는 사실을 깨닫고 이러한 영적 진화에 기여할 방법을 찾으며 깨어있다. 이들은 이 세상에 온 목적을 찾고, 성스러운 재능을 드러내고, 이전에는 영감을 주지 않던 분야에서 위안과 성취감을 찾고 있다.

이들은 경제적인 풍족함보다 영과의 교감을 이해하는 것이 더 중요하다는 사실을 깨달았다.

누구나 다 이 목적지에 도착하는 것은 아니다. 많은 사람들이 불안을 느끼지만 그 원인에 대해서 콕 집어내지 못한다. 그들은 이번 생은 너무 늦었거나 이제 시간이 없다고 느낄지도 모른다. 어떤 이는 이 세상에 온 목적과 가치에 의문을 품고 있다. 자신이 가치가 없다고 느끼기 때문이 아니라 가치가 있지만 제대로 사용하지 못하고 있다고 느끼기 때문이다. 우리 모두는 다양한 수준에서 가치 있는 존재이다. 하지만 이러한 의식 전환의 시기에 이곳에 오게 된 목적을 완수하지 않으면 이곳에서 무엇을 성취하든 심오한 수준에는 닿을 수 없다.

많은 이들에게 때로는 이런 상실감이 내면으로 시선을 돌리고 인생을 바꾸는 영적 여정을 떠나는 원인이 되기도 한다. 하지만 이런 사실을 미처 알지 못하고 우울증에 빠져들거나 중독과 싸우는 사람도 있다. 일단 악순환이 시작되면 뭐든 제대로 파악하기 힘들다. 그런 고통에서 무사히 빠져나오는 사람들은 해답이 밖이 아니라 안에 있다는 사실을 안다. 내면으로 눈을 돌리고 마음을 가라앉히면 자신의 신성을 발견하게 된다. 그다음에 찾아오는 것은 새로운 삶이라는 선물이다.

요즘 많은 이들이 겪고 있는 불안은 일종의 모닝콜이다. 우주는 우리가 왜 이곳에 왔는지 기억해보라며 우리를 깨우고 등을 떠민다. 지금 일어나는 패러다임 전환에서 우리 각자가 맡은 역할에 마음을 열라고 격려하는 영의 방식인 것이다. 혼란은 내면으로 시선을 돌려 해답을 찾아내는 촉매제일 수 있다. 전 세계에서 수많은 이들이 각성하면 지구의 의식은 바뀔 것이다.

지금 이 세상은 금방이라도 붕괴할 것만 같다. 경제 시스템이 붕괴되고, 아이들은 기아에 허덕이고, 폭동과 자연재해가 일어나고, 전쟁의 광풍이 휘몰아치고 있다. 그렇지만 결코 걱정과 두려움으로 무너질 때가 아니다. 오히려 지금 우리가 가진 것과 **우리 자신이 존재한다는 사실**에 감사해야 할 때이다. 상황에 매몰되어 굴복할 때가 아니다. 공포에 찬 상황이 오히려 사람들에게서 최선을 이끌어낼 수도 있다. 이런 상황에서 사람들은 내면으로 눈을 돌리고 그곳에서 자신의 재능을 발견해 밖으로 드러내기 때문이다. 도움이 필요한 사람에게 다가가 사랑을 쏟으면 의식을 키우는 데 기여할 수 있다.

우리는 모두 영적인 존재이다. 모두가 인류의 역사에 가장 큰 영향력을 미치는 시대, 즉 인류의 영적 전환을 잉태한 시대에 살기로 결심했다. 우리는 영적 혁명과 인류의 진화에 각자 맡은 역할이 있다.

우리가 모두 신과 하나라면
사악한 사람조차 그러한가?

사람들은 이런 생각을 한다. '어떻게 영은 아이가 죽도록 내버려두실까?' '왜 신은 자연재해로부터 이들을 지켜주지 않으셨을까?' 이렇게도 생각한다. '인류에게 저토록 무섭고 잔인한 짓을 벌인 사람들이 어떻게 **신과 하나**일 수 있지? 정말 그럴 수 있어?' 나도 다른 사람들과 마찬가지로 이런 생각을 하며 고민한다.

신사고 철학에서는 모든 사물과 사람에게서 신을 찾으라고 한다. 가장 작은 미생물에서 가장 큰 맹수에 이르기까지, 살아 있는 세포에서 무기물질에 이르기까지, 생각에서 물리적인 형태에 이르기까지 오직 신이 있다. **신은 모든 것이고, 그 모든 것은 모든 것과 모든 선과 모든 풍요로움, 모든 사랑, 모든 평화로움, 모든 기쁨에 항상 있다. 신은 모든 것의 본질이며 신이 없는 곳은 어디에도 없다.**

모든 사람이 영과 하나이다. 누구나 신과 연결되어 있다. 사람들은 모두 다른 사람과 연결되어 있다. 사악한 짓을 서슴지 않는다고 알려진 사람들조차 마찬가지이다.

우리에겐 모두 자유 의지가 있다. 그리고 이 자유 의지로 어떤 삶을 살지 선택한다. 우리는 대부분의 사람들이 삶을 영위하는 '올바른' 길 혹은 '**빛**'의 길이라고 인식하는 길을 택할 수 있다. 영적 원칙이나 십계명과 같은 **조언**을 따르기로 한 사람들처럼 말이다. 한편으로는 반대되는 길을 택할 수도 있다. 사람들이 '사악'하거나 어둠의 편이라고 여기는 길 말이다. 그런데 어떤 길을 택하든 **신이 없는 곳이 없다**는 진리를 깎아내리는 행동이 되지는 않는다.

어둠은 빛이 없다는 뜻이 아니다

우주의 빛은 어디에나 있다. 이 세상 사람들이 어둠으로 인식하는 상황도 분명 있다. 그렇다고 그것들을 빛이 없는 어둠으로 볼 필요는 없다. 나는 오히려 이런 상황을 빛이 다양한 밝기로 빛나는 증거라고 생각한다. 사람은 사악한 존재가 아니다. 물론 사람은 자유 의지로 자신이 살아가는 방식을 선택하고 그러다보면 사악한 쪽을 택하는 사람들도 분명 존재한다.

오늘날에는 꼭 싸워야만 하는 전투가 있다. 사람들은 이 전투를 오래전부터 계속된 선과 악의 충돌이라고 하지만 나는 조금 다른 각도로 보고 싶다. 이 세상에 선과 악이 존재한다는 이분법을 받아들이면 결코 영과 하나가 될 수 없다. 신이 없는 곳은 없으므로 '선한' 팀이 있을 리 없다. 왜냐하면 세상에는 유일한 신이 존재하는데, 선한 쪽의 존재를 인정하면 악한 쪽의 존재도 인정하는 셈이 될 테니 말이다.

누가 무엇을 위해 이 전투를 벌이는지 정확하게 이해하려면 일단 세 무리 사이의 동기부터 파악해야 한다. 이 세상에는 서로 반복해서 싸우는 양측이 있으며, 이들의 힘이 커지고 있다. 한편 이들의 운명은 제3자의 손에 쥐어져 있다. 어떤 이는 이들을 '선'과 '악', '미결정자'라고 부른다. '빛'과 '어둠', '중도자'라고 부르는 사람들도 있다.

신이 없는 곳은 없다. 어디에도 어둠은 없고 단지 다양한 밝기의 빛이 있을 뿐이다. 그러므로 나는 앞에서 말한 세 무리를 보라단, 붉은단, 무지개단이라고 부른다. 모두 빛의 스펙트럼에서 어느 지점을 대표하기 때문이다. 어디가 어떤 역할을 하느냐는 중요하지 않다. 다만 모두가 영과 하나일 뿐이다.

우리는 대부분 양쪽 끝단, 즉 빛의 스펙트럼의 양 끝에 자리하고 있는 보라단이나 붉은단 가운데 하나에 본능적으로 끌리기 마련이다. 한편 어느 쪽으로 들어갈지 결정하지 못하고 어중간하게 남아 있는 사람들도 있다. 이들은 아마도 보라색과 붉은색 사이의 스펙트럼 어딘가에 위치해 있을 것이다. 그래서 이들은 세 번째 팀인 무지개단이 된다.

우리가 어느 팀을 선택하느냐는 자신의 에너지 혹은 에너지 지문에 달려 있다. 앞서 30장에서 나는 '유유상종' 개념에 대해 설명했다. 본질적으로 선하다면 선한 사람을 끌어당길 것이다. 사랑을 보내면 사랑으로 보답받는다. 남을 사랑하고 관대하고 친절하게 대하는 사람은 에너지 주파수가 더 높다. 그래서 비슷한 주파수대에 있는 사람들을 끌어들이기 마련이다. 주파수가 비교적 더 높은 사람은 대개 보라단에 끌리는 경향이 있다.

보라단

사랑이나 기쁨, 평화, 일체감, 조화처럼 더 높은 주파수에 공명하는 사람들은 대개 빛의 사역자나 치유자, 오래된 영혼, 영매, 심지어 웨이쇼워로 불린다. 이들이 바로 보라단의 일원이다. 이들은 사랑과 빛, 기쁨, 고마움 같은 고주파수의 감정이나 느낌을 좋아한다. 고주파수의 감정은 이들을 살찌우는 양식이 된다. 보라단의 일원이 있는 곳에서 누군가가 사랑을 뻐뜨리면 보라단의 사람은 그 사랑을 받아들인다. 또 다른 사람이 기쁨을 보내면 그 기쁨도 받아들인다. 빛의 사역자의 감정은 고주파 식이요법으로 더 커진다. 다시 말해서 주위 사람들이 발산하는 사랑이나 빛, 평화, 기쁨, 풍요로움, 지혜, 조화, 창의력, 고마워하는 마음처럼 고주파수의 감정을 마음껏 흡수한다.

게다가 이들이 사랑하기로 선택한다면 이것은 거꾸로 주위 사람들에게 빛의 음식을 대접한다는 뜻이다. 이들에게서 나오는 고주파 에너지는 마주치는 모든 이들에게 영향을 준다. 이들의 영향은 다른 사람에게 영감이나 사랑, 창의성, 기쁨, 평화, 지혜 등으로 나타난다.

당신은 비슷한 혹은 '빛'의 마음을 가진 사람들끼리 모여 있을 때 힘이 생기는 느낌을 받은 적이 있는가? 나는 작가 콘퍼런스에만 가면 창의적인 에너지가 샘솟는 것 같다. 영성 수업을 들으면 생각과 감정에 변화가 찾아오는 기분이다. 이런 고주파 감정을 더 많이 느낄수록 그것들을 더 갈망한다. 마치 중독된 것처럼 말이다. 그래서 그런 주파수들이 영양분의 공급원, 비유하자면 밥이 된다.

보라단에 속하는 사람이 붉은단의 사람과 관계를 맺으면 어느 쪽도 상대방에게 영양분을 주지 않는 것 같다. 어느 한쪽도 상대와 함께 있을 때 재충전이 되거나 상쾌해지는 기분이 들지 않는다. 오히려 양쪽 모두 기운이 빠져나가는 기분이 든다. 왜냐하면 양쪽은 영양분을 얻는 음식이 다르기 때문이다. 그래서 상대의 주파수로는 필요한 영양분을 충분히 얻을 수 없다. 영양분을 섭취하기는커녕 기운이 고갈되거나 소진된다는 기분만 들 것이다.

붉은단의 유혹

빛의 스펙트럼에서 에너지는 이쪽에서 저쪽으로 간단하게 이동할
수 있다. 붉은단의 일원은 사람들이 오래전부터 사소하지만 부정적
인 행동으로 인식하는 단순한 행동부터 시작해서 조금씩 붉은 쪽으
로 끌려갔을 것이다.

붉은단에 속하는 사람들은 두려움과 수치심, 분노, 질투, 증오, 선
입견 같은 낮은 주파수의 감정에 공명하고 이런 감정을 먹는다. 이
런 사람들의 에너지 지문은 대개 보라단 사람들의 것과 공명하지 않
는다. '유유상종'이라고 붉은단 사람들은 주파수가 낮은 상황을 끌
어들이는 경향이 있다.

우리는 자신의 삶이 붉은단(혹은 보라단)과 잘 공명하지 않는다고
생각할 수 있다. 하지만 사람들의 에너지는 이쪽 끝에서 저쪽 끝으
로 쉽게 이동할 수 있다. 당신은 이런 상황을 겪어본 적이 있는가?

◆ 다른 사람의 험담을 하는 사람들과 어쩌다가 함께 있어본 적이
  있는가? 처음에는 그 사람들을 속으로 경멸하지만 점점 자신도
  모르게 신이 나서 여기저기서 주워들은 루머를 들려주고 있다
  는 사실을 퍼뜩 알아차릴지도 모른다. 일단 시작하면 멈추기가
  어렵다.

◆ 누군가에게 당신이 몹시 마음이 상했다는 사실을 알려주고 싶
  있던 적이 있는가? 이 경우엔 머릿속에서 계속 가상의 언쟁을
  멈출 수 없다. 그래서 실제로 그 사람을 만나면 이미 혼자서 너
  무나 감정이 격앙된 나머지 사소한 일을 크게 만들어버린다.

◆ 누군가 당신에게 **잘못을 한 사람**이 있을지도 모른다. 속상했던 심정을 털어놓으면 기분이 더 좋아지지 않는가? 그래서 한 번 한 이야기를 자꾸 한다. 이야기를 다시 들려줄 때마다 그 이야기에서 얻는 기쁨은 조금씩 더 커진다. 이러면 이야기를 들려주는 걸 스스로 멈추기 힘들어진다.

누구나 이런 상황을 겪어보았을 것이다. 누군가에게 직접적인 해를 주는 것 같지 않지만 우리가 생각을 전환하지 않으면 이런 일들이 저에너지 행동을 이끌어낼 수도 있다. 앞에서 말한 경우에 우리의 에너지 진동수가 살짝 떨어지면 눈덩이 효과에 직면할 수도 있다. 겉으로는 아무런 해도 주지 않는 상황이지만 그 상황에 매몰된 우리의 사고가 조금도 긍정적이지 않다면 끌어당김의 법칙을 통해 우리는 덜 건설적인 상황과 더 부정적인 사람들을 주위에 끌어들이게 될 것이다. 결국 우리는 자신도 모르는 사이에 타인의 부정적인 에너지를 흡수하고 이를 즐기게 된다. 미각이 바뀌면서 서서히 저주파수의 음식을 갈구하게 된다. 게다가 우리의 부정적인 측면이 만나는 사람마다 영향을 주어 어느새 밝은 빛을 퍼뜨리는 게 아니라 그림자를 던지는 존재가 되어버릴 것이다. 이것은 쉽게 버릴 수 없는 나쁜 습관으로 굳어진다.

그렇다고 낮은 주파수의 감정이나 상황과 마주쳤을 때 무조건 무시하라는 말은 아니다. 오히려 그런 감정이나 상황에 맞닥뜨린 것은 다 이유가 있다. 그들을 느끼고, 경험하고, 한 걸음 더 나아가라.

- 다음에 자신도 모르게 험담하는 사람들 사이에 끼어 흥을 보고 있으면 그 사실을 깨달은 자신을 칭찬하라. 그런 상황에서 즐거움을 느끼지 말고 그냥 지나가라. 그런 일에 휩쓸리지 마라.
- 마음속으로 누군가에게 따질 일을 예행연습하고 있다면 그 사람을 만나기 전에 24시간을 기다려라. 그리고 당신의 태도가 어떻게 바뀌었는지 잘 관찰하라.
- 누군가가 **당신에게 잘못을 해서** 화가 나거나 상처를 입었으면 그 느낌을 받아들이라. 필요하다면 그 이야기를 세 번 하라. 그런 후에 지나가라. 그리고 그 이야기를 다시는 입에 담지 마라.

무지개단

지구의 의식을 높이려고 갈망하는 사람들과 그런 갈망을 억누르려는 사람들 사이의 충돌에서 모종의 영향을 느끼는 사람들이 무지개단이다. 이들은 어느 쪽도 선택하지 않았다. 그럼에도 불구하고 이들은 인류의 영성이 진화하는 데 중요한 열쇠를 쥐고 있다.

무지개단의 사람들은 자신이 저주파수보다 고주파수에 혹은 그 반대에 더 끌리는 것 때문에 오락가락한다. 이들의 감정과 행동은 함께 있는 사람들이나 보고 듣는 것, 주위 사람들의 감정이나 기분에 크게 좌우된다.

우리가 어떤 팀에 속해 있든 우리는 스펀지처럼 감정을 빨아들이는 경우가 많다. 왜냐하면 우리는 민감한 존재이며 주위의 에너지를 흡수하기 때문이다. 사랑에 둘러싸여 있으면 우리 안의 사랑도 함께 커지고 우리의 주파수도 높아진다. 반면 몹시 부정적인 성향의 사람들과 어울리거나 폭력적인 오락을 즐기고 심지어 폭력적인 내용을 보도하는 뉴스를 보면서 감정이 휩쓸리면 어느새 폭력을 구경하면서 쾌락을 느끼고 우리가 발산하는 주파수도 덩달아 낮아진다.

나는 2001년 9월 11일에 끔찍한 테러가 일어난 후 한동안 무시무시한 사건들에 사로잡혀 지냈다. 누군들 아니겠는가? 아무리 뉴스를 봐도 부족했다. 나는 TV 앞에 딱 붙어 앉아 그날 아침에 일어난 사건의 충격에서 허우적거렸다. 마치 내 감정의 식단이 변해서 그런 충격적인 보도 내용을 보지 않으면 안 될 것만 같았다. 시시각각 내 감정과 주위에 반응하는 주파수는 **살아 있다**는 즐거움에서 그 사건들로 인한 충격과 앞으로 어떻게 될지 모른다는 두려움으로 바뀌었다. 사실 전 세계가 공포에 떨며 그 사건을 지켜보았던 그날 이 지구의 주파수가 변했다.

세 팀 모두 당신을 원한다!

무지개단 사람들은 다른 팀이 보기에 자신이 영향을 줄 수 있는 사람으로 간주되는 것이 당연하다.

붉은단과 보라단의 목적이 똑같다는 사실을 부정한다면 공정하지 못하고 아무것도 모르는 사람처럼 보일지도 모르겠다. 가혹하게 들릴지도 모르겠지만 양쪽의 목적은 결국 상대방의 영양분을 제거하려는 것 같다. 당신이 고에너지의 생각이나 행동, 사람들에게 에너지를 얻는 사람이라면 그런 생각이나 행동, 사람을 더 원할 것이다. 사랑과 조화, 평화, 감사, 풍요로움, 기쁨을 먹고 살며 좋아할 것이다. 당신만 아니라 주위 모든 사람들이 다 편안하고 우아하게 살기를 강하게 바랄 것이다.

마찬가지로 붉은단 사람들은 부정적인 것이 없고 겉보기에 몹시 낙천적인 사람이 주위에 있으면 무척 힘들 수 있다. 한번 생각해보라. 당신은 분노와 절망, 증오, 심한 편견, 수치심 같은 감정을 흡수해야 한다. 그런데 갑자기 폭력적인 비디오 게임을 할 수 없거나 폭력적인 내용의 영화를 볼 수 없거나 주위에 저주파 에너지를 발산하는 사람이 없다면 당신은 불안해질 것이다. 어쩌면 금단현상에 시달릴지도 모른다.

그런데 이런 상황을 얼핏 보면 쉽게 해결할 수 있을 것 같다. 상대 팀이 굶주리게 만드는 대신 식단을 바꾸게 하면 이런 의식의 전쟁을 해결할 수 있지 않을까? 이런 관점에서 보면 무지개단 사람들이 중요한 열쇠를 쥐고 있다. 그들은 해결책을 안다. 그들은 감정의 식단을 다양하게 바꿀 수 있고 바뀐 식단에 적응할 수 있다는 증거이다. 왜냐하면 그들은 대개 경우에 따라 어느 한쪽을 택해서 주위를 환히 비추기도 했다가 어두운 그림자를 던지기도 하기 때문이다. 무지개단 사람들은 새로운 식단에 적응하는 방법을 잘 안다.

상황을 극노도 난순화하자면 지금 벌어지는 패러다임 전환은 지구의 식량원이 변화하는 것이다. 보라단은 지구의 주파수를 높이려고 하는 반면 붉은단은 그런 열망을 억누르려고 한다. 무지개단은 어느 쪽으로도 결정하지 못한 사람들로 캐스팅보트를 쥐고 있다. 하지만 그들은 사람이 주파수 변화에 어떻게 적응하면 되는지 보여준다는 점에서 더 중요하다.

당신은 자신의 영혼에게 어떤 밥을 주고 있는가?

부록

수열

다음은 www.spiritual-path.com 사이트에 실린 로빈 부두의 글을 저작권자의 허락을 받아 발췌한 내용이다. 16장의 내용을 참조하라.

111 – 혹시 새로운 것을 해볼까 고민 중인가? 새로운 주기를 시작하려고 궁리 중인가? 어쩌면 인생에서 뭔가가 변화하고 있거나 최근에 뭔가가 바뀌었나? 111은 당신이 고민 중이거나 이미 시작한 변화가 당신의 인생에서 가야 할 길이라는 사실을 보여준다. 이에 더해서 1010이나 0101, 1001, 0011, 1100도 당신이 고민 중인 변화가 우주와 조화를 이룬다고 말해주는 표시일 수 있다. 111이나 1111은 당신이 고민 중인 변화가 꼭 해야 할 일일 뿐만 아니라 당신이 떠날 영적 여정에서 올바른 길이며 당신이 이곳에 온 이유라는 사실을 알

려주는 신호일 수 있다.

222 – 이 수열이 보이면 당신이 올바른 방향으로 가고 있다고 믿으면 된다. 아마 최근에 어떤 문제에 대해 생각을 바꾸었거나 뭔가 새로운 것을 시작했을 수도 있다. 그렇다면 그 방향으로 계속 가라. 2020이나 0202, 2002, 0022, 2200 같은 수열도 생각의 변화가 영과의 조화를 이룬다고 알려주는 신호일 수 있다. 121이나 1221, 2121, 2211, 1122는 지금 당신의 생각이나 초점이 인생의 목적을 향해 길을 잘 안내해준다는 뜻이다. 그러니 계속 전진하라.

333 – 우주에게 질문을 했는가? 333은 '그렇다!'라는 대답이다. 우주는 당신의 생각과 감정에 동의한다. 이와 마찬가지로 3030이나 0303, 3003, 0033, 3300도 당신의 생각이 영과 일치한다고 알려주는 수열이다. 한편 131이나 1331, 1313, 3311, 1133은 당신이 영혼의 여행에 대해 올바른 생각을 하고 있다는 뜻이다.

444 – 근원에게 질문을 했는가? 333의 반대가 444이다. 다시 말해서 확고부동한 '아니다!'이다. 우주는 당신의 생각과 감정에 **동의하지 않는다**. 4040이나 0404, 4004, 0044, 4400은 당신의 생각이 영과 일치하지 **않는다**는 뜻일 수 있다. 마찬가지로 141이나 1441, 1414, 4411, 1144는 당신의 생각이 영혼의 여정을 위해 최고이자 최선이 **아니**라는 뜻이다.

444는 수호천사나 신의 사랑으로 보살핌을 받고 있다는 메시지라는 주장도 있다. 앞에 나온 주장과 비교해보면 의미가 모순되는 것처럼 보이겠지만 내면으로 눈을 돌려 444의 진정한 의미를 곰곰이 생각해보라. 신호란 원래 영에서 비롯되며 천사도 사랑을 남아 아니라고 말할 수 있다. 어떤 경우든 당신의 직관을 믿으라.

555 – 이 수열에 대해서는 특별히 규정된 의미는 없다. 하지만 주로 5는 변화를 의미한다고 알려져 있다. 555를 보면 인생을 바꿀 생각이나 사건이 최근에 시작되었다고 생각하라. 당신이 좋든 싫든 우주는 당신이 계속 앞으로 나아가고 이 변화를 따라야 한다고 말하고 있다. 5050이나 0505, 5005, 0055, 5500은 서서히 바뀌고 있는 당신의 생각이 영과 조화를 이룬다는 사실을 알려준다. 151이나 1551, 1515, 5511, 1155는 이미 시작되었거나 고민 중인 변화가 당신의 영적 여정에 최고이자 최선이라는 점을 보여주는 신호이다. 영이 당신을 지지한다는 사실을 명심하고 멈추지 마라.

666 – 666이 나타나면 인생에 뭔가가 균형을 잃었다고 생각하면 된다. 어쩌면 물질적인 면에 너무 초점을 맞추고 있는 것일지도 모른다. 아니면 정신적이거나 감정적인 차이가 발생했을 수도 있다. 이 수열은 당신의 생각이 명확하지 않으며 지금 사로잡혀 있는 생각을 중단해야 한다고 알려준다. 6060이나 0606, 6006, 0066, 6600 등은 균형을 잃은 생각으로 인해 우주와의 합일이 깨졌다고 알려준다. 또한 161이나 1661, 1616, 6611, 1166은 당신이 잘못된 길로 가고 있다는 영의 신호이다. 즉, 당신이 이 세상에 온 목적과 일치하지 않

는 길 말이다. 이것은 내면을 들여다보라는 경고이다.

777 – 이 숫자가 나타나면 당신이 교훈을 배웠음을 영이 알려준다고 생각하라. 축하한다! 7070이나 0707, 7007, 0077, 7700은 당신이 배운 교훈이나 거둔 성과가 우주의 의도와 일치한다는 뜻이다. 171이나 1771, 1717, 7711, 1177 등은 그 교훈이 당신이 나아갈 영적인 길에 꼭 필요하다는 의미이다. 잘했다!

888 – 이 수열이 나타나면 뭔가가 끝나려 한다는 뜻으로 이해하면 된다. 아마 당신은 어떤 감정적 단계나 관계, 구체적인 경력을 쌓고 있는 중일 것이다. 그런데 888이 나타나면 인생에서 구체적인 부분이 끝날 테니 미리 준비하라는 통보라고 생각하라. 8080이나 0808, 8008, 0088, 8800이 나타나면 인생에서 한 장章이 곧 끝나며 그 마지막이 더 높은 차원의 힘과 조화를 이룬다고 이해하면 된다. 181이나 1881, 1818, 8811, 1188이 나타나면 지금 하는 생각을 계속 하다보면 곧 한 주기가 완성되고, 인생의 한 부분이 끝나고, 이 마지막이 영적 여정과 조화를 이룬다는 의미이다.

999 – 이 숫자가 나타나면 지금 하고 있는 생각으로 인해 앞으로 인생에서 중요한 부분이 일단락된다는 뜻이다. 9090이나 0909, 9009, 0099, 9900 등은 당신의 생각이 영과 하나가 될 변화를 촉발한다는 뜻이다. 191이나 1991, 1919, 9911, 1199 등은 (숫자가 나타났을 때 하고 있던) 생각이 당신이 계속 가야 할 영적 여정과 일치하는 결

말이나 성과로 이어준다는 의미이다. 그 완성이야말로 당신이 가야 할 영적 여정에 최고이자 최선임을 명심하라.

000 - 이 숫자가 나타나면 당신의 생각이 영과 조화를 이루고 있다는 뜻이다. 당신의 생각이 인생의 원대한 계획이나 인생의 사명, 당신이 이 별에 온 이유와 일치한다는 뜻이다. 더불어 0000이나 1010, 0101, 1001, 0011, 1100 등은 그러한 생각이 영적 여정과 조화를 이루고 있음을 보여준다.

2323, 2332, 2233 - 이 수열들은 우주가 당신이 현재 세운 계획이나 의도, 생각에 동의한다는 뜻이다.

1234, 567, 789 - 2345처럼 점점 커지는 수열을 반복적으로 마주치면 당신이 지금 하는 생각이 발전을 지지한다고 영이 일깨워주는 것이다. 이런 숫자를 보면 그때 몰두하고 있는 생각을 계속 진행하라. 그 생각을 따라가다보면 당신의 인생은 영의 지지로 더욱 발전할 것이다.

9876, 543, 321 - 이렇게 숫자가 점점 줄어드는 수열을 보면 당신의 생각에 문제가 있다고 영이 충고하는 것이다. 이런 숫자들을 보면 지금 하고 있는 생각을 계속 추진할 경우 후퇴하거나 엉뚱한 길로 들어설 것이라는 점을 명심하라.

감사의 말

나는 '라이프사인' 과정으로 도움을 받았다. 나처럼 도움을 받은 사람도 많이 보았다. 한편 우리는 모두 다르다는 사실도 잘 알고 있다. 누구나 다 도움을 받을 수 있다고 호언장담하지 않겠다. 다른 조언과 마찬가지로 라이프사인도 분별력 있게 활용하기 바란다.

이 책을 읽어주신 분들에게 감사드린다. 이 책을 읽어주시는 분들이 있다는 사실이 내겐 무한한 영광이다.

나는 이 책을 쓰기 위해 10년에 걸친 내 경험을 연구했다. 그 연구를 완성하기까지는 4년이 걸렸다. 그런데 나처럼 우주가 자신에게 길을 보여주는 놀라운 경험을 한 사람이 셀 수 없이 많았다. 그들의 경험담을 하나하나 들어보니 거대한 힘이 라이프사인을 통해 길을 안내해준다는 사실을 알 수 있었다. 이 책에도 그런 이야기들이 실려 있다. 이 책에 실리지는 않았지만 이 귀한 여정에 나와 함께 해준 모든 분들께 감사의 마음을 전한다.

나는 브리짓, 캐럴 앤 리어로스, 로이드 배릿 박사님, 패티 루켄바흐 박사님, 로저 틸 박사님, 헬렌, 헨리 리드, 크리스 래디시, 로럴 스나이더, 린다, 로이스, 로리 나자르노, 미셸 목사님, 신시아 제임스, 샌드라, 테리, 톰 데이, 월터 스타크를 비롯해 훌륭한 분들의 소중한 경험을 이 책 『라이프사인』에 실을 수 있어 기쁜 마음을 금할 수 없다. 혹시 여기에 빠뜨린 분이 계시다면 사과드린다.

내가 인생에 눈을 뜨는 경험을 할 수 있도록 이끌어주신 캐럴 앤과 헨리에게 감사드린다. 귀한 콘퍼런스를 개최하신 A.R.E.에도 많은 빚을 졌다. 우리가 얼마나 강력하고 뛰어난 존재인지 가르쳐주고 일깨워주신 마일 하이 교회와 마음과 영혼의 과학Science of Mind and Spirit에도 감사한다.

사랑과 지지를 담아 수도 없이 교정을 봐준 미셸에게 한없는 사랑과 감사의 마음을 전한다. 내 아들 프레스턴! '라이프사인'을 직접 시험해보는 이 엄마를 잘 견뎌준 너는 나의 스승이자 내가 아는 가장 특별한 사람이란다. 이 사실을 절대 잊지 마렴.

옮긴이의 말

시간 여행을 소재로 한 영화는 수도 없이 많지만 2015년인 올해 유독 각별하게 여겨지는 영화가 있습니다. 로버트 저메키스 감독이 메가폰을 잡고 마이클 J. 폭스가 주연을 맡은 영화 〈백 투 더 퓨처〉 시리즈입니다. 1985년에 개봉한 이 영화는 주인공이 천재적인 과학자가 만든 타임머신을 타고 과거로 갔다가 우여곡절 끝에 미래로 다시 돌아온다는 내용을 담고 있습니다. 이 영화는 전 세계에서 어마어마한 성공을 거두고 당연하게도 몇 년 후 속편이 제작되었습니다. 이번에는 주인공들이 최첨단 과학이 일상이 된 미래로 시간 여행을 하는 설정이었습니다. 그런데 그 미래로 설정된 해가 바로 2015년입니다. 영화 속 2015년엔 자동차가 하늘을 날고 사람들은 플라잉 보드를 타고 지상을 날아다니죠. 펩시콜라 병도 독특한 모습을 하고 있는데, 펩시콜라 사는 영화 속에 나왔던 독특한 디자인의 펩시콜라를 올해 한정품으로 출시했다는 소식도 들립니다.

그 영화 속 최첨단 미래가 현실이 된 2015년입니다만, 세상은 1980년대와 크게 달라지지 않았습니다. 자동차도 사람도 지상을 날아다니지 않고 펩시콜라 용기의 디자인도 평범합니다. 물론 과학기술은 비약적으로 발전했고 특히 정보통신 분야의 발전은 상상을 초월합니다. 그 결과 우리의 생활이 과거에 비해 한결 편해졌지만 영화와 같은 극적인 변화는 일어나지 않았습니다. 그리고 또 하나. 여전히 이 세상에는 과학으로 설명할 수 없는 일들이 존재합니다. 가령 사람의 '예감'이라거나 기적, 임사체험, 사후세계처럼 과학이 아직까지 해답을 찾지 못한 분야 말입니다.

사후세계의 존재나 유체이탈 같은 뜬구름 잡는 소리를 꺼낼 필요도 없이, 살다보면 가끔 '예감'이 찾아올 때가 있습니다. 아무리 둔감하다고 해도 '예감' 덕분에 어떤 상황을 피해 가거나 미리 예방한 일이 한두 번은 있을 것입니다. 그런 일을 겪으면 우리는 단순히 운이 좋았다거나 우연의 일치로 치부하거나 크게 관심을 기울이지 않는 경우가 대부분입니다. 고민을 한다고 그 예감의 정체를 속 시원히 밝혀낼 수 있는 것도 아니고 흔히 접하는 경우도 아니니까 말입니다.

하지만 우연의 일치나 행운이라며 대수롭지 않게 취급했던 뭔지 모를 예감이나 징조가 결코 우연의 일치나 행운이 아니라면 어떨까요? 어떤 존재가 우리에게 보내는 신호라면 말입니다. 어떤 존재인지는 중요하지 않습니다. 각자가 믿는 종교의 신일 수도 있고 지금의 나보다 훨씬 더 각성한 고차원의 나일 수도 있습니다. 온 우주일 수도 있고 이 세상을 주관하는 신일 수도 있습니다. 자신이 어떤 존재에 믿음을 보내고 마음을 의지하든, 그 존재가 우리에게 미래에 대한 해답과 올바른 길을 제시해준다면 어떨까요? 그건 마치 문제집의 해답편을 미리 슬쩍슬쩍 살펴보는 것과 비슷하지 않을까요? 이 책에서 설명한 라이프사인을 실생활에 잘 활용한다면 우리는 해답편을 남들보다 더 자주, 더 또렷하게 볼 수 있을 겁니다.

물론 애초에 우리 인생에 정해진 해답이란 없을 것입니다. 우리 앞에는 수많은 선택지가 있고 그중에서 무엇을 고르느냐에 따라 결과는 다를 테니까요. 그런 결과들이 모여서 만들어진 우리의 운명도 또 다를 것이고요. 하지만 더 나은 선택과 더 나은 운명은 분명 존재할 것입니다. 저자는 이 책을 통해 우리에게 더 나은 삶을 살기 위해 라이프사인을 생활에 적용하고 제2의 천성으로 만들어보라고 권합니다.

라이프사인을 활용하기 위해 무엇보다 우리는 늘 관찰하고 깨어 있어야 합니다. 대수롭지 않게 생각해 그냥 흘려보낸 소소한 경험들 가운데 우리에게 보내는 메시지가 들어 있을지 모릅니다. 그런 메시지는 너무나 미묘해서 아는 사람의 눈에만 보일 것입니다. 뭘 찾아야 하는지 아는 사람만 찾아낼 수 있는 것이지요. 그런 경지에 오르기 위해서는 세상을 향해 눈과 귀를 활짝 열어놓고 있어야 합니다. 오감을 통해 들어오는 온갖 자극에서 패턴을 찾고 그 패턴을 조합해 메시지를 읽어야 하니까요.

저는 이 책을 처음 작업할 때만 해도 옮기는 내용에 반신반의했습니다. 저자처럼 과학을 전공한 사람은 아니지만 21세기를 살아가는 현대인이라면 그 내용을 곧이곧대로 믿기 힘든 게 사실이니까요. 하지만 책을 끝까지 옮기고 여러 번 읽다보니 저자의 주장에 점점 수긍하게 되었습니다. 무엇보다 책에 소개된 신기한 일화와 비슷한 경험을 한 기억이 났기 때문입니다. 종교적인 계시를 보거나 미래를 예지하게 되었다는 소리가 아닙니다. 일상생활에서 사소하게 어떤 '예감'이 들었고 그 예감을 따랐다가 좋은 결과를 본 적이 있다거나, 어떤 이미지나 물건을 다양한 장소와 상황에서 '우연히' 반복해서 접한 적이 있었습니다. 같은 숫자를 다양한 상황에서 반복적으로 본 적도 있었습니다. 이 책을 읽기 전에는 그런 일들을 단순히 운이나 우연으로 치부해버렸습니다. 지금 생각하면 그 안에서 패턴을 읽고 내 삶에 도움이 되는 힌트를 이끌어낼 수 있지 않았을까 싶어 안타까울 뿐입니다.

저는 라이프사인을 능수능란하게 읽고 사용하는 수준과는 까마득하게 먼 라이프사인 초보자입니다. 하지만 라이프사인을 의식하며 살고부터 주위를 늘 주의 깊게 보게 되었습니다. 솔직히 그런 습관이 제게 구체적으로 무슨 도움이 될지는 아직 모르겠습니다만 적어도 웃을 일은 더 생겼습니다. 얼마 전에 제게 일어난 일입니다. 저는 이 책의 교정 원고를 읽던 중이었습니다. 이미 읽으신 분도 계시겠지만 이 책에는 미국 원주민의 깃털과 관련한 놀라운 일화가 소개되어 있습니다. 저는 그 일화가 나온 부분까지 원고를 읽고 거실에서 게임을 하며 노는 제 아이를 보러 나갔습니다. 아이는 얼마 전부터 돼지가 열심히 달리는 게임에 푹 빠져 있는데, 전날까지만 해도 평범했던 돼지가 그날은 미국 원주민 추장처럼 온몸에 깃털을 달고 있었습니다! '깃털에 관한 일화를 읽었는데 눈앞에서 (비록 게임 속 이미지지만) 깃털을 보다니 이렇게 신기할 때가!' 그래서 그 깃털에 무슨 의미가 있느냐고요? 그건 저도 모르겠습니다. 라이프사인일 수도 있고 단순히 우연의 일치일 수도 있겠지요. 의미가 있었는데 제가 못 읽었을 수도 있겠죠. (그건 아닌 것 같지만요.) 어쨌든 저는 그날 깃털 덕분에 깔깔 웃었고 기분이 좋아졌습니다. 이 책을 읽은 덕분에 하루에 한 번씩 시원하게 웃을 거리를 찾아낼 줄 아는 사람이 된다면 그것은 그것대로 해피엔딩이 아닐까요?

번역을 업으로 삼는 사람으로서 어떤 책을 옮기든 저는 그 책이 많은 사랑을 받기를 바랍니다. 하지만 이 책처럼 많은 사람들이 읽고 앞으로 좀 더 지혜롭고 행복하게 사는 데 도움이 되었으면 좋겠다고 바라는 경우도 처음인 듯합니다. 이 책의 번역 작업은 작년에 끝냈는데, 이런저런 사정으로 이제야 여러분을 찾게 되었습니다. 덕분에 〈백 투 더 퓨처〉의 주인공 마티가 과거에서 타임머신을 타고 찾아온 2015년에 이 책이 여러분을 만나게 되어 저는 괜스레 즐겁습니다. 2015년을 다녀간 후 마티의 인생이 변했듯이, 여러분도 2015년에 만난 이 책으로 인해 인생이 한결 풍요롭고 행복해지기를 기원합니다.

2015년 여름

이경아

참고문헌

Andrews, T. *How to See and Read the Aura*. St. Paul, MN : Llewellyn Publication, 1997.

Beckwith, M. B. *Spiritual Liberation: Fulfilling Your Soul's Potential*. New York : Simon & Schuster, 2008.

Breslaw, E. G. *Tituba, Reluctant Witch of Salem: Devilish Indians and Puritan Fantasies*. New York : New York University Press, 1996.

Budhu, R. 2010. Spiritual-Path.com. *Numerology*. http://www.spiritual-Path. com/numerology.htm. Retrieved April 4, 2010.

Cayce, E. *Auras: An Essayon the Meaning of Colors*. Virginia Beach, VA : A.R.E. Press, 2010. Originally published 1945.

Chopra, D. *The Spontaneous Fulfillment of Desire: Harnessing the Infinite Power of Coincidence*. New York : Three Rivers Press, 2003.

Dyer, W. *Change your Thoughts-Change your Life: Living the Wisdom of the Tao*. Carlsbad, Califonia : Hay House, 2009.

Dyer, W. *Inspiration: Your Ultimate Calling*. Carlsbad, Califonia : Hay House, 2006.

Dyer, W. *The Power of Intention*. Carlsbad, Califonia : Hay House, 2005.

Holmes, E. S. *The Science of Mind Original Text* Centennial Celebration 1887–1987 Limited Edition, copy Number 776, 1987.

Holmes, E. S. New Thought Library. *Science of Mind 1926 (The Original).* http://divinelibrary.org/holmesErnest/scienceOfMind/. Retrieved October 29, 2011.

Holmes, E. S. *The Science of Mind-A Philosophy, A Faith, A Way of Life.* New York: Penguin Putnam, 1998.

Holy Bible, King James Version. Cambridge Edition.

Holy Bible, From the Ancient Eastern Text. George M. Lamsa's Tranlation. San Francisco: HarperSanFrancisco, 1968.

Kenyon, S., with Blythe, H. & Sweet, C. *The Writer's Digest Character-Naming Sourcebook.* Cincinnati, Ohio: Writer's Digest Books, 1994.

Liaros, C. A. *Intuition Made Easy.* Scottsville, AZ: Cloudbank Creations, 2003.

Liaros, C. A. *Intuition Technologies.* New York: Liaros, 1996.

Myss, C. *Entering the Castle: Finding the Inner path to God and Your Soul's Purpose.* New York: Free Press, 2008.

Paulson, G. L. *Kundalini and the Chakras.* St. Paul, Minnesota: Llewellyn Publication, 1997.

Reed, H. and B. English. *The Intuitive Heart.* Virginia Beach, Virginia: A.R.E. Press, 2000.

Schucman, H. and W. Thetford. *Course in Miracles: Workbook for Students.* Califonia: Foundation for Inner Peace, 1992. Originally published 1976.

Steiner, Andy. "Media Diet: Natalie Merchant." *Utne Reader.* 1998, November–December: 112–113.

Trine, R. W. *In Tune with the Infinite.* Baltimore, Maryland: Arc Manor, 2007. Originally published 1897.

찾아보기

라이프사인
우주가 나에게 보내는 신호

1판 1쇄 펴냄 2015년 7월 15일
1판 2쇄 펴냄 2016년 3월 28일

지은이 | 알렉스 마쿠
옮긴이 | 이경아
펴낸이 | 백길엽

펴낸곳 | 황금거북
출판등록 | 2011년 12월 9일 제25100-2011-345호
주소 | 121-829 서울시 마포구 독막로 65-1 일앤집 빌딩 503호
전화 | 02-337-8894 팩스 | 02-323-3314
전자우편 | gtpub@naver.com 홈페이지 | www.gtpub.com

ISBN 979-11-952374-1-8 03040
값 13,000원

이 도서의 국립중앙도서관 출판예정도서목록(CIP)은 서지정보유통지원시스템
홈페이지(http://seoji.nl.go.kr)와 국가자료공동목록시스템(http://www.nl.go.kr/
kolisnet)에서 이용하실 수 있습니다. (CIP 제어번호: CIP2015016589)